행정개혁실천론

-행정학자들의 개혁현장 체험-

편집인	집필진
오 석 홍	김안제 · 김영평
	남궁근 · 박광국
	박정수 · 송희준
	안병영 · 오석홍
	유 훈 · 윤영진

法 文 社

머 리 말

행정개혁을 공부하는 학생들, 행정개혁을 실천하거나 행정개혁의 영향을 받는 사람들에게 행정개혁의 실상에 보다 가까운 이야기를 들려주기 위해 『행정개혁실천론』이라는 이름을 붙인 책을 만들었다. 이 책은 행정학자들이 정부의 행정개혁사업에 행동자로서 직접 참여한 체험기록을 중심으로 엮은 것이다. 집필자들의 참여관찰기록은 외부 관찰자의 기록 또는 간접자료에 의존하는 탁상의 이론에 비해 행정개혁의 현실에 훨씬 더 근접한 정보를 제공할 것이다.

이 책을 기획하는 데 계기와 동인을 제공한 것은 한국행정학회의 특별편집 프로그램이다. 2007년에 들어서 한국행정학회의 편집위원회는 2년에 걸친 『한국행정학보』 기획특집의 주제들을 선정하였다. 그 가운데서 나는 두 번째 주제인 "행정개혁에 있어서 행정학자의 역할과 책임"에 대한 특별편집인의 책임을 맡았다. 특별편집인이 된 나는 3인의 필자를 선정하여 참여관찰한 개혁사례를 쓰도록 하였다. 세 편의 논문은 한국행정학회 2007년도 연말학술대회의 특별세션에서 발표하였고 『한국행정학보』에도 실었다.

한국행정학보의 특집기획을 계기로 필진을 늘려 책을 만들어 보자는 의견들이 있어서 내가 그 편집책임을 자임하고 나섰다. 나는 필진을 열 사람으로 늘려 책만드는 일을 시작하였다. 선정된 집필자들에게는 각기 참여했던 개혁조직의 활동 또는 행정개혁 프로그램에서의 경험을 기술하고 평가하도록 부탁하였고 집필자들은 행정개혁사례의 내용과 성과에 대한 평가, 개혁추진의 애로와 한계, 개인적 기여와 보람, 좌절, 정책제안 등에 관한 이야기를 할 수 있을 것이라고 말해 주었다. 참여했던 기관 또는 단체의 전체적인 운영과 개혁활동을 설명하고 평가하는 연구도 가능하다고 하였다. 그러나 이 책의 주된 관심은 참여했던 사업 또는 조직에서 추진했던 개혁사업의 사례연구에 있다는 점을 강조하였다.

행정학자들이 행정개혁현장에 참여하는 통로의 유형을 다섯 가지로 범주화하고 그것을 책의 내용편성기준으로 삼았다. 이 책의 편성은 장관 등 공직담임, 정부개혁추진기구 참여, 국책연구기관 참여, 정부자문기관 참여, 시민사회 참여 등 다섯 가지 편별로 나누었다. 편별에 따라 해당 사례들을 배치하였다.

이 책의 문을 여는 서론의 장에서는 행정개혁 실천과정에 참여하는 행정학자들의 참여통로, 역할과 책임, 학자의 직업의식과 행동범절 등을 논의하였다.

안병영 교수는 교육인적자원부장관으로서 겪었던 주요정책결정과정의 일들을 생생하게 묘사한다. 그가 다룬 것은 대학입학제도 개혁에 관한 정책결정과정이다.

박정수 교수는 국회예산정책처의 설립·안정화과정을 기술하고 조직불안정성의 원인을 분석하고 있다. 박교수는 국회예산정책처의 예산분석심의관으로 근무한 경험을 토대로 이 글을 썼다.

김영평 교수는 자신이 한국행정연구원 원장직을 맡고 있을 때 '국민의 정부' 제3차 정부조직개편 추진과정에 참여했던 경험을 적어주었다. 학자로서는 찬성하기 어려웠던 정부조직개편을 한국행정연구원 원장의 직책 때문에 지원하지 않을 수 없었던 형편 그리고 그로 인한 갈등을 잘 묘사하고 있다.

오석홍 교수는 기획예산위원회에 설치되었던 경영진단조정위원회의 위원장으로서 '국민의 정부' 제2차 정부조직개편 추진과정에 참여했던 경험을 이야기한다.

김안제 교수는 '참여정부'에서 추진하였던 신행정수도건설 프로젝트의 전말을 소상하게 기록하고 있다. 그는 신행정수도건설 추진위원회의 위원장으로 활동했으므로 신행정수도사업에 대해 아주 정통한 소식통이라 할 수 있다.

박광국 교수는 '참여정부'에서 이른바 정부혁신 추진의 핵심적 기구였던 정부혁신지방분권위원회의 여러 직책을 맡았던 경험을 토대로 '참여정부'의 행정개혁노력을 회고하고 있다.

유훈 교수는 우리나라 행정학도입 초창기부터 행정학계를 이끈 '제1세대' 원로학자이다. 유교수는 40여년에 걸친 많은 현실참여 경험 가운데서 예산제도 개혁, 공기업제도 개혁, 그리고 지방자치단체 소속의 연구기관 개혁에 관한 이야기를 들려준다.

윤영진 교수는 '참여정부'에서 추진한 디지털 예산회계 시스템 구축사업에 참여했던 경험을 이야기한다. 윤교수는 디지털예산회계기획단 자문위원장으로 활동했었다.

송희준 교수는 행정개혁의 일환으로 추진된 전자정부사업에 대한 자문활동의 경험을 이야기한다. 송교수는 '국민의 정부'와 '참여정부'에 걸친 7년여 동안 전자정부특별위원회 위원장을 포함한 여러 자문역을 맡아 활동했다.

남궁근 교수는 행정개혁시민연합에 참여했던 경험을 토대로 행정학자들의 시민사회참여에 관한 이야기를 들려준다.

이 책을 마무리하는 결론의 장에서 나는 우리나라 행정개혁의 진로를 생각해 보았다. 장차 우리나라 행정여건의 변화추세는 어떻게 될 것인가? 행정개혁목표상태의 원리는 무엇이어야 하는가? 행정개혁 실천과정에서 경계해야 할 실책은 무엇인가? 등의 문제를 다루었다. 행정개혁문제의 학술적 논의가 낯선 사람들이 이해의 폭을 넓히는 데 도움이 되었으면 하는 바램이다.

머리말을 마치기 전에 행정개혁을 부르는 별칭이 여럿이라는 점을 지적해 두려한다.

개혁의 별칭에는 변동, 변화, 발전, 개선, 성장, 쇄신, 혁신, 경장, 유신, 재건, 재개발, 부흥, 재창조, 변혁, 조직개편, 리엔지니어링, 창의 등이 있다. 우리 정부에서는 개혁이라는 말을 오래 써 왔다. '문민정부' 시절에는 쇄신이라는 용어를 많이 썼다. 김대중정부 때부터, 특히 '참여정부'에서는 혁신이라는 말을 주로 썼다. 이명박정부가 들어서면서부터는 창의(創意)라는 개념이 새로이 강조되기 시작하였다.

행정의 별칭 또는 이를 갈음하는 개념에는 공공부문, 공공의 업무, 정부, 거버넌스, 국가, 공공관리, 공공서비스 등이 있다.

논객에 따라서는 이런 용어들을 서로 구별하지 않고 사용하기도 하고 각각의 용어에 고유한 의미를 부여하기도 한다. 이 책의 필진이 사용하는 용어도 통일되어 있는 것이 아니다. 독자들은 문맥에 따라 중요개념들의 의미를 파악하기 바란다.

끝으로 이 책의 필진에 참여해 좋은 글을 써준 행정학자 여러분에게 깊이 감사한다. 이 책의 출판을 흔쾌히 맡아준 배효선 사장님을 비롯한 법문사 관계자들에게 고맙다는 뜻을 전한다.

2008년 5월

서울대학교 명예교수 연구동에서

吳錫泓

차　례

제 1 편　서　론

제 2 편　장관 등 공직담임

제 3 편 국책연구기관 참여

제 4 편 정부개혁추진기구 참여

제 5 편 정부자문기구 참여

제 6 편 시민사회 참여

10. 행정학자의 시민단체 참여를 통한 행정개혁 (남궁근)

제 7 편 결 론

결 론 (오석홍)

제 1 편

서 론

-행정학자와 행정개혁-

서 론
-행정학자와 행정개혁-

오 석 홍*

이 책은 행정학자들이 행정개혁의 실천세계에 직접 참여해서 경험한 바를 기록한 '살아있는' '행동지향적인' 행정개혁 연구서이다. 이 책의 문을 여는 서론의 장에서는 행정개혁에 있어서 행정학자들의 역할과 책임, 현실참여 통로, 학자들의 현실참여에 의한 정부와 학계의 쌍방적 소득, 현실참여 학자들이 명심해야 할 행동규범 등에 대해 짤막한 관견을 적으려 한다.

행정개혁 실천과 행정학자의 관계를 논의하는 접근방법에는 여러 가지 대안이 있다. 추상적으로 또는 일반론적으로 행정학자들의 현실참여를 평가하고 참여의 탈선을 경계하며 건전한 참여의 행동규범을 처방하는 방법이 하나 있다. 그러나 이 접근방법은 행정개혁 현장의 생생한 경험을 전달해 보려는 이 책의 편집의도와는 맞지 않는다.

오랜 세월에 걸쳐 행정학자들이 행정개혁에 직접 기여한 기록을 모아 그 공과의 평가를 실증적으로 집대성하는 방법도 생각할 수 있다. 그러나 그와 같은 과제는 소수인이 단기간에 성취할 수 있는

* 서울대학교 행정대학원 명예교수.

것이 아니다.

또 하나의 대안은 행정개혁 실천세계에 참여했던 행정학자들의 참여관찰 기록을 모아 사례 연구서를 꾸미는 방법이다. 학자들은 각자가 경험한 사례에 관한 스토리텔링을 통해 개혁현상을 보다 리얼하게 묘사하고 평가하고 자성적 논의를 할 수 있다. 이러한 연구는 행정개혁, 그리고 행정학자가 행정개혁에서 할 수 있는 역할에 관해 아주 유용한 정보를 제공할 것이다. 이 책은 세 번째 접근방법 즉 체험적 사례연구의 방법을 택했다.

우리나라에서 행정학계는 행정체제의 유지와 발전에 큰 기여를 해 왔다. 우리 학계가 끊임없이 수입하고 창출하고 전달한 행정학 지식은 정부의 행정을 모양 짓고 개혁하는 데 많은, 때에 따라서는 결정적인, 영향을 미쳐왔다. 행정과 행정개혁의 현장에 직접 참여한 학자들도 많다. 직접참여 통로는 점점 더 다원화되고 참여는 늘고 참여의 질은 고도화되고 있다. 참여학자와 참여빈도가 늘어난 만큼 그에 대한 비판적 논의도 늘어나고 있다. 이쯤에서 행정학자들의 현실참여문제를 공론화하여 학계의 토론을 이끌어내는 것은 그 자체로서 의미있는 일이며 행정개혁을 공부하는 후진들에게 좋은 교육자료를 제공할 것이다.

현대의 학문관은 학문활동을 생산활동으로 보고 그에 대한 투자를 생산적 투자로 본다. 학문활동의 궁극적인 목적은 연구대상인 현상을 보다 잘 통제하고 개선하는 데 기여하는 것이다. 여러 학문 가운데서 행정학의 생산활동적 특성과 현실개입적 특성은 한층 강한 것으로 이해된다. 그래서 혹자는 행정학을 실용적 학문이라고 부른다. 행정학의 특성 때문에 행정학자와 행정가 그리고 행정현장의 얽힘은 어느 정도 불가피하고 바람직하다고 말해야 할 것 같다.

행정학자는 행정과 행정개혁에 필요한 지식의 공급원이 된다. 행정인·정치인과는 다른 시각을 제공해서 그들의 시야를 넓히는 데 기여하기도 한다. 행정인·정치인이 보지 못하거나 보지 않으려는 문제에 주의를 환기하기도 한다. 행정학자는 행정의 일탈과 폐단을 감시하고 고발하는 역할도 수행한다.

행정개혁의 현장에 참여하는 행정학자들의 참여소득도 크다. 현실참여를 연구와 교수의 폭을 넓히는 것으로 이해할 수도 있다. 학자들은 개혁이론의 실험장·실습장을 얻을 수 있다. 참여관찰에 의한 학습의 기회를 얻을 수 있다. 행정문제에 관한 생자료(生資料)를 손쉽게 얻을 수 있다. 행정개혁에 기여했다는 성취감도 소득일 것이다.

행정학자들이 행정개혁에 영향을 미칠 수 있는 역할통로는 매우 다양하며 그 범위를 한정하기도 어렵다. 시대변화에 따라 새로운 역할통로가 개척되기도 할 것이다.

대학캠퍼스 내에서, 이른바 상아탑 안에서, 제자를 가르치고 연구하고 논문과 저서를 쓰는 등 전통적인 학자의 임무를 수행하는 것은 실천세계의 행정과 행정개혁에 직접 또는 간접의 영향을 미친다. 아마도 학자들의 가장 크고 오래가는 영향력은 장차 행정실무를 맡을 제자들을 양성하는 데서 찾아야 할 것이다.

그러나 이 책의 관심은 행정학자들의 상아탑적 활동보다 행정학자들의 대사회적 활동 내지 현실참여와 그로부터 얻는 학문적 소득에 있다. 행정학자들의 현실참여 통로는 다양하다. 행정학자들은 개별적으로 정부기관의 자문에 응하거나 의뢰인에게 결과를 보고하는 실천적 조사연구 또는 평가적 조사연구를 수행할 수 있다. 이러한 조사연구를 속칭 프로젝트 또는 연구용역이라 한다. 학자들은 국책연구기관(think tank)이나 정부의 여러 자문기구와 개혁추진기구에 참여할 수 있다. 장관, 차관, 국회의원 등 공직을 담임할 수도 있다. 대중매체를 통해 정부시책을 평가하고 정책대안을 제시하는 것도 중요한 현실참여방법이다. 학자들은 시민사회활동을 통해 행정개혁에 영향을 미칠 수 있다.

행정개혁에 참여하고 거기에 영향을 미치는 행정학자의 역할유형은 개혁창도자의 역할 또는 개혁문제인지와 정책의제화를 돕는 촉진자의 역할, 비판자의 역할, 개혁정책홍보자의 역할, 조직발전 컨설턴트의 역할, 전문지식 공급자의 역할, 정치·행정에 대한 시민참여의 통로를 넓히는 선도자의 역할 등으로 구분해 볼 수도 있다.

현실참여문제에 연관하여 행정학자들의 경력통로를 여러 가지로 분류해 볼 수 있다. 그 첫째는 안정적 경력통로이다. 이것은 학자 또는 교수의 직업에 일생동안 종사하는, 한 우물을 파는, 행정학자의 경력통로이다. 둘째는 선형적(線形的) 경력통로이다. 이것은 행정학 연구·교수에 계속 종사하지만 대학 내의 계급이 부여된 보직을 따라 상향이동하기도 하고 직장을 옮겨다니기도 하는 학자의 경력통로이다. 셋째는 나선형 경력통로이다. 이것은 행정학분야의 일은 계속하지만 성격이 부분적으로 다른 직업에 옮겨다니면서 종사하는 사람의 경력통로이다. 마지막으로 생각할 수 있는 것은 과도적 경력통로이다. 이것은 서로 다르고 연관성이 없는 여러 가지 직업들을 전전하면서 사는 사람의 경력통로이다. 이 경력통로는 학자의 경력통로라 이름짓기 민망하다. 그가 만일 행정학자에서 시작했다면 행정학자 출신이라는 말까지는 할 수 있을 것이다.

우리는 흔히 학자들의 안정적 경력통로를 기준으로 거기서 이탈하는 학자들의 행태를 논의해 왔다. 그러나 시대의 변화에 따라 논의의 준거가 될 경력통로의 표준형에 대한 관점은 달라질 수 있다.

그에 관한 논란은 행정학자의 정체성 문제를 건드리는 것이다. 행정학계가 무심코 넘길 문제는 아니다.

연구역량이 탁월하여 여력이 있고 자기가 잘 아는 영역에서 현실참여를 하고 그것이 학자의 임무수행에 지장을 주지 않는 경우, 그리고 현실참여가 학자의 역량성장에 보탬이 되는 경우에 사람들은 현실참여의 긍정적 가치를 인정한다. 학계와 관계(官界)를 오가는 경력을 쌓는 경우 그리고 학내외의 행정적 직책을 맡는 경우에도 학자의 본분을 잃지 않고 담당직책수행자의 금도를 벗어나지 않는다면 문제될 게 별로 없을 것이다.

그러나 학자의 현실참여가 지탄의 대상이 될 만큼 지나치거나 타락할 수도 있다.

관변인사라는 별로 좋지 않은 별명을 달고 다니는 사람들이 있다. 정·관계 진출에 처음부터 뜻을 세우고 대학은 임시 대기처로 취급하는 사람들도 없지 않은 것 같다. 사회개혁운동에 참여한다는 핑계로 강의나 학생지도는 거의 망각하다시피 소홀히 하는 교수들의 도덕성을 높이 평가하기는 어렵다. 학자가 당파적 정치에 너무 깊이 빠져드는 것을 언짢게 생각하는 사람들도 있다. 학자임을 자처하면서 관청주변의 이권을 추구하거나, 사익을 위해 불법·합법을 넘나드는 행동을 하거나, 부당한 권력을 위해 곡학아세를 일삼는다면 결코 좋은 평판을 들을 수 없을 것이다.

정치·행정학자 등 사회과학자들의 권력지향성과 공직선호성향이 강하다는 세평이 있다. 그러한 평가는 유형화의 오류에서 비롯되는 것일 수 있어서 다수의 학자에게는 억울한 고발일 수 있다. 그러나 공직담임이나 행정참여의 길은 상당수의 행정학자에게 인기 있는 것으로 보인다. 학내의 보직이 인기 있다. 학회임원선출과정은 흔히 과열된다. 세상사람들은 그냥 학자보다 이런 저런 '감투'를 썼던 학자들을 더 '높은 사람'으로 예우한다. 학자들 사이에서도 그런 경향을 볼 수 있다.

옛날 왕조시대의 중심적 관료집단을 구성한 사람들은 귀족관료·선비관료였다. 관료의 사회적 지위는 가장 높았다. 양반은 글공부를 많이 한 선비가 되고 선비들은 출사하여 벼슬을 하는 것이 출세의 정석이었다. 벼슬이 높아지면 입신양명하고 부귀영화를 누렸다. 선비와 관리의 경력은 미분화되었다. 이러한 문화적 특성은 오늘날에도 은연중에 우리의 행동을 유도하고 있을 것이다. 국가주도의 경제성장이 추진되던 개발연대에도 정부와 공공부문은 민간에 대해 우월한 지위를 여전히 뽐냈다. 그런 까닭으로 사람들의 공직선호는 유지되고 강화되었다.

정권의 정당성이 오래 결여되었었기 때문에 학자가 정부에 참여하거나 정부를 도우면 싸잡아 어용이라 비난하는 풍조가 있었다. 그러나 그러한 풍조가 공직선호의 문화를 타파하지는 못했다. 역사가 길지 못한 우리 학계의 척박한 여건 때문에 그리고 학문적 권력이 행정적 권력에 종속했었기 때문에 공직선호의 거품을 만들어내기도 하였다.

여기서 일부 학자들의 공직선호·행정권력추수를 유혹했던 전통과 여건에 언급하는 것은 그 폐단을 경계하자는 뜻에서이다. 행정학과 행정의 건강한 협력을 비난하거나 비하하려는 취지는 결코 아니다. 앞으로 행정학계와 정부가 협력하고 교호충실화할 필요는 더욱 커지고 그 기회도 늘어날 것이다. 장래의 여건변화는 행정개혁에 대한 행정학자들의 보다 적극적인 개입을 요구할 것이다. 다만 '관학유착'(官學癒着)이라는 말을 들을 정도로 행정학자들이 정치·행정과정에 무절제하게 끼어들고 '학자다움'을 스스로 훼손하는 일은 없도록 서로 경계해야 할 것이다. 행정학자 개개인은 학자의 금도를 지킬 수 있도록 자율규제의 고삐를 놓지 말아야 할 것이다. 특히 자기의 전공이 아닌 영역에서 잘 모르는 문제에 관하여 무책임한 자문을 해서 공공에 해를 입히는 일이 없도록 경계해야 한다. 정부 내외의 관심이 높은 개혁 이슈가 부각될 때마다 그것을 자기가 전공하는 문제라고 분별없이 우기는 위장전공자들에 대해 경고를 해둘 필요가 있다.

우리는 행정학계의 학문적 권력을 신장하기 위해 자립적 노력을 계속해 나가야 한다. 그리고 행정학자들의 현실참여방법을 개선하여 우리 시대의 요청에 부합되는 관학협력의 참여문화를 발전시켜야 한다.

과거 학문활동을 어지럽혔던 정치적 난세는 걷혀가고 있지만 그 잔재를 청소하는 데 게을리 하면 안 된다. 정치와 행정은 그러한 과제수행에 책임을 느끼고 스스로의 정당성을 높이기 위해 노력해야 한다.

정부는 행정학자들을 들러리 또는 장식으로 이용하거나 단기간 사용하고 정치적 오명을 씌워서 버리는 지난날의 폐습을 청산해야 한다. 학자들의 지식을 헐값에 사온 버릇도 고쳐야 한다. 까다롭지 않은 학자들을 골라 적당히 포획하려는 안일한 생각 때문에 공연한 낭비를 빚는 일은 없어져야 한다. 진정한 전문성을 지닌 학자를 찾아 모시기 위해 애쓰는 모습을 보여야 한다. 행정에 직접 참여하지 않는 학자들에게도 행정현실에 관한 연구정보를 보다 적극적으로 공급하는 시스템을 발전시켜야 한다.

앞서 언급한 바와 같이 행정학자의 경력통로는 다양하게 분류할 수 있다. 학자로 출발했지만 정·관계에 진출하여 학계에 영영 복귀하지 않는 사람도 있다. 그러하니 획일적인 잣대를 가지고 현실참여에 나서는 학자들의 행동범절을 논단하기 어려운 일면이 있다. 그러나 여기서 우리가 관심을 갖는 것은 행정학자의 '학자적' 현실참여 역할이다. 행정의 실천세계에 참여하고 경우에 따라서는 대학캠퍼스를 일시 떠나 있었더라도 다시 복귀하고 학자생활을 본업으로 여길 사람들이 지켜야 할 마음가짐과 행동의 한계에 관해서 학계의 합의를 형성해 나가는 일은 그리 어렵지 않을 것이다. 이러한 문제의 공론화에 부쳐 필자가 수년전 「신동아」에 실었던 글의 두어 구절을 인용하려 한다.

학문이란 도대체 무엇이냐? 학문이란 더 많은 것을 알고 더 많은 것을 원하는 바대로 통제하기 위하여 인간들이 펼치는 숙명적 노력의 일환이다. 직업으로서의 학문, 직업인으로서의 학자가 지니는 또는 지녀야 하는 속성은 전업적(專業的)이며 유한적(有閑的)이고 자아실현적인 것이다. 학자들이 하는 일은 치열하고 침착하고 엄격한 것이지만, 동시에 가치개입적인 것이라는 점을 잊어서는 안 된다. 그리고 학문과 학자는 인도적이어야 한다. 학문의 출발과 그 소산(所産)의 활용은 인간애에서 비롯되어야 한다.

학문이란 불완전한 인간사를 불완전한 인간이 연구하는 일이므로 학자들은 개방된 마음씨를 가져야 하며 내가 틀릴 수도 있다는 점에 관하여 무한한 공포심을 가져야 한다. 흔히 오도된 그리고 외골수인 소위 학자적 소신이라는 것들은 커다란 폐단을 빚고 많은 사람들의 마음을 상하게 할 수 있다.

동서고금을 막론하고 학문은 유한(有閑)의 직업일 수밖에 없다. 학문은 마음이 한가로워야 할 수 있는 일이다. 학자들이 자기가 선택한 문제의 해결방안 탐색과 지식탐구에 치열하고 진지하게 매몰되려면, 그리고 학문에서 자기실현의 의미를 발견하려면 다른 일들에 관하여는 스스로 한가로움을 보전하여야 한다. 이러한 의미의 한가로움은 학문발전의 필수조건이다.

한가로움의 조건이 외재적으로나 내재적으로 파괴되어서는 안 된다. 학자라는 사람들이 스스로 유한함을 포기하고 온갖 잡동사니 일에 끼어들어 일신을 바쁘게 만드는 경우 그것은 학자적 특권의 자발적 포기가 된다.

앞에서 말한 바와 같이 이 책의 주된 편집의도는 행정학자들의 행정개혁현장 참여에 관한 체험적 기록을 독자들에게 제공하여 행정개혁의 진면목에 보다 가까이 다가갈 수 있게 하려는 것이다. 행정학자들이 어떤 길을 통해 어떻게 개혁현장에 참여하고 있으며 어떻게 참여해야 하는가를 의논하는 것이 이 책의 본론은 아니다. 그러나 사례연구의 주체인 행정학자들의 현실참여 문제는 이 책의 도입부에서 한 번은 검토하고 넘어가야 한다고 생각하였다. 행정학자들의 현실참여에 대한 서론적 논의는 이 책의 본론을 이해하는 데 도움이 되는 배경적 정보를 제공하리라 믿는다.

제 2 편

장관 등 공직담임

1. 2008 대학입학제도 개선안의 정책과정
2. 국회예산정책처 설립취지와 제도화의 모순

1 2008 대학입학제도 개선안의 정책과정

- 교육인적자원부장관의 정책결정 체험사례 -

안 병 영*

Ⅰ. 머 리 말

필자는 문민정부 시절 약 20개월(1995.12~1997.8) 동안, 그리고 참여정부 시절 1년 남짓(2003.12~2005.1) 두 차례에 걸쳐 도합 약 32개월 동안 교육부장관(두 번째는 부총리 겸 교육인적자원부 장관)을 역임했다. 행정학자로서 학문적 전공영역인 정부에 들어가 정무에 관여하고, 직접 행정을 실천할 수 있었던 일을 소중한 경험이라고 생각한다. 이 글은 필자가 직, 간접적으로 관여했던 '2008 대학입학제도 개선안'의 형성으로부터 그 첫 시행까지의 정책과정을 분석하고 평가하는 것을 목적으로 한다.[1)]

주지되듯이 대학입학제도는 전 국민의 초미의 관심사이다. 따라서 그 변개과정에는 주요 교육주체와 이해관계자뿐만 아니라, 대통령, 청와대를 포함하는 정부수뇌와 언론, 시민사회가 두루 참여하며 관여의 밀도도 높고, 그 정책과정 또한 복잡하고 역동적이다. 또한

* 연세대학교 행정학과 명예교수.

대입전형 과정이 차세대 인재의 선발과정이므로, 어떤 인재를 어떻게 선발하느냐를 둘러싸고 정치적 세력 간에 이념적 갈등이 야기되는 경우가 많다. 그런가 하면, 다른 정책들의 경우, 정책결정까지 많은 사회적 관심이 집중되다가 일단 정책이 결정되고 집행단계에 들어서면 관심이 크게 퇴조하는 경우가 많으나, 대입정책의 경우 개선안이 확정된 이후에도 주요 쟁점을 둘러 싼 사회적 갈등과 논란이 계속되고, 그 시행과 더불어 증폭되는 것도 특징적이다.

정확히 말하자면, 2008 대입제도 개선안은 대통령자문기구인 교육혁신위원회가 마련하고 교육인적자원부(이후 교육부)가 집행하는 것으로 구도화 되어 있었다. 그런데 혁신위가 지나치게 급진적 이념을 표방하며, 파격적인 입시개혁을 준비하고 있기 때문에 필자가 당초의 예정된 것 이상으로 정책과정에 깊게 관여하여 그 물꼬를 바꿔 보려고 노력했던 사례이다. 따라서 그 형성 및 집행과정에는 우여곡절도 많았고, 밖으로 노정된 공식적 과정 외에 비사(秘史) 류의 드러나지 않은 비공식적인 과정도 적지 않았다. 필자는 장관으로서 그 소용돌이의 한 가운데 있었기 때문에, 적어도 2004년 10월 27일, 2008 대입제도 개선안이 확정, 발표되는 시점까지의 전 과정에 관해 가장 많은 지식과 정보를 갖고 있고, 전반적 연관구조 속에서, 전체를 균형 있게 볼 수 있는 장본인이라고 생각한다. 그 이후 과정에는 직접 참여하지 않았으나, 장관직을 물러난 이후에도 일의 흐름을 예의 주시하며 정보수집과 분석을 계속해왔기에 정황을 비교적 소상히 이해하고 있다. 바로 그 점이 필자가 이 주제를 잡게 된 가장 큰 이유이다.

필자는 스스로를 중도개혁주의자라고 생각하고 있다. 따라서 장관으로서 대입제도 개선에 관여하면서도 지나친 이념적 편향을 피하고 현실에 근거하여 점진적인 개혁을 추구하려고 노력했다. 필자가 관여하여 천신만고 끝에 마련했던 2008 대입제도는 단 한 차례 시행 후 새 정부에 의해 실패로 낙인찍히고, 폐지에 가까울 정도로 그 취지와 내용이 크게 바뀌었다. 따라서 이 글은 결국 '실패의 기록'이기도 하다.

Ⅱ. 대입제도의 특성과 역사

1. 대입제도 및 대입제도 정책과정의 특성

한국인의 교육열은 가히 전설적이라는 말을 자주 듣는다. 그런데 그 중에서도 특히 대학입학 및 그 제도변화에 대한 전 국민적 관심은 폭발적이다. 실제로 많은 학부모들은 대학입학 이전의 교육과정, 즉 초·중등학교 과정은 이른바 명문대학에 들어가기 위한 준비과정이며 수단에 불과하고, 명문대학 입학은 출세와 계층적 상향이동, 그리고 미래의 바람직한 삶을 위한 필수조건으로 인식하고 있다. 또 이러한 인식은 거의 전국민에 확산되어 있다. 그러다 보니 대학입학을 좌우하게 되는 대학입학제도에 대한 관심도 전 국민적이며, 그 열기도 대단한 게 사실이다.

따지고 보면 대입문제는 그 이하의 교육과정, 특히 중등교육과정과 직접적으로 연결되며, 사교육비 문제와도 밀접한 연관을 갖고 있다. 대입제도가 어떤 모습으로 형상화되느냐에 따라 중등교육과정의 실제가 달라지며, 사교육비도 줄 수도 있고, 늘 수도 있다. 따라서 대학입시는 공·사의 교육영역을 포괄하여, 초·중등, 대학 및 평생교육 등 전 교육과정에 막대한 영향을 미치며, 그 모든 것과 밀접하게 연계되는 연결고리이다. 돌이켜 볼 때, 그 동안 우리나라의 대학입시제도는 어느 시대를 막론하고 이른바 입시위주 교육을 양산하여 학교 교육의 본질을 크게 왜곡시켜 온 것도 사실이다. 그런가 하면, 대입제도는 대학서열화, 학벌사회 등 우리 사회의 주요한 구조적 문제와 깊게 얽혀 있다. 따라서 진보적 입장에서 본다면, 대입제도가 대학서열화를 해체하는 데 기여해야 한다는 명제가 제시될 수 있다.

일이 이렇다 보니 역대정권도 대입문제에 큰 관심을 표명했다. 그 동안 정권이 바뀔 때마다 교육개혁의 기치를 높이 들었고, 그 안에는 언제나 대입제도 개혁이 핵심으로 자리하곤 했다. 그 때문에 대입제도는 그 자체로서 이미 교육문제를 넘어 정치쟁점으로 부상하곤 했다.

민주화는 이해갈등을 더 격렬하게 표출시킨다. 대입문제를 비롯한 제반 교육현안은 특히 1987년 6월 항쟁 이후 민주화가 진척되면서 수면 위로 크게 부상했고, 그를 둘러싼 이익갈등 또한 심화되었다. 학부모, 유관 교육시민단체, 언론, 정당, 전문가들, 심지어는 학생들 자신까지도 주요 교육현안에 목소리를 내기 시작했고, 집단적 이익을 거침없이 표출하곤 한다. 교육, 대입과 연관된 각종 공청회, 세미나, 그리고 집회가 연중 곳곳에서 열린다. 같은 학부모들도 서울의 강, 남북이 갈라지고, 평준화 지역 학부모와 특목고, 자사고 학부모, 비평준화 지역 학부모의 입장이 다르고 그들 간의 집단갈등 또한 격렬하다. 특히 대입문제를 둘러싼 이익갈등은 그 중에서도 가장 치열하며, 따라서 이를 조정, 중재, 통합해야 할 교육당국의 부담과 일의 몫은 매우 크다.

그런가 하면, 교육 및 대입문제는 미래의 인재를 어떻게 키우느냐는 문제이며 이는 차세대 인적자원의 형성 및 그 성격을 좌우하는 문제이므로 이념적 함의가 매우 크다. 특히 이들 쟁점들이 사회계층의 형성 및 이동, 정치적 이념지형에 크게 영향을 미치기 때문에 곧장 정당 및 시민사회집단들 간의 격렬한 이념적 갈등을 야기하는 경우가 많다. 따라서 실제로 교육부문처럼 첨예한 이데올로기적 갈등이 도사리고 있는 곳이 없고, 특히 대입을 둘러싼 이념적 쟁론은 매우 치열하다.

바로 위의 여러 가지 이유 때문에 대입제도는 우리 사회의 가장 예민한 정치, 사회적 쟁점이며, 그 정책과정에는 비단 일차적 유관집단들뿐만 아니라, 전 정치·사회집단들이 직, 간접적으로 참여한다. 또한 그것은 다분히 정권적, 이념적 차원의 쟁점이며 거기에는 대통령도 깊숙이 관여한다.

대입제도 결정과정은 이처럼 매우 복잡하고, 다양한 이해관계가 격렬하게 착종하는 과정이므로, 그 과정은 공식적 과정의 연쇄만은 아니다. 거기에는 장막 뒤에서 전개되는 보다 치열하고, 숨 가쁘게 전개되는 비공식과정이 도사리고 있다. 바로 이 비공식적 과정 속에서 암투가 빚어지고, 세력이 형성되고, 또 갈등이 조정된다. 따라서 정책결정의 전 과정을 조감하기 위해서는 공식적 결정과정과 그 문서화된 기록과 자료들뿐만 아니라, 그에 못지 않게 중요하고, 역동적이며, 저 뒤에 깊숙이 가려있는 비공식 과정을 함께 보지 않으면 안 된다. 이 글에서는 이 두 과정을 함께 보려한다.

여기서 아울러 밝혀야 할 것은, 대학입시가 전 국민의 초미의 관심사이고, 거기에는 치열한 이해관계와 정서, 그리고 이념이 투사되므로 대입제도를 개혁하는 일은 다른 어떤 정책결정보다 더 어려우며, 그 때문에 정책적 타당성이 높은 개선안도 그 집행과정에서 왜곡되기가 일수라는 사실이다. 그런가 하면, 어떠한 개선안도 많은 이들을 만족시킬 수 없으므로 정책결정 이후에도, 또 그 시행과정에서도 제도에 대한 사회적 논란은 끊이지 않는다. 입시와 연관된 이러한 불만과 쟁론은 다시 대입제도의 잦은 변개를 낳고, 또 모든 정권들로 하여금 새로운 '입시개혁'을 시도하게 유도하는 주요한 원인이 되곤 한다.

2. 대입제도의 역사

대입제도의 역사를 논의하기 위해서는 대학입학제도의 주체와 전형방식, 그리고 대입제도의 기능 및 목표에 대해서 잠시 언급할 필요가 있다. 왜냐하면 대입제도의 역사는 이들 변수들이 시대에 따라 어떻게 조합하느냐를 기록한 역사이기 때문이다.

대학입학 전형과정의 세 주체는 고등학교, 국가, 대학이다. 세 주체는 각각 i) '고교내신성적', ii) 수학능력시험, 학력고사 등 '국가관리시험', 그리고 iii) 필답고사, 면접, 논술을 포함하는 '대학별 고사'를 주관해 왔다. 대입제도의 역사를 보면, 이들 세 주체가 주관하는 전형자료 중 어느 것을 중시하는가 혹은 이들 자료들을 어떻게 조합하는가의 문제이며, 따라서 대입제도는 이들 세 주체간의 상대적 영향력 관계를 반영하게 된다. 구체적 대입과정에서 대체로 이들 세 가지 전형자료 중 한 가지를 택하거나 혹은 두, 세 가지를 조합하게 된다.

대학입학 제도는 "학생선발의 객관성과 공정성 확보', 학교 특히

'고등학교 교육의 정상적 운영', 그리고 '대학의 학생선발권 보장'이라는 세 가지 주된 기능을 수행한다. 따지고 보면 이들 세 기능은 어느 것 하나 소홀히 할 수 없는 대입제도의 주요 목표들이다. 여기 더하여 '대학서열구조의 타파'를 대입제도의 기능으로 내세우기도 한다. 이들 기능들은 대입제도의 목표로 제시되기도 한다. 상대적으로 보면, 고등학교의 입장에서는 입시제도는 고등학교 교육 정상화에 가장 많은 관심을 가지며, 대학은 대학의 자율성이라는 입장에서 학생선발권 보장에 더 집착한다. 이에 비해 국가는 일차적으로 학생선발의 객관성과 공정성 확보에 관심을 기울이는 경향이 있으나, 보다 근원적으로는 고등학교 교육의 정상화에 깊은 관심을 가게 되며, 아울러 대학의 학생선발권 보장에도 적절한 관심을 나누지 않으면 안된다. 따라서 가장 관심의 폭이 넓다고 볼 수 있다. 이에 더하여 입시개혁을 사회의 구조개혁과 연계시키려 할 때에는 대학서열구조의 혁파도 주요 입시개혁 목표로 등장할 수 있다. 그러나 이 모든 것을 포괄하는 가장 큰 우산은 학교교육 내지 공교육 정상화이며, 따라서 대학입시제도가 어느 정도 제 궤도에 오르면, 이것이 포괄적 목표로 등장하게 된다.

대입제도는 1945년 해방 이후 지난 60년간 모두 16차례 바뀌었다. 평균 3년 10개월에 한 번씩 변한 셈이다. 그 때문에 잦은 제도적 변개에 대한 국민적 불만이 큰 게 사실이다. 그런데 대체로 보면, 해방 이후 1990년대 초까지 우여곡절이 있었으나, 전체적 경향은 초기의 대학별 고사에서 국가주도 내지 국가관리 하는 시험체제로 변화했다. 1960년대 이후, 대학진학 욕구가 상승하고 경쟁이 심화 되면서 대입과 연관하여 부정과 비리가 빈발했던 것이 이러한 체제 전환의 주요한 이유였다.

1961년 5월 16일 군부 쿠데타로 권좌에 오른 군사정부는 교육쇄신방안의 하나로 1962~63년 대학입학자격고사를 도입했다. 이후 1964~1968년간 대학별 단독시험체제로 회귀하였으나, 1968년 대입예비고사제가 도입되면서 다시 국가관여의 폭이 증가한다. 이는 예비고사 합격점을 통과한 자에 한해 본고사를 치를 자격을 주는 방식으로, 예비고사와 본고사를 함께 치르는 전형방법이다. 이 제도는 1980년 신군부가 단행한 1980년 '7.30 교육개혁'으로 본고사가 폐지될 때가지 지속된다.

신군부는 본고사 대신 학력고사와 내신만으로 학생을 선발하도록 조처했다. 이렇게 내신이 대입전형 요소로 처음 등장하게 된다. 대입전형과정에서 국가의 주도성이 다시 강화되고, 이 체제는 1993년까지 지속된다. 이후 1994년 다시 '수학능력시험+본고사' 체제가 부활하였으나, 본고사 실시에 따르는 문제점이 부각되면서 1996년 폐지된다. 되돌아 볼 때, 1960년 초부터 1990년대 중반에 이르는 기간 동안 학생선발 과정에서의 역할을 둘러싸고 국가와 대학 간의 갈등이 있었으나, 국가의 주도성은 대체로 유지되었다고 볼 수 있다. 또한 이 기간 동안 주요 입시기능 중 '학생선발의 객관성과 공정성 확보'가 가장 앞세워 졌고, 간헐적으로 '대학의 학생선발권 보장'이 얼마간 부각되었으나, 정작 중요한 '고교교육의 정상화'는 거의 고려되지 못했다. 그런가 하면 입학전형과정에서 '시험점수'가 유일한 비교 잣대였고, 지적 잠재력이나 창의성, 특기, 인성 등 다른 요소들은 거의 고려가 되지 못했다.[1] 1995년 5월 31일 발표된 '5.31 교육개혁'은 이러한 대입제도 역사를 본질적으로 바꿔 놓은 역사적 분기점이다. 5.31 교육개혁은 대학 입학전형과 연관하여 공교육의 정상

1) 국정브리핑 특별기획팀, 『대한민국교육 40년』, 한스미디어, 2007, 14-24면.

화를 대입제도의 주요 목표로 내세우고,[2] 아울러 대학의 자율화, 다양화, 특성화를 강조하고, 학교생활기록부 제도의 의미를 크게 부각하였다. 이때부터 시험점수를 잘 받는 학생뿐만 아니라 다양한 영역에서 능력을 발휘하는 학생들에게도 대학의 문호가 개방되었다. 성적보다 잠재적 발전능력을 강조하게 된 것도, 사회적 형평성을 고려한 특별전형도 여기서 시작되었다. '5.31 교육개혁'은 이후 전개된 입시제도 개선의 뿌리이자 모태로서 기존의 입시제도와는 그 철학과 전형방식에 있어 현격한 차이를 보여준다. 5.31 교육개혁이 표방했던 '공교육 정상화'의 정신을 담은 새로운 대입제도가 1967년도부터 시행되어, 2002년을 거쳐 2008년도까지 이어지고 있다. 따라서 대입제도의 잦은 변개에 대한 비판에도 불구하고, 문민정부 이후 대입제도는 '공교육 정상화'라는 뚜렷한 목표를 지향하며 같은 길을 걸어온 것은 부인할 수 없다.

그러나 문민정부의 5.31 교육개혁의 핵심인 학교생활기록부는 이후 일선 고등학교의 '내신 부풀리기' 때문에 대학으로부터 불신의 대상이 되었다. 그 때문에 이른바 명문대학일수록 내신 반영비중을 낮췄고 수능의 비중을 높이게 되어, 학교교육 정상화의 꿈은 퇴색되고, 사교육이 번창하게 되었다. 무엇보다 수능점수가 당락에 관건이 되면서 자리 잡게 된 소수점에 의한 '극도의 석차화' 현상은 교육의 본질을 결정적으로 훼손하기에 이른다. 따라서 2008 대입제도 개혁과정에서 '내신 부풀리기'를 방지하고 내신의 변별력을 높이기 위해 내신 평가방법을 절대평가에서 상대평가로 바꾼 것, 수능점수를 표

2) 5.31 교육개혁은 입시제도와 학교교육을 연계시켜 학교교육을 활성화하고 입학 적격자 선발에 타당성을 높이며 학생들의 과외욕구를 경감시킨다는 점을 크게 강조함으로써, 처음으로 '공교육 정상화'를 입시개혁의 최우선 목표로 부각시켰다.'이후 공교육 정상화는 대입제도의 부동의 첫 번째 목표로 자리매김한다.

시하지 않고 등급만을 제공함으로써 '대학입학=수능점수 라는 잘못된 공식을 혁파하려고 애쓴 것 등은 바로 이러한 기존 제도의 미비점을 보완해 보려는 고심의 흔적들이다.

Ⅲ. 정책과정 분석

1. 2008 대입개선안의 형성[3)]

1) 대입제도개혁특위의 출범과 교육부와의 갈등

이미 2002년 12월 제 16대 대통령선거과정에서 한나라당은 '교육혁신기구' 설치공약을 발표했고, 이듬해 2월 대통령직 인수위원회의 12대 국정과제로 '지식문화 강국 실현: 교육혁신기구 설치'가 예정되었다.

이를 근거로 2003년 7월 31일, 관료주도의 교육정책 추진에서 오는 국민의 불신을 해소하고, 다양한 교육주체들의 의견을 폭넓게 수렴하여 새 정부의 통치철학에 합당하는 교육혁신을 주도하기 위하여 교육혁신위원회(이후 혁신위)가 대통령 자문기구로 출범하였다. 전성은 위원장, 김민남 선임위원 등 중앙 네트워크가 없는 진보적 '새얼굴'들의 등장은 이미 이 혁신위가 앞으로 몰고 올 태풍을 예고하고 있었다. 2003년 12월 16일 노무현 대통령은 자신이 직접 주재한

3) 참고: 박부권, 민경찬 외, "2008 대입제도 개선안-'모든 것을 교실로'-," 『참여정부 교육정책 추진사례 분석 연구』. 2007. 교육인적자원부. 5-22면.

토론회에서 혁신위에게 공교육 정상화와 사교육비 절감에 기여할 수 있는 '2008 대입제도 개선안'을 마련하도록 지시했다.

이후 2004년 3월 30일, 2008 대입제도 개선안을 마련하기 위해 혁신위 산하에 대학입학제도개혁특별위원회(이하 대입제도개혁특위 혹은 특위)가 발족하고, 이인호 명지대 석좌교수가 위원장으로 선출되었다. 특위 발족회의를 하던 날, 전성은 혁신위 위원장, 안병영 교육부총리, 그리고 이정우 정책기획위원장의 인사가 있었는데, 그 발언의 요지에서 이미 대입개선안 논의 방향을 둘러싼 갈등이 표출되었다. 이정우 및 전성은, 김민남 등으로 대표되는 청와대-혁신위 수뇌들은 이미 특별위원회가 출범하기 이전에 자신들의 이념적 지향에 따라 입시개혁의 기본틀과 핵심개념을 확정하고 이를 강행할 준비를 하고 있었다. 따라서 이들은 이 자리에서 대통령의 뜻을 앞세워 미리 준비한 이른바 '이력철 중심의 경로별 입시안'을 사전 합의된 것인 양 기정사실화하고, 특위의 역할은 이를 세밀하게 다듬는 데 한정하려 했다.[4] 이에 반해 교육부총리인 필자는, 현단계에서 '내신 강조' 정도의 근본적인 방향만을 정하고, 여타의 사항은 앞으로 특위에서 자유롭게 논의하여 하나하나 합의로 이끌 것을 요구했다.[5] 혁신위와 교육부와의 갈등은 이렇게 특위 출범 시점부터 극명하게 노정되었다.

혁신위의 궁극적 목표는 대학서열구조의 해체였고 이를 위해 '대

---

4) 이 자리에서 전성은 위원장은 "대통령께서 이력철 중심의 경로별 입시안을 세밀하게 준비할 것을 당부하셨다"라고 발언했고, 이정우 위원장은 "우리 사회의 고질적인 교육문제를 치유하는 방안으로 경로별 입시를 제시한 것은 옳은 방향성이라고 생각하며, 아직 미완성인 것을 완성시키는 것이 특위 위원들의 역할이라고 생각한다"라고 말했다.

5) 필자는 여기서 "대입개혁안은 내신위주로 전환한다는 근본적인 방향만 제시하고 구체적인 내용은 이번 특위에 유보한 상태이다"라고 말했다.

학공동선발제'와 같은 혁명적인 제안을 준비하고 있었다. 그러나 교육부의 강경한 대응과 대통령의 유보적 입장에 고려하여 혁신위는 대입제도 개선안의 목표치를 형식적으로는 '공교육의 정상화' 수준으로 조정하였다.[6] 그러나 혁신위의 핵심적 이론가인 김민남 선임위원은 청와대의 이정우 정책위원장의 강력한 비호 아래 대입특위의 논의를 자신들이 앞서 마련한 급진적 개선안에 수렴하도록 집요한 노력을 계속했다. 특별위원회 논의과정에서 급진적 혁신위 주도세력과 여타 온건 성향의 위원들 간의 밀고, 밀리는 줄다리기가 계속되었다. 힘겹게 버티던 이인호 위원장이 7월 13일 제8차 회의 이후 특위에 불참한 후, 끝내 사퇴하기에 이른다.[7]

당시 김민남 상임위원 등이 상정했던 대입 개선안의 대략적 구도는 다음과 같았다.[8] 공교육을 정상화하기 위하여 학교교육을 대학입시로부터 분리해야 한다는 대명제 아래, i) 기존의 수능중심 선발에서 '교육이력철' 중심 선발로 입시의 기본 틀을 전환한다. 학생선발의 핵심 전형자료인 교육이력철은 교사평가를 바탕으로 학생들의 학습과정 및 성취결과를 보다 심층적으로 기록한 것으로, 이를 매개로 학교교육의 체질개선(교재편성, 교수방법, 학생평가 등)을 모색한다. ii) 아울러 '경로별 선발제도'를 도입한다. 이 선발제도는 학생들의

6) 실제로 교육부는 공교육 정상화를 위한 대입제도의 개선이 효과를 거두기 위해서는 대학의 특성화, 다양화가 필요하다는 입장이었으며, 이는 우회적으로 대학서열구조의 유동화에 기여할 수 있으므로, 혁신위도 '공교육 정상화'라는 목표에 합의하게 된다.

7) 이인호 위원장은 훗날 신문인터뷰에서 "논의를 하는데 마치 오뚝이하고 싸우는 것 같은 기분이었다. 어느 정도 합의했다고 보면 다시 똑같은 자리로 돌아간다. 모두 자기 입장에서 자기 이익만을 내세웠다. 특히 내신을 확대하는 것을 절대가치로 생각하는 세력 때문에 합리적인 대화가 안 됐다"라고 술회했다.

8) 손종현 "2008학년도 대학입학제도 개선 방안," 『교육혁신위원회 2년 활동백서』. 대통령자문 교육혁신위원회, 2005, 242-292면.

다양한 적성과 능력을 고려하여 전공별로 다양한 선발 방식을 적용할 수 있게 한다. iii) 국가단위시험(수능시험)은 학교(교사)의 평가를 무력화시키지 않도록 그 영향력을 최소화할 수 있는 방향으로 실시한다. 5등급이 합당하다고 본다. iv) 대학별 고사로서 심층면접과 논술 등은 허용하되, 본고사 형태의 시험은 금지하며, 전형자료로 제출된 교육활동 기록을 확인하는 수준에서 실시되도록 한다. 선발절차는 경로에 의한 1차 분류, 전국단위 시험에 의한 2차 분류, 교육이력철에 의한 3차 분류, 그리고 대학별 고사에서의 실력확인 절차에 의한 4차 분류가 이루어지게 한다. 5) 대학도 국가와 학교가 제공하는 자료를 전문적으로 사정할 수 있는 '입학사정관제'를 도입해야 한다.

교육부는 혁신위가 추구하는 내신 강조 등 큰 방향에 대해서는 합의하나, 그 안에 내포된 과도한 이상주의적, 변혁적 요소들은 받아들이기 어렵다는 입장을 처음부터 분명히 했다. 보다 구체적으로 i) '교육이력철', '경로별 선발제도' 등 생경할 뿐 아니라 다분히 이념 및 상징성이 함축된 개념(명칭)들은 그 실효성과 사회적 수용성의 차원에서, ii) 수능을 과도하게 무력화하려는 시도는 변별력의 관점에서, 그리고 iii) 교사별 평가는 교육현실과의 괴리 때문에 수용할 수 없다는 입장이었다. 그러나 입학사정관제에 대해서는 교육부도 이미 적극적으로 고려하고 있었으므로 수용하는 입장이었다. 이러한 교육부의 입장은 대입제도개혁특위 내의 온건 개혁세력들에 의해 대변되었다.

개혁특위 내에서 주요 쟁점에 대한 논란이 거듭되고 합의의 기미가 전혀 보이지 않자, 대입제도개선안을 8월말까지 내놓겠다고 국민들에게 약속한 정부의 입장에서는 조바심이 날 수 밖에 없었다.

마침내 필자는 무언가 획기적인 돌파구를 찾기 위해서는 스스로 전면에 나설 수밖에 없다고 생각했다. 절박한 심경으로 교육혁신위 제 9차(2004. 7.23) 본회의에 직접 참석했다. 이 자리에서, 필자는 혁신위가 이념에 치중하여 현실성과 합리성을 무시하고 '교육이력철', '경로별 선발', '새로운 학력고사' 등 급진적 개혁안에 지나친 집착을 하고 있는데 대해 통렬한 비판을 가하고, 가능한 한 가까운 장래에 보다 합리적 개선안을 마련할 것을 요구했다.

이 날 회의를 마치고 배웅을 나온 전성은 위원장에게 필자는, "위원장님, 위원회가 생각을 바꾸시든지, 아니면 제가 사표를 내든지 둘 중에 한 길 밖에 없습니다"라고 말했다. 이후 필자는 혁신위안의 대안으로 교육부안을 강력히 제시하며, 적극적으로 청와대의 설득에 나섰다.

2) 청와대의 조정과 교육혁신위원회 개혁안의 후퇴

위의 교육혁신위 제 9차 회의에서 혁신위와 필자간의 격돌이 있은 후, 같은 달 7월 29일 청와대 사회문화수석실에서 이원덕 수석의 주재 아래 대입제도개혁특위에 참여한 혁신위 관계자들과 교육부 관계자 및 일반 참여자 일부가 모여 앞으로 청와대 국정과제회의에 내놓을 개선안에 대한 의견조율이 있었다. 논란 끝에 대체로 교육부안에 비중을 두어 조정하기로 방향을 정하고, 향후 특위에서 다시 논의하여 최종안을 마련하기로 합의하였다.

청와대의 조정회의 이후 2004년 8월 12일 대입제도개혁특위에서는 마지막 회의가 열려 주요 쟁점에 대한 최종 점검이 이루어 졌다. 여기서 2008 대입제도의 핵심적 구성요소였던 교육이력철, 새로운 학력고사, 경로별 선발 등의 개념이 본질적인 도전을 받았다. 격론을 벌렸으나, i) 수능등급수와 ii) 교사별/교과별 평가 및 iii) 이력철 명칭 등에 대해서는 결론에 이르지 못하고, 청와대 국정과제 토론으로 넘기기로 합의한다. 그러나 전체적 분위기는 교육혁신위의 당초의 개혁안이 크게 후퇴하고 있음을 감지할 수 있었다. 8월 18일 청와대 국정과제 토론회의 바로 전날, 교육혁신위원회 본회의가 열렸다. 여기서도 열띤 토론이 벌어졌는데, 일부 진보적 성향의 위원들은 이미 교육혁신위의 당초의 구상이 크게 훼손되었음을 지적하면서 혁신위의 정체성 문제까지 들고 나왔다. 그러나 결국 교육부 안으로 크게 기울어진 특위의 보고 원안을 받아들였다.

2004년 7월 말에서 8월 중순까지 펼쳐진 교육혁신위와 교육부간의 치열한 기선잡기 싸움에서 교육부와 필자는 우군(友軍) 확보에 많은 정성을 기울였다. 청와대의 가장 신뢰할 만한 교두보인 이원덕 수석과 잦은 의사소통을 하면서, 정보를 나누고 함께 전략을 논의했다. 2004년 7월 29일 청와대 조정회의도 이러한 노력의 결과였고, 이 날 이후 혁신위의 예기가 꺾이기 시작하는 것을 감지할 수 있었다. 아울러 필자는 대통령의 최측근의 한 사람인 김병준 정책실장에게, 만약 대입제도 개선안이 혁신위 안으로 굳혀지는 경우, 필자는 어차피 장관직 사표를 낼 수밖에 없다는 일종의 최후통첩을 하고 협조를 구했다. 김 실장은 도움을 약속했다.

이렇게 해서 대통령과 지근(至近) 거리에 있는 두 사람, 이정우 위원장과 김병준실장의 길이 갈라졌다. 이정우 정책기획위원장은 이미 공공연하게 혁신위의 수뇌들, 즉 전성은과 김민남를 강력하게 지원하고 있었는데 비해, 김병준은 보다 내밀적으로 필자와 공감하여 측면 지원에 나섰다. 필자는 또한 과거 교육부장관 전력이 있고, 노

대통령과 가까운 이해찬 국무총리에게 적극적 도움을 청했다. 이해찬 총리는 교육부 안에 대한 공감을 피력했다.

3) 청와대 국정과제회의

2004년 8월 19일 교육혁신위 주관으로 개최된 第53회 국정과제회의에는 대통령을 비롯한 청와대와 정부 및 대학관계 인사들이 참여했다. 그간 논란을 거듭한 대입개선안에 대해 마침내 대통령의 방향 정리가 예정되어 있는 실로 중차대한 회의였다. 이 회의 존재 자체가 한편으로는 정부의 주요 정책결정과정에서 대통령이 가지는 막강한 영향력을 알려주는 것이며, 다른 한편 대입제도가 갖는 비중과 중요성을 시사하는 것이기도 했다.

그런데 바로 이 주요한 회의에 그 동안 혁신위의 개혁방안을 주도해 온 김민남 선임위원이 불참했다. 결국 이 회의에서 대통령이 주요 쟁점에 대해 교육부에 무게를 실어 줄 것이라는 것을 예견하고 스스로 미리 비껴 선 것이 아닌가 하는 느낌을 주었다. 물론 거기에는 항의의 의미도 담겨있었으나, 다른 한편 패배를 자인한 게 아니냐는 해석도 가능했다. 회의는 극도의 긴장 속에서 진행되었다. 혁신위의 개혁방안에 대한 보고가 있은 후 노무현 대통령 주관 하에 열띤 토론이 있었다. 이 모임에서는 수능등급, 교육이력철 도입, 교사별 혹은 학교당위별 교과평가, 수능과 학생부 교과성적의 변별력, 학생부에 대한 고교별 차등화와 심층면접, 논술 등 대학별 전형에 관한 주요 쟁점이 망라되어 논의되었다.

필자는 이 자리에서 수능시험 9등급, 1등급 4%를 강력 변호하고, 아울러 교사평가는 시기상조이기 때문에 수학학생 전부를 대상으로 하는 교과평가가 합당하며, 교육이력철 및 경로별 입학 개념 도입은 불가하다고 주장했다. 이에 대해 대통령은 등급화의 경우, 수능, 내신 모두 9등급으로 바꾸는 것만으로도 '천지개혁'이라며 9등급을 받아들일 뜻을 밝혔다. 그러나 구체적으로 등급을 나누는 방법은 추후 논의과제로 남겼다. 교과평가의 주체에 관해서는 교사평가가 옳다고 생각하나 교육부가 난색을 표하니 이것도 추후 재론할 것을 제안하였다. 또한 교육이력철은 개념 자체가 생소하고 오해의 여지가 있으므로 이름보다는 제도의 내용만을 취하는 것이 어떻겠냐며 완곡하게 반대의 입장을 표명했다.

대체적으로 볼 때, 이 날 대통령이 적어도 형식적으로는 교육부안에 손을 들어 주는 모습이었다. 무엇보다 이 자리에서 대통령은 8월 19일 이후 교육부가 이 날 정리된 내용을 바탕으로 대입제도 개선안을 마무리하여 발표하도록 주문하였다. 이로써 2008 대입제도를 둘러싸고 치열하게 전개된 혁신위와 교육부와의 갈등은 일단 막을 내리고, 개혁의 주도권은 이제 교육부로 넘어가게 된다. 대통령의 방향조정으로 혁신위의 급진적 개혁안의 몇몇 핵심 개념은 끝내 역사의 뒤안길로 사라졌다. 그러나 아직도 실제로 1등급을 몇 %로 할 것인가와 같은 핵심적 쟁점이 미해결로 남음으로써 강력한 후폭풍을 예고하고 있었다. 더욱이 대통령은 그날 논의과정에서 "9등급 균등배분이 어떨지"라고 언급하는 등 1등급 %를 가능한 한 크게 늘리고 싶어 하는 내심을 공공연히 드러내기도 했기에,[9] 필자는 '일이

9) "사실 대통령의 의지는 7등급 정도였고, 9등급제를 도입할 경우에도 그 중의 1등급의 비율을 스테나인식의 4%가 아니라 정책적 선택에 의한 7%였으면 하는 것이었다. 이는 이정우 정책기획위원장, 문제인 시민사회수석, 혁신위 박도순 선임위원의 견해이기도 했다. 그러나 결국 안병영 교육부장관이 그 고집을 꺾지 않았고.."

손종현, 위의 글, 284-285면.

이제 끝난 것이 아니라 시작이다'라고 스스로에게 다짐했다. 이제 갈등의 축이 혁신위와 교육부에서, 청와대와 교육부로 바뀐 것에 불과한 것이다.

회의를 마쳤을 때, 필자는 극도의 긴장 때문에 입안에 침이 완전히 말라 있었고, 몸을 더 이상 지탱하기 어려울 정도로 기력이 빠져 있음을 느꼈다. 교육부 직원들이 필자에게 "장관님 드디어 이겼습니다. 축하합니다"라고 말했지만, 나는 전혀 기쁘지 않았다. 핵심 중 핵심 쟁점에 대한 대통령의 속내를 명백히 알고 있었기 때문이었다.

2. 2008 대입개선안의 확정과 발표[10)]

1) '2008 대입제도 개선시안'의 발표와 '고교등급제' 논란

교육인적자원부는 2004년 8월 26일 '2008 대입제도 개선시안'을 발표하였다.[11)] 아울러 교육부는 앞으로 공청회 등 의견수렴을 거쳐 9월 중 최종안을 확정 발표하겠다고 밝혔다. 시안의 핵심내용은 i) 종전의 학교생활기록부는 그 신뢰도를 제고하여 대입전형에서 반영비중을 높이고, 2) 대학수학능력시험은 등급화하여 대입결정력을 완화하며, 3) 학생선발을 전문화, 특성화한다는 것이었다.

그 내용을 보다 구체적으로 논의하면 다음과 같다. 학생부의 반영비중을 높이는 과정에서 그간 문제가 되었던 '내신 부풀리기' 방

10) 참고: 박부권, 민경찬 외. 위의 책. 23-38면.

11) 이 시안의 기본 방향은 세 가지로, 첫째, 학교교육의 과정 및 결과가 대입전형에서 중요 자료로 활용되도록 하여 고교교육의 중심축을 학교 안으로 가져올 수 있도록 유도해 나간다. 둘째, 대학의 학생선발 자율권 확대 및 '여러 줄 세우기'에 의한 학생 선발을 강조하는 현행 제도의 취지와 성과를 발전적으로 정착시킨다. 셋째, 실현가능성을 바탕으로 점진적·단계적으로 제도개선을 추진한다 였다.

지를 위해, 원점수에는 평균과 표준편차를 함께 제공하고 석차등급을 9등급으로 제공하기로 하였다. 또한, 교사의 교수. 학습계획 및 평가계획. 내용. 기준을 사전에 공개하며, 아울러 독서메뉴얼을 개발하여 독서활동을 학생부에 기록하도록 하였다. 아울러 대학수학능력시험 개선을 위하여 수능성적을 9등급으로만 제공하기로 하고, 백분위, 표준편차는 제공하지 않기로 하였다. 그리고 학생선발의 특성화・전문성 강화를 위해 '입학사정관제' 도입으로 대입전형의 전문화 체제를 강화하고, 특수목적고 동일계 특별전형 도입, 사회통합을 위한 전형 활성화 등을 시행하기로 하였다.

'2008 대입제도 개선시안'이 발표되자 대학들은 시안의 기본 취지에는 원칙적으로 찬성하지만, 수능과 학생부의 등급만을 제공하는 새 제도 아래서 상위권 우수학생 선발의 어려움이 있음을 토로하며, 변별력 확보를 위해 대학의 선발자율권의 확대를 강력히 요구하기 시작한다. 특히 일부대학들은 현존하는 고교간의 학력차를 감안할 때, 본고사에 준하는 논술 및 심층면접고사가 필요하다는 주장을 공공연히 하게 된다.

상황이 이렇게 전개되자, 대입제도 개선안을 둘러싸고 그 동안 전개되었던 혁신위－교육부간의 다툼의 축이 교육부－대학간의 다툼으로 옮겨가고 있다는 사실을 직감할 수 있었다. 아울러 새로운 쟁점으로 '3불', 보다 구체적으로 '고교등급제'가 크게 부상하고 있음을 실감하게 되었다. 교육부로서는 청와대와의 1등급 몇 %냐를 둘러싼 치열한 투쟁이 예견되는 상황에서, 이제 대학과 고교등급제를 둘러싼 또 하나의 전선이 형성된 것이다. 말하자면 양측으로부터 협공당하는 형국이 된 것이다. 그러나 이 상황에서 필자는 교육부가 난국을 해쳐나갈 수 있는 길은 단 한 가지 밖에 없다는 생각을 했다. 그것은 한편으로는 변별력 약화를 걱정하는 대학의 우려를 합리적으로 달래면서, 다른 한편으로는 그것을 기화로 해서 수능 1등급 %를 키우려는 청와대의 무모한 평등주의적 획책을 막아야겠다는 것이었다.

개선시안에 대한 논란은 계속 확대되면서, 교원단체와 학부모, 시민단체들도 찬, 반, 우려와 비판의 다양한 목소리를 내 놓았다. 언론의 반응도 보수와 진보로 극명하게 갈라졌고, 양측은 저마다 자신의 관점에서 시안의 문제점을 비판하고 나섰다. 마침내 이제 확정단계로 들어선 대입제도 개선안을 둘러싸고 우리 사회의 이념적 갈등이 두드러지게 표출되며, 시민사회, 언론, 여론은 양 '진영'(陣營)으로 점차 분극화되기 시작한다. 좌측의 가장 극단적인 예는 역시 전교조였다. 그들은 "올바른 대입제도 개혁은 대학서열 해소 및 완화정책과 연계시켜야 성공할 수 있다"고 주장하며, 이미 물 건너간 '수능폐지-자격고사화', '국공립대 통합전형'을 대안으로 다시 제안하며, 교육부와 청와대를 압박하고 나섰다. 한편 교총은, 시안은 자칫 "수능과 내신의 변별력을 떨어뜨려 결과적으로 학생들에게 논술 및 심층면접 대비 등을 위한 맞춤과외 성행과 같은 또 다른 입시부담을 초래할 뿐만 아니라 새 입시제도 도입에 따른 혼란을 초래할 가능성도 있다"고 비교적 온건한 비판에 나섰다.

시안에 대한 사회적 논란이 거듭되는 그 즈음, 8월 29일 미국을 방문 중이던 고려대 어윤대 총장이 한국 특파원과 만남 자리에서, "고등학교 간 학력 격차를 입시에 반영하는 것은 당연하다"고 '고교등급제'의 불가피성을 주장하면서, 교육부의 개선안을 정면으로 비판하였다.[12] 어윤대 총장의 발언을 계기로 고교등급제 논란은 일시에

12) 이 자리에서 그는 "정부안대로라면 고려대의 경우 수능 성적과 학생부 모

무서운 폭발력을 가지고 점화되어, 이를 찬성하는 일부 대학과 주류 언론, 그리고 반대하는 전교조와 일부 학부모단체, 그리고 교육부간의 격렬한 다툼으로 확산된다.

이러한 소용돌이 속에서 교육부는 2004년 9월 10일 "2008 대입제도의 성공적 정착을 위해"라는 부총리 서한문을 통해, 앞으로도 일관성 있게 '고교 간 학력격차의 인정'을 허용하지 않을 것이며, '고교등급화'도 엄격하게 금지하는 정책기조를 그대로 유지할 것이라는 점을 명확하게 천명하였다. 급기야 9월 15일 과거 수시모집에서 고교등급제를 적용한 것으로 의심되는 고려대와 연세대, 이화여대 등 6개교에 대하여 교육부의 조사가 실시되었다.[13] 때를 같이하여, 교육부는 개선시안에 대한 공감대를 형성하고 의견을 수렴하기 위해 지역별 공청회(9월 7일, 9월 10일, 9월 14일 대전; 9월 15일 광주)를 개최한다. 전교조를 비롯한 진보적 교육연대 그룹들은 이들 공청회에서도 공청회 장소까지 진입, 항의하는 소동을 벌려 공청회 진행 자체가 어려운 지경에 이르기도 했다.

두 1등급인 학생들만 지원할 가능성이 커 변별력 확보에 큰 어려움이 예상된다"고 주장하였다. 이에 대해 교육부는 한석수 학사지원과장을 통해 반론을 제기했다. 반론의 요지는 "학생부와 수능에서 1등급을 받으려면 전체의 상위 4%에 들어야 하는데 고려대에 지원하는 학생 대부분이 1등급을 받을 거라는 생각은 오류"이며, "학생부에는 종합등급이 아니라 학기당 10개 과목씩 6개 학기로 쳐서 최소한 60개 과목의 등급이 표시되는 셈이어서 충분히 변별력이 있다"는 것이었다. 또한 "부정확한 학교격차에 의거해 획일적으로 개인차을 인정하는 것은 자칫 '대학 진학 연좌제' 논란을 야기 시킬 수 있다"며 "선배들의 업적으로 후배의 진학기회가 좌우되기 보다는 논술, 심층면접 등을 통해 제대로 능력이 평가돼야 한다" 주장했다.

13) 6개교중 고려대, 연세대, 이화여대의 3개교는 고교등급제를 적용한 것으로 확인되어, 2년간 10억원의 재정지원을 삭감하는 강력한 조치가 내려졌다.

2) 청와대와 교육부의 마지막 입장 정리

이러한 치열한 사회적 논란 가운데 청와대와 교육부는 마지막 입장 정리단계로 들어섰다. 2004년 9월 30일 청와대에서는 노무현 대통령이 주재하는 제27회 수석보좌관 회의가 열렸다. 이 회의는 '2008 대입제도 개선시안"을 종합적으로 최종 정리하는 자리였다. 여기서 이원덕 사회정책수석비서관은 공청회 결과 등 그간의 정황 전개를 정리하여 보고했다. 이 수석의 보고내용은 교육부의 의지를 크게 반영한 것이었다. 여기서 이원덕 수석은 미해결의 쟁점인 수능등급제와 교사별/교과별 평가문제와 연관하여, 1) 수능등급제는 전교조는 5등급, 대학은 13-～15등급을 요구하고 있으나, 현 개선안의 9등급을 시행하면서 신뢰도가 높아지면 완화해 나가는 것이 합리적이며, 2) 교사별 평가와 교과별 평가 문제는 실제 교육여건을 감안할 때 일단 현재와 같이 교과별 평가로 하되, 2010년도 중학교 신입생부터 교사별 평가를 적용하는 것으로 하고, 이와 동시에 내신의 신뢰도를 높이기 위해 교원평가와 연계하고자 한다는 요지였다. 따지고 보면, 수능 9등급제는 8월 19일 국정과제회의에서 이미 대통령의 재가를 얻은 셈이나 이후 진보진영에서 계속 반론이 제기되어 왔기 때문에 이를 다시 명확히 하고자 했던 것이다. 반면 전교조 등이 강력하게 요구하는 교사평가제 대신 교과평가제를 건의하고, 이 회의에서 대통령의 묵시적 동의를 얻은 것은 교육부의 입장에서 좋은 수확이었다. 그러나 이 자리에서도 마지막 남은 가장 핵심적인 쟁점인 '1등급 몇 %'의 문제는 풀리지 않았다.

그러나 10월 들어 청와대와 당의 입장은 1등급 7%로 완전히 정리한 듯싶었다. 물론 거기에는 대통령의 의지가 담겨있음이 분명했다. 이정우 위원장을 비롯한 청와대의 주류는 갖가지 방식으로 교육부에 압력을 가했고, 그 강도는 날이 갈수록 강해졌다. 청와대, 당, 그리고 전교조를 비롯한 좌파 시민단체와 진보언론들을 조직적으로 연대하여 교육부를 압박했다. 다른 한편 대학과 주류 신문들의 비판에 시달리는 교육부로서는 양측의 협공 속에서 점차 입지가 좁아지고 있음을 실감하지 않을 수 없었다.

그런 가운데 교육부도 2004년 9월 '2008 대입제도 개선안'의 확정 발표 예정을 크게 넘기면서 최종 입장을 분명히 정리하는데 온 힘을 경주했다. 이 과정에서 대학, 중등교육계, 언론, 시민사회 등 이해당사자들과 많은 토론과 의견수렴을 거쳤고, 이미 정리된 생각도 재검하고 그 내용을 확고하게 다졌다. 교육부의 입장은 대체로 다음과 같이 정리되었다.

(1) 2008년 대입 개선안에서 학생부 위주 전형을 강화하겠다는 기본틀은 공교육 정상화의 관점에서 바람직 한 것이다.[14] 그간 문제되었던 '내신 부풀리기'는 원점수에 평균과 표준편차를 함께 제공하고, 석차등급을 9등급으로 제공함으로써 크게 개선될 것이다. 앞으로 학생부에는 교과과목뿐만 아니라 독서, 특기, 봉사 등 비교과 과목의 비중을 늘려 고교 교육과정의 개선을 도모한다. 또한 학생부의 실질 반영률은 내신의 신뢰도 개선과 더불어 조절한다. 그러나 고교등급화는 불가하다.[15]

---

14) 기존의 많은 연구와 자료검증에 따르면, 대학의 여러 전형 요소 중 내신성적과 대학에서의 학업성취도가 가장 높은 상관관계를 갖는 것으로 나타나고 있다.

15) 내신평가는 학생 개개인에 대한 평가이지 학교에 대한 평가가 아니다. 설령 고교간 평균적 학력격차가 있다 하더라도 이것이 그 학교에 재학하는 학생 개개인의 격차를 반영하는 것으로 볼 수 없다. 따라서 내신 위주의 전형에 있어서 고교등급화는 수용될 수 없는 것이다.

(2) 수능은 9등급으로, 1등급은 4%로 한다. 1등급 4%의 변별력에 관해서는 논란이 많으나, 대학이 수능외에 학생부를 비중 있게 반영하고 논술과 면접을 가능한 한 최소수준으로 적절히 활용하게 되면, 변별력의 문제는 극복될 수 있을 것이다.[16)]

이렇게 정리하였으나, 역시 '고교등급제'의 쟁점은 언제라도 점화될 수 있는 화약고였고, 만약 대학들이 대학 자율성과 변별력 부족을 내세워 학생부의 실질 반영률을 최소화하고 논술 및 면접을 본고사 수준으로 강화하는 경우, 학생들에게 부담이 더 늘어날 수 있다는 우려가 필자의 마음을 무겁게 했다.

그러나 2008년까지는 앞으로 약 3년의 시간이 있으므로, 대학, 고교, 학부모, 시민단체, 언론 및 교육부 등 주요 이해당사자들이 새로 신설되는 '교육발전협의회'를 통하여 핵심적 쟁점에 대한 사회적 합의를 추구하고, 아울러 대학이 '입학사정관제'를 통하여 대입전형의 전문화, 특성화체제를 강화하는 한편, 정부가 학교 간, 지역간 격차를 줄이기 위해 심혈을 기울인 다면, 상황은 크게 개선되리라 생각했다.

교육부는 이렇게 입장을 정리하였으나, 아직도 청와대 등과 갈등을 빚고 있는 핵심적 난제가 남아있었으니, 바로 수능 1등급을 몇 %로 하느냐는 것이었다. 교육부는 그간 이해당사자들과의 많은 토론과 협의를 통하여 '수능 1등급 4%선'이 마지노선이라는 결론을 내렸다. 만약 청와대 안을 따르면, 전 사회적으로 엄청난 폭발력을 지

16) 주류언론들은 수험생 60만명의 4%인 2만 4천명이 1등급이기에 변별력이 없다고 주장했다. 그러나 수능등급은 전과목이 아닌 매 과목당 매기게 된다. 교육과정평가원 자료로 시뮬레이션을 해본 결과 4과목 모두 1등급이 되는 학생수는 700명 미만이었다. 상황이 이렇다면, 수능성적 등급화의 변별력은 그리 심각하지 않다. 더욱이 이를 학생부로 보완하고, 논술고사를 최소한으로 반영한다면 이 문제는 해결이 가능하다고 보았다.

닌 치열한 저항에 직면할 것이 불을 보듯 분명했다. 그래서 청와대, 당에 그러한 정황을 누누이 설명하고 청와대－대통령의 7%안에 대해 분명한 거부의 의지를 천명했으나, 그들의 공세는 누그러질 기미를 보이지 않았다. 한마디로 마이동풍이었다. 필자는 실·국장회의에서 무슨 일이 있어도 4%선을 고수하겠다는 결의를 수차례 천명했다. 자신의 퇴로를 스스로 막아 놓는 배수진을 친 것이다.

3) 최후의 결전장: 25일 총리공관회의

수능 1등급을 몇 %로 할 것인가를 둘러싸고 청와대 및 당과 교육인적자원부 간의 갈등은 날이 갈수록 첨예화되었다. 청와대의 압력은 날이 갈수록 가열차고 조직적이었다.[17] 당과 진보적 시민단체들도 가능한 모든 방식을 동원하여 교육부에 압력을 구사했다. 교육부 내에서는 폭발직전의 풍선처럼 팽팽한 긴장을 감지할 수 있었다.

교착상태에 빠져 전혀 해결의 기미가 보이지 않자, 10월 25일 총리공관에서 청와대, 당, 교육부 간의 마지막 절충을 해 보기로 합의했다. 그날 필자는 출근하자마자 사직원을 준비했다. 1등급 4%가 성사가 안 될 경우, 사표를 제출하기로 작정한 것이다. 아무에게도 알리지 않고, 제자이자 연세대 동료교수인 하연섭 정책보좌관에게만 알렸다.[18]

---

17) 한 예를 들어 보자. 10월 24일 지방의 거점 국립대 총장 한 분이 내게 전화를 걸어 "청와대 S 위원당이 몇몇 국립대 총장들에게 수능 1등급 7%가 되면 유수한 지방 국립대들은 1등급 우수학생들을 나누어 가질 수 있으니 협력해 달라며 교육부의 4%안을 연대해서 반대해 줄 것을 강력하게 종용하고 있다"고 알려왔다. 그에 따르면, 총장 몇 분은 이미 크게 흔들리고 있다는 얘기였다. 나는 급히 이들 총장 한 분 한 분에게 전화를 걸어 실제로 7%가 되는 경우 상황이 그렇게 전개되지 않을 것이라고 상세히 설명하고, 이들의 조직적인 움직임을 가까스로 막았다.

총리 공관에서 회의는 5시 10분에 시작되었다. 글자 그대로 마지막 결판장이었다. 이해찬 총리가 회의를 주재하고, 이정우 위원장, 문재인 수석, 이원덕 수석(청와대), 정봉주 의원(당), 전성은 위원장, 박도순 상임위원(혁신위), 그리고 교육부 장, 차관과 대학 국장이 참석을 했다. 처음부터 격론이 벌어졌다. 작심한 듯 이정우, 문재인, 정봉주, 전성은, 박도순 다섯 사람은 대단히 공세적으로 나왔다. 필자도 언성을 꽤나 높였다. 이해찬 총리가 청와대 회의 때문에 중간에 자리를 뜬 이후, 쌍방 간의 공박은 더욱 격렬해 졌고, 분위기는 더욱 가열되었다. 7시 20분 경, 필자는 "이제 내 체력도, 이성도, 인내도 이제 한계에 왔다"고 내뱉으며, 자리를 박차고 일어섰다. 회의는 그대로 중단되었다.

일어서자 나는 즉시 이원덕 수석을 회의실 뒤편으로 불러, 대통령께 드릴 사직원을 건넸다. 이 수석은 한사코 받지 않았으나, 나는 억지로 사직원을 이 수석 윗저고리에 꾸겨 넣고 도망치듯 총리공관을 나왔다. 그 순간 나는 마치 창공을 나는 새처럼 자유로움을 느꼈다. 드디어 이 지긋 지긋한 질곡에서 헤어나는구나 싶었다.

그러나 역시 일이 거기서 끝날 수는 없었다. 그날 밤 늦은 시간까지 이해찬 총리 및 김병준 실장과 전화가 오갔고, 철회를 종용하

---

18) 아래 글은 그 날 그 날 상황을 상세히 기록해 온 하연섭 정책보좌관의 비망록 내용을 그대로 옮긴 것이다.

"자네 정말 오늘 하는 이야기는 자네만 알고 있어야 돼"하시면서 오늘 여차하면 사표를 내시겠다는 말씀을 하셨다..... 무언가 말씀을 드리려는데, 목이 메고 눈이 매워져 말을 잇지 못했다. 한동안 있다가 "선생님, 오늘 사표를 내십시오. 더 이상 이런 사람들하고 일을 할 수 없습니다"라고 말씀드렸다. "정부가 이렇게 어려운데 나만 살자고 나가는 것 같아, 미안해서..."라고 말씀하셨고, "이 사람들, 대입과 교육에 관련된 모든 책임을 선생님에게 뒤집어씌울 겁니다. 어떤 제도건 완벽한 것은 없고 2008 대입제도도 마찬가지인데, 모든 문제를 선생님한테 뒤집어씌우고 계속 브레이크를 걸고 하다가, 선생님 만신창이 만들어 놓고, 연말에는 자를 겁니다. 그렇게 당하기 전에 나가야 합니다"라고 말씀드렸다.

는 그들의 간청과 이제 어떤 경우에도 돌이킬 수 없다는 내 흥분된 응답이 끝없이 이어졌다. 다음날 이른 아침 이해찬 총리를 만났다. 그는 마침내 대통령이 1등급 4%를 받아 들였다고 전하며, 사직원을 내게 다시 돌려주었다. 아마도 밤새 이 총리와 김 실장이 거중 조정을 해서 그렇게 결론이 난 것 같았다.

10월 25일 총리공관회의는 비공식 회의였다. 따라서 역사적으로 공식 문서에는 이 모임이 기록되지는 않을 것이며, 별도의 다른 기록도 남지 않을 것이다. 그러나 그날 저녁회의는 2008 대입과 연관된 최대의 쟁점인 1등급 %를 결정하는 역사적 회의였고, 양측이 모든 것을 걸고 격돌했던 격전의 현장이었다.

다음날 국회에서 마지막 당정조정회의가 있었다. 회의 직전 당측 인사가 내게 다가와, "어제 말씀 들었습니다. 실제로 이미 결론이 난 셈이니 더 이상 격론을 벌이지 맙시다. 그러니 쌍방이 당초의 입장만 피력하는 수준에서 모양새만 갖추는 것이 좋을 것 같습니다" 라고 넌지시 말했다. 따라서 당정회의는 형식만 갖추고 곧 끝났다.

4) "2008 대입제도 개선안"의 확정 발표

10월 27일 2008 입시안 발표 전날, 나는 글자 그대로 하얗게 밤을 새웠다. 물밀듯이 감회가 밀려와서 잠을 이룰 수가 없었다. 그동안 필자와 교육부가 함께 짊어 져야 했던 짐이 너무 무거웠고 힘겨웠다는 느낌이었다. 그러면서도 그나마 1등급 4%가 관철된 것은 나라를 위해서 뿐만 아니라, 참여정부를 위해서도 천만 다행이라는 생각을 떨칠 수가 없었다. 얼마 전에 논쟁의 소용돌이 속에서 누구에게 말했던지 기억이 분명치 않으나, 청와대인가 당의 핵심인사 한 사람에게 필자가 이렇게 말한 적이 있었다. "정작 이 정권을 지키려는 사람이 당신인지, 나인지 알 수 없군요. 왜 이렇게 묘혈를 파지 못해 야단들 입니까". 교육의 전문성과 민심의 저변을 헤아리지 못하고, 이념과 좌파적 클리쉐에 집착하는 그들이 너무나 안쓰러웠고 한심했던 기억이다.

한숨도 자지 못했지만 머리는 명경처럼 맑았다. 따져보니 8월 26일 개선안 시안을 발표한 후 이미 2개월이 넘었다. 그 기간이 천 날처럼 길었고, 마음에 지울 수 없는 멍이 들었다. 무엇보다 필자를 끝까지 믿고 따라 준 교육부 직원들에 대한 고마운 마음이 치솟았다. 이렇게 10월 28일 마침내 "2008 대입제도 개선안"을 발표했다. 필자는 이 방안에서 새 대입제도의 개선 배경과 목적을 소개하고 이를 실현할 수 있는 구체적인 방안을 제시하였다.

이날 발표된 내용의 핵심은 i) 학생부의 신뢰도와 그 반영비중을 높이고, ii) 수능시험제도를 개선하고 이를 등급화하며, iii) 학생선발의 특성화 전문화를 더욱 강화하고, iv) 사회통합을 유도할 수 있는 전형을 활성화하는 것으로 집약할 수 있다.

나는 개선안을 발표하면서, "이제부터 필요한 것은 국민 여러분의 이해와 협조다. 각 교육주체나 이해 당사자들도 거시적이고 대승적인 자세로 조금씩 양보하면서 역지사지하는 마음으로 적극 동참해 달라"고 간곡히 당부했다.

위의 핵심내용을 발표하면서, 필자가 이날 2008 대입안의 성공을 위한 필수조건으로 강조했던 것이 바로 "교육발전협의회"와 "입학사정관제"의 제도화였다. 전자는 입시를 비롯한 주요 교육현안에 대한 주요 교육주체들 간의 협의적 해결을 겨냥한 사회적 파트너십과 사회협약 시스템이었고, 후자는 입학관련 업무를 전문적으로 수행하는 입학사정관을 통해 대학입학전형 업무의 전문성과 자율성, 그리고 입시와 고교 교육과정과의 연계를 강화하려는 제도이다. 양자를 간략히 설명하면 다음과 같다.

〈교육발전협의회〉

원래 대학입시라는 제도가 전국민의 관심사이고 각종의 이해관계가 첨예하게 얽히기 때문에 그것이 안정적으로 정착하기 위해서는 주요 교육주체들 간의 불신과 갈등해소, 그리고 상호이해와 사회적 합의를 높이기 위한 제도적 장치가 필요하다. 이를 위해 대학과 고교를 주축으로 학부모, 언론, 시민사회, 그리고 정부인사가 함께 참여하는 사회적 협의체의 구성이 필수적이라고 생각했다. 우선은 입시제도의 연착륙에 주안점을 둔 것이지만, 이 협의체는 입시 이외의 주요한 교육쟁점에 관한 갈등조정과 문제해결에 큰 기여를 하리라 믿었다.

대입과 연관하여 실제로 우리의 경우 그 중요 당사자인 대학과 고교가 서로 머리를 맞대고 협의하는 기구가 아직까지 하나도 없었다. 그런데 유능한 인재의 공정선발과 고교 교육의 정상화라는 두 마리 토끼를 함께 잡기 위해서는 적어도 두 주요 이해당사자 간의 긴밀한 대화와 협력의 필요성은 더할 나위 없이 중요한 일이라고 생각했다. 이 문제를 종전처럼 교육부가 일일이 규제해서도 안 되고, 그렇다고 하루아침에 대학자율에 맡겨도 안 된다는 것이 평소의 필자 생각이었다. 더욱이 2008 입시안은 입시의 큰 방향만 정한 것이지 실제로 내신, 수능, 논술 등의 구체적 관계를 설정한 것이 아니었다. 따라서 앞으로 예견되는 주요 쟁점들과 더불어 '학생부의 신뢰성 제고', '고교와 대학 간의 상호 협력' 등과 연관하여 풀어야 할 과제가 너무 많았다. 이 밖에도 '교육격차 해소'와 같은 중장기적 교육문제도 여기서 논의하기로 예정되었다. 나는 이 사회적 파트너십과 사회협약을 바탕으로 하는 이 협의체가 앞으로 우리 사회에서 교육갈등 해소와 교육문제 해결에 새로운 이정표가 되기를 희원했다.

〈입학사정관제〉

입학사정관제는 그간 종종 논의가 있었다. 교육혁신위원회와 교육부도 대입제도 개선을 위해 이 제도의 유용성에 대해 같은 생각을 하고 있었다. 그래서 나는 이번 기회에 이 제도를 정착시킬 뜻을 세웠다. 따지고 보면 그간 우리나라 대학들은 발전잠재력이 뛰어난 학생들을 바르게 선발하기 위한 꾸준한 자체적 노력 없이 수능점수와 같은 객관적 점수에 의존하여 대학서열에 따라 순차적으로 나누어 가졌다. 그러나 이제 대학 내 행정조직으로부터 독립한 전문 보직으로 입학사정관을 채용하여, 그를 통하여 전형기관과 무관하게 연중 입학관련 업무를 보다 전문적이고 독자적으로, 그리고 책임 있게 수행할 때가 되었다고 보았다. 입학사정관을 통하여 지망학생들의 점수뿐만 아니라, 그가 이수한 교과, 비교과의 교육과정을 면밀히 검토, 그가 지닌 다양한 능력과 성장잠재력을 종합적으로 판단하고, 고교와 학생들에 대한 자료를 장기간 분석, 축적, 활용해야 한다고 판단했다. 그렇게 되면 비단 대학입시뿐만 아니라, 고교 교육과정의 개선도 함께 이룰 수 있을 것으로 생각했다. 이 제도가 바르게 정착되는 경우, 앞으로 대학입시 자율화를 위한 인프라가 구축되고, 축적된 교육과정 분석자료를 통하여 고교 등급제의 문제도 해결의 실마리가 찾아질 것으로 보았다.

앞으로 2008년 입시가 시행되는 2007년 11월까지 만 3년이 남았다. 필자가 위의 두 제도를 강조한 것은, 그 때까지 두 제도, 특히 교육발전협의회가 내신-수능-논술 간의 상대적 관계를 사회적 협의를 통하여 바르게 설정하고, 아울러 고교 교육과정의 개선을 통하여 내신의 신뢰성과 타당성을 높이지 않으면, 새 입시안이 성공하기 어려울 것이 너무나 명약관화했기 때문이다.

필자는 10월 28일 2008 입시안이 발표되는 시점에서 그간의 청와대와의 잦은 갈등 때문에 이른 퇴임이 이미 예견되고 있었다. 그래서 교육발전협의회의 발족을 서둘렀다. 고심 끝에 이념적으로 편향되지 않은 온건 개혁론자인 동덕여대 손봉호 총장을 위원장으로 하여 대학, 고교, 학부모, 시민단체, 언론, 교육부 등을 망라하는 20명의 위원을 엄선, 그 제도적 틀을 마련했다. 그 때가 12월 말이었다. 그 며칠 후 나는 장관직을 떠났다. 떠나면서 교육부 고위직들에게 이 두 제도의 중요성을, 특히 교육발전협의회의 의미를 누누이 설명했다.

3. 개선안 발표 이후 첫 시행까지

1) 발표 이후에도 계속되는 사회적 논란

2008 대입개선안은 최종 확정된 이후에도 계속해서 사회적 논란의 대상이 된다. 학생부 위주 전형에 따라 내신에 대한 부담이 증가하고, 수능의 변별력 약화를 이유로 해서 논술, 심층면접 등에 대한 비중도 높아질 전망이 높아지자, 새 제도의 장래에 대한 불확실성과 불안이 고조되면서 사회적 불만과 반발이 폭죽처럼 터져 나왔다.

우선 2008 대입제도의 최종대상자인 고등학교 1학년 학생들을 중심으로 거센 저항이 시작되었다. 2005년 5월 7일 학생들이 대거 참여하는 '입시경쟁에 희생된 학생들을 위한 촛불 추모제'가 열렸는데, 그 배경에는 내신등급제를 도입한 2008년 대입제도에 대한 불만이 팽배해 있었다. 그 다음 달인 2005년 6월 서울대가 통합형 논술 전형안을 발표하자 이를 본고사로 판단할지 여부를 놓고, 치열한 사회적 논란이 있었다. 이번에는 논술고사가 뜨거운 사회적 쟁점으로 부상된 것이다. 그런가 하면, 2005년 12월 28일 고려대, 연세대 등 서울시대 7개 대학이 2008 대입전형 기본계획'을 발표하자, 이번에는 정시모집에서의 학생부 반영비율을 둘러싸고 이들 7개 대학들과 교육부간의 갈등이 증폭되었다. 이러한 상황에서 이듬 해 3월, 한 고등학생이 대입에 멍든 교육현실을 비관하여 만든 '죽음의 트라이앵글-누가 우리를 미치게 만드는가'라는 극적인 제목의 동영상이 엄청난 사회적 반향을 일으켰다. 내신－수능－논술, 세 가지 요소가 빚어내는 '죽음의 트라이앵글'은 이후 모든 이의 입에 회자하게 된다.

2007년 2월 6일 경제협력개발기구(OECD)는 한국 고등교육 시스템에 대한 전반적 검토과정에서 이른바 '3불정책'(본고사, 고교등급제 및 기여입학제의 금지)이 대학이 독자적인 입학 절차를 개발하는데 제약을 줄 수 있다고 지적하였다. 이는 다시 그동안 잠잠했던 '3불정책'을 둘러싼 사회적 논란을 재점화했다. 좌, 우의 교육시민단체들과 대학들, 교육부 등이 참여하여 논란이 걷잡을 수 없이 확대되는 가운데, 급기야는 노무현 대통령이 나서서 진화에 나섰다.[19] 이러한 상황에서 2007년 6월, 연세대를 비롯한 일부 대학들이 2008학년도

19) 2007년 4월 6일 노무현 대통령은 EBS에서 '본고사가 대학 자율인가'라는 주제로 특강을 하여 3불 정책 고수의지를 분명히 했다. 이에 이어 김신일 교육부 총리는 전국을 돌며 3불 정책유지에 적극 협력해 줄 것을 당부하는 이른바 '3불 투어'를 5월까지 20여 차례 걸쳐 실시했다.

정시모집에서 '내신 4등급 이상 만점 처리'를 검토하겠다는 방침을 발표한다. 이에 교육부는 내신 1~4등급 만점처리를 강행하거나 실질반영률을 50%까지 확대하지 않는 대학에 대해서는 각종 지원을 대폭 줄이겠다고 엄포를 놓았고, 노무현 대통령도 "내신 무력화는 고교 등급제로 가는 길이다"라며 강도 높은 비난을 하면서 강력 제재를 시사했다. 이후 한 때 극한으로 치닫던 교육부와 대학들 간의 갈등은, 격돌직전에서 양측이 한 발씩 물러남으로써 소강상태로 접어든다. 그러나 이후 6월 29일 노무현 대통령이 총장단과의 토론에서 2008학년도 입시안의 내신반영 비율문제와 '3불' 등에 재차 언급했고, 이에 대한 대학 및 교수들의 격렬한 반발하는 등 확전양상을 보였으나, 결국 '단계적 접근방식'으로 조율하는 선에서 봉합된다.

이 시기의 사회적 논란은 대체로 진보, 보수 양 '진영'(陣營)으로 나뉘어 전개되는 양상이었다. 대통령을 비롯한 청와대, 여당, 진보언론, 진보적 시민단체 등으로 구성되는 진보진영은 내심 미흡하지만 새 2008 대입제도를 지지하는 입장인데 반해, 상위권대학을 비롯한 주류 보수언론과 보수 시민단체들은 이에 대해 줄기차게 반대의 기치를 높였다.

그런데 이러한 치열한 사회적 논란과 갈등 속에서도 필자가 2008 대입제도 개선안 성공의 첫 번째 전제라고 공언했던, 교육발전협의회와 입학사정관제는 그 어느 것도 제 궤도에 오르지 못했다는 사실이다. 후임 김진표 장관이 몇 차례 교육발전협의회를 형식적으로 개최하였으나 정작 주요 입시 쟁점에 대한 사회적 협의와는 동떨어진 일상적인 보고와 논의에 그쳤고, 2005년 중반 이후 그것은 이른바 '식물화'과정에 들어가 완전히 유명무실한 제도로 전락했다. 교육주체들 간의 사회적 파트너십을 통해 '내신－수능－면접'의 3자를 '상생의 트라이 앵글'로 만들겠다는 꿈은 결국 이루어지지 못했다. 입시사정관제 또한 발표 이후 2년을 훨씬 넘은 2007년 6월에 이르러 비로소 입학사정관제의 지원계획이 확정·발표되는 바람에 제구실을 할 수 없었다.

이 두 제도의 정착을 2008 대입 성공의 열쇠로 생각했던 필자로서는 안타깝기 그지없는 일이었다. 이 두 제도, 특히 교육발전협의회가 제대로 기능했더라면, 지난 몇 년 동안, 그리고 2005년 이후 전개된 '2008 입시파동'의 대부분은 잠재울 수 있었으리라고 생각한다. 그 대신 내신의 실질비중, 논술 그리고 '3불' 등 주요 쟁점을 둘러싸고 사회적 논란이 빚어지고 대학 등이 반발하거나 불복할 때마다, 장관과 대통령이 나서서 직접 설득하거나, 아니면 강력 제재하겠다고 엄포를 하는 식으로 문제에 접근했다. 위기에 몰릴 때마다 전가(傳家)의 보도(寶刀)처럼 위계적, 규제적 접근을 계속 시도하였으나, 정부의 구차한 모습만 들어 낼 뿐, 이미 약효는 별로 없었다.

2) 한 번의 실험으로 끝난 수능등급제

2007년 11월 등급제가 처음 적용된 2008학년도 대학 수학능력시험이 실시되었고, 뒤이어 그 결과가 나왔다. 가장 우려했던 동점자 속출 등으로 말미암은 등급 공백 따위의 큰 부작용은 없었다. 등급별 분포 역시 표준비율에서 별로 어긋나지 않았다. 언어, 수리, 외국어, 탐구 등 네 영역 1등급은 644명(0.15%)이었고, 언어, 수학, 외국어 세 영역 1등급은 3747명(0.75%)였다. 이 정도면 상위권 대학들이 그처럼 문제 삼던 변별력에는 문제가 없었다. 다만 문제가 있는 것으로 언론에 크게 부각된 것이 수리 '가형'의 경우였다.[20] 문제가 쉽게 출제되어 한 문제만 틀려도 2등급으로 내려앉는가 하면, 2등급은 표준 비율보다 3% 많았고, 3등급은 2.5% 적었다. 그러나 그렇다고 전체적인 변별력이 크게 훼손되는 것은 아니었다.

그러나 대부분의 주류언론은, "1점 차이로 등급이 갈린다"는 사실을 크게 부각시키며, 수능등급제는 실패했다고 단언했다. 등급 경계선에 있는 학생들의 불만이 컸던 게 사실이고, 처음 도입했으니 진학지도의 어려움 또한 만만치 않았던 것 또한 틀림없는 사실이다. 그러나 따지고 보면, 수능등급제는 '학생부 비중 강화, 수능 비중 약화'를 전제로 도입한 제도이다. 그러나 이른바 상위권 대학들은 학생부 비중을 높여 달라는 정부 지침에도 불구하고 고의로 학생부 등급 간 점수간격을 좁혀 그 비중을 한껏 낮추면서, 대신 수능비중을 강화하여 수능을 당락 결정에 가장 중요한 전형요소로 만들어 놓았다. 일이 이렇게 된 데는 지나치게 수능에 집착해서 그 비중을 높여 놓음으로써 2008 대입 개선안의 취지 자체를 무산시킨 상위권 대학들의 책임이 적지 않다고 생각한다. 이들 대학들은 대학자율성의 명분을 앞세워, 실제로는 '성적' 우수자 뽑기 경쟁에만 급급했다.

그러나 교육부 및 정부 또한 책임의 큰 부분을 함께 짊어 져야 된다고 생각한다. 지난 3년의 기간 동안 주요 교육주체와의 꾸준한 대화와 협의를 통하여 2008년 대입 개선안의 미해결의 문제들, 특히 고등학교 교육과정의 개선, 학생부 신뢰도 제고, 학생부 반영비중 조율 및 합의, 논술의 비중 및 출제 수위 조정 등 제반 문제들을 하나하나 풀어 왔어야 한다. 그런데 이들 문제들이 미해결로 잔존하니

20) 수능시험 후 필자는 시험을 관장했던 정강정 교육평가원장을 만났다. 정원장은, "학생들이 워낙 수학을 어려워하고 번번이 문제가 어렵게 출제되었다고 해서 제가 출제위원들에게 수학문제를 쉽게 내 달라고 간절히 청을 했었습니다. 그랬더니 결과가 이렇게 된 것 같습니다"라고 말했다.

혼란이 가중되고, '내신－수능－논술' 3자가 합주하는 '죽음의 트라이 앵글'이 눈앞의 현실로 다가 온 것이다. 그 결과 2008 대입제도 개선안은 학생, 학부모, 대학 등 어느 이해관계자들로 부터도 좋은 평가를 받지 못하게 되었다.

거듭 말하거니와 합의에 의한 문제해결의 가장 좋은 방법이 교육발전협의회를 통한 사회협약 방법이었다. 이 협의체가 제대로 가동했다면, 그 틀 안에서는 이른바 명문대학들도 자신의 이기적 욕구만을 주장할 수 없었을 것이고, 또 그들도 여기서 체결된 사회협약의 실천을 거부하지 않을 수 없었을 것이다. 그러나 교육부는 이 협의체를 사실상 무력화시키고, 뒤늦게 2008년 대학입시를 목전에 둔 시점에서 상투적 설득과 제재 엄포로 문제를 해결하려고 했다. 상황이 긴박해 지자, 뒤늦게 대통령까지 나섰으나 별로 소득이 없었다.

따지고 보면, 주요 교육주체간의 불신이 가장 큰 원인이었다고 볼 수 있다. 서로 가 서로를 철저히 불신했다. 대학과 고교, 교육부와 대학, 학부모와 교육부 모두가 상호 불신했고 이러한 불신의 거대한 장벽은 상호간의 신뢰와 협력을 바탕을 하는 새 제도의 연착륙을 막았다. 혹자가 주장하듯이, 한국사회에서 대학입학제도가 갖는 엄청난 영향력, 그 막강한 결정력 때문에 결국은 아무리 정책적 타당성이 높은 정책안도 결국 그 시행과정에서 왜곡의 과정을 밟는지도 모른다.

2007년 12월 대통령 선거에서 진보정치 10년의 역사가 종언을 고하고, 보수 이념을 표방하는 한나라당 이명박 후보가 승리했다. 대통령직 인수위원회는 2008년 2월 22일, 수능등급게 보완을 위해 내년부터는 등급과 백분위, 표준점수를 함께 공개하겠다는 방침을 확정했다. 이에 따라 수능시험의 변별력을 낮추고 대신 학생부의 비중을 높여, 다양한 학생평가, 공교육정상화, 사교육비절감의 실효를 거두기 위해 도입했던 '수능등급제 실험'은 단 한 번의 실험으로 끝났다. 등급이라는 형해는 남았으나, 대입전형의 중심축이 다시 수능 중심으로, 그리고 시험점수 중심으로 선회한 것이다. 한번으로 끝날 실험을 위해 그 어렵고 고달픈 과정이 필요했나 싶었다. 아쉽고 안타까운 마음이 치솟았다.

4. 시기별 주요 쟁점과 갈등의 축

2008 대입 제도의 형성으로부터 확정, 그리고 그 첫 시행과 변경까지의 정책과정을 복기(復碁)하면 아래와 같이 정리할 수 있다.

여기서 특위출범부터 청와대 국정과제회의까지의 시기동안 교육혁신위와 교육부간의 갈등이 중심축이었고, 풀어야 할 주요 쟁점의 수는 다수였다. 그러나 개선시안이 발표된 이후, 대입개선안이 확정발표되기까지의 시기에는 갈등의 축은 교육부와 청와대, 그리고 대학 3자간의 관계로 바뀌며, 주요 쟁점은 수능등급 및 1등급의 %로 압축된다. 여기서 갈등은 주로 교육부와 청와대, 그리고 교육부와 대학 간에 빚어졌고, 청와대와 대학 간의 갈등은 보다 간접적이고 잠재적인 것이었다. 그래서 아래 그림에서도 점선으로 표시되었다. 다음 2004년 10월 개선안이 공식 발표된 이후 2008년 정권인수위까지의 3년 여 기간 동안, 정부와 대학 간의 갈등이 전경(前景)에 크게 부각되나, 그 배후에는 진보세력과 보수세력이 각각 '진영'화('陣營'化)하여 정부와 대학을 지원하는 양상을 보였다. 이 때 주요 쟁점은 학생부 실질반영 비율, 논술비중 및 형식 및 '본고사' 여부, 그리고 오랜 숙제인 '3불'이었다. 주요 쟁점과 갈등의 축의 형성에는 단순한

그림 1 시기별 주요쟁점과 갈등의 축

시기별 분류	주요쟁점	갈등의 축
2004.03.30 (특위출범) ~ 2004. 08.19 (청와대국정과제회의)	입시개혁의 목표 '교육이력철'과 '경로별선정제도' 수능등급수 교사/교과별 평가	교육혁신위 ← 교육부
2004.08.26 (개선시안발표) ~ 2004.10.27 (2008' 대입개선안 확정발표)	수능 등급 및 1등급의 %	청와대 ↙ 교육부 ↖ 대학 (청와대 ↕ 대학)
2004.10 이후 ~ 2008.02 정권인수위	학생부 실질반영비율 논술비중 및 형식/ '본고사'여부 '3불'	정부 진보진영 ← 대학 보수진영

이해관계의 차원을 넘어 이념적 요인이 크게 작용했다.

Ⅳ. 참여자 분석

여기서는 2008 대입제도 개선안 결정과정의 주요 참여자인 1) 대통령자문 교육혁신위원회 2) 교육부-교육부총리 3) 대통령-청와대 4) 대학 및 5) 언론 및 시민단체에 대한 개별 분석을 시도한다.

1. 대통령 자문 교육혁신위원회

주지하듯이 2008 대입제도 개선안은 대통령 자문 교육혁신위원회(이후 교육혁신위 혹은 혁신위)가 마련하고, 집행은 교육부가 하는 식으로 구도가 잡혀 있었다. 따라서 개선안 정책결정 과정, 특히 그 초기과정에서 혁신위의 비중과 영향력은 매우 컸다.

교육혁신위는 그 인적 구성부터 기존의 유사명칭의 대통령자문 교육개혁기구들과 판이하게 달랐다. 기존 기구들이 대체로 '서울' 중심의 유명 교수들과 각계 명사들로 구성된 명망가형 조직이었는데 비해, 새로 출범한 교육혁신위는 중앙 네트워크를 거의 갖지 않은 '지방' 출신의 진보성향 인사들이 주류를 이루는 비(非) 명망가 조직이었다. 따라서 기존 조직들이 중앙 네트워크를 근거로 현실에 바탕을 둔 점진적 개혁을 추구했는데 비해, 혁신위는 폐쇄적 이념집단의 성격이 강했고, 이상주의에 치우쳐 급격한 변혁을 지향했다.

교육혁신위원회 위원장은 대안교육 운동가인 경남 거창 샛별중학교의 전성은 교장이었고, 혁신위를 실질적으로 주도하는 상임위원은 경북대학교의 진보적 교육학자 김민남 교수였다. 전 위원장은 지방 현장 교육자로 도덕성이 돋보이는 인사이나, 혁신위 수장에 걸맞는 정치력과 정책능력과는 거리가 먼 인물이었다. 반면 김민남 교수는 혁신위의 핵심적 이론가이자 추진동력으로서 혁신위 제1기(2003/7~2004/7)의 모든 급진적 제안의 발원지였다. 지방대 교수가 10명, 교장, 교사출신 6명, 서울 소재 대학교수 2명, 그 외 3명으로 지방 대학교수출신이 주류를 이루었고, 친 전교조 인사가 다수였다.

교육혁신위는 교육 현안이나 구체적 과제에 대한 관심보다, 그들이 상정하는 우리 사회의 갖가지 교육모순들, 예컨대 대학서열구조, 학벌주의, 중앙집중체제, 경쟁구도 등을 근본적으로 혁파하고 새로운 질서를 수립하는데 심혈을 기울였다. 그러다 보니 이들은 현실과 동떨어진 "개혁을 꿈꾸는 소수의 자기만족적 논의"[21]에 몰입되어 있었다. 따라서 현실적, 점진적 개혁을 추구하는 교육부와는 물론, 공교육 정상화와 사교육비 절감에 일차적 관심을 표명하는 노무현 대통령과도 얼마간의 괴리가 있었다.

혁신위 수뇌들은 교육부와 서울대를 비롯한 일류대, 명문고 그리고 중앙에 터를 잡고 있는 수구적 엘리트 계층에 대해 내적으로 적대적 감정을 갖고 있었다. 그들은 한국 교육을 주도해 온 "서울대, 교육부, 지도층이 '비곗덩어리' 물체가 아닐까"[22]라고 신랄하게 반문하기까지 했다. 따라서 혁신위와 교육부와의 첨예한 갈등은 이미 예정되어 있었다. 이들은 또한 교육문제를 중앙과 지역의 모순구조로 설정하고, 모든 문제의 해결책으로 분권화를 제시했다. 그런 의미에서 혁신위의 목표와 접근방식은 기존의 그것과는 본질적으로 다른 새로운 패러다임을 의미했다.[23] 교육혁신위의 개혁안은 그 핵심이론가인 김민남 상임위원이 주도했고 진보성향의 다른 위원들이 그를 도왔다.

그들의 이념정향을 가장 적나나 하게 보여준 대표적인 예가 이른바 '국립대학 공동학위제'[24] 였다. 공동학위제가 실현되면 중・고

21) 이남희. "물 건너간 대선공약, 6수 끝에 나온 '대입개선안'," 『신동아』, 2005년 5월 278면.

22) 교육현신위원회 제 1차 전문위원 전체회의 자료, 13면.

23) 교육혁신위는 문제의식과 현실 진단에서 교육의 본질적인 문제와 모순을 해결하려는 강한 의지를 표명하였다.그러나 그들은 그 지나친 평등주의적 접근, 개혁의 대상 및 주체 설정의 추상성, 추진동력에 대한 낭만적인 전망, 그리고 분권화 위주의 해법에서 오는 비현실성 등의 많은 문제를 안고 있었다

24) 교육혁신위는 2004년 3월 "대학교육 경쟁력 제고를 위해 서울대 등 전국

교 교육이 정상화되고, 지방대학이 발전하며, 대학서열구조가 해체되고, 학벌주의가 완화된다는 논리를 펼쳤다. 교육부가 급히 개입하여 가까스로 진화했으나 그 여진은 꽤 오래 갔다.

대입제도 개선과 연관한 혁신위의 기본입장은 분명했다. 시험성적으로 전국학생을 서열화하는 폐단을 없애기 위해 전국 당위시험(수능)의 폐지 내지 그 영향력을 최소화하고, 내신위주의 신입생 선발을 제도화하려 하였다. 이 과정에서 이들은 '교육이력철', '경로별 선발제도'과 같은 생경한 개념을 창안하고, 이들 개념에 이념적, 상징적 의미를 강하게 부여했다. 수능등급과 연관하여, 이들은 5등급으로 나누거나, 9등급으로 하는 경우 각 등급을 균등한 비율로 배분하자는 급진적 안을 내놓았다. 여기서 혁신위의 평등주의적 이념성향이 강력히 부각되었고, 그것이 입시제도 개혁에서 가장 큰 쟁점으로 부상한다.

2. 교육인적자원부와 교육부총리

교육부의 대학입시 개혁의 기본 목표는 '공교육 정상화'이었다. 그것은 1995년 5. 31 교육개혁 이후 대학입시에 임하는 교육부의 일관된 입장이었다. 공교육 정상화라는 목표는 다른 이념집단들도 거부하기 어려운 명분과 개념적 포용성을 갖고 있기 때문에 그 우산 아래 주요 참여자들을 모아 보려고 애썼다. 그러다 보니 한편으로는 대학서열구조 해체와 같은 보다 변혁적 목표를 지향하는 혁신위원회를 비롯한 청와대 내의 '386' 및 전교조 등 진보적 시민단체들과,

26개 국립대간 공동학위제를 도입하고 교수도 공동 선발해 3-5년 주기로 순환근무를 하게끔 하자"는 급진적 제안을 했다. 속셈인 즉, 이를 통해 대학서열의 최정점인 서울대를 없애자는 것이었다.

다른 한편으로는 대학자율화를 명분으로 수능, 본고사 등 점수위주의 대입전형방식에 집착하는 대학 및 보수언론 들과의 사이에 서서, 자주 양측과 치열한 갈등과 논란을 빚으며, 어렵사리 조정과 중재역을 담당해야 했다. 뿐만 아니라 최종 결정권자인 대통령을 효율적으로 설득하여 교육부 안으로 접근하도록 유도해야 하는 무거운 짐도 함께 짊어지고 있었다.

따지고 보면 2008 대입제도 개선안의 창안은 일단 혁신위원회의 고유의 몫이기 때문에 교육부가 그 과정에 지나치게 개입할 형편이 아니었다. 그러나 입시제도 개혁이라는 사안이 워낙 중차대할 뿐더러 혁신위원회의 이념적 편향성이 위험수위를 맴돌고 있으므로, 교육부의 수장인 필자는 2003년 말 취임초기부터 혁신위의 활동 전반에 걸쳐 예의 주시하며 여차직하면 일전을 불사할 결연한 태세를 갖추고 있었다. 이후 필자는 교육부는 대입의 실질적 시행주체이므로 그 제도개혁과정에 적절한 관여는 당연하다는 명분을 내세우며 기회 있을 때마다 집요하게 의도적 개입을 시도했다.[25] 이렇게 해서 2004년 8월 19일 대통령주재의 국정자문회의까지 2008 대입제도 개선의 정책과정은 혁신위와 교육부 간의 치열한 갈등으로 점철된다. 필자가 혁신위원회 비상임위원이고, 차관이 당연직 운영위원일 뿐더러, 몇몇 교육부 과장들이 전문위원으로 참여하고 있으므로 비록 비좁은 길목이기는 하지만 공식적인 참여 루트도 마련되어 있었다. 교

25) 필자는 2004년 전반기에 한달에 한번 정도 혁신위 전성은 위원장과 조찬회동을 가지며 2008 대입개선안 준비상황 및 기타 혁신위의 교육혁신사업에 대해 의견을 나눴다. 전성은 위원장은 교육부와 갈등을 회피하려는 입장이었으므로 분위기는 비교적 우호적이었다. 그러던 중 2004년 3월, 혁신위 산하에 대입제도개선특별위원회를 구성하게 되자, 필자가 이에 적극 개입하여 보수적 인사인 이인호 명지대 석좌교수를 위원장으로 강력하게 추천, 그 뜻을 관철했다. 아울러 특위 구성에도 관여하여 진보와 보수를 균형 있게 배치하도록 유도하였다.

육부는 나름대로 이들 공식적 통로 외에 비공식적인 접촉을 통해 대통령 및 청와대, 당, 그리고 언론과 시민사회 등 영향력 있는 당사자들에게 기회 있을 때마다 교육부의 입장을 알리며 혁신위와의 대결에서 이들을 우군(友軍)으로 포섭하는 노력을 아끼지 않았다. 이 과정에서 한때 교육부 장관을 역임한 바 있는 이해찬 국무총리도 교육부 안에 대해 공감을 피력했다. 이러한 줄기찬 노력과 함께, 교육부는 혁신위의 개선안에 효율적으로 대응하기 위해 자체로서 2008 대입제도 개선의 주요 쟁점에 대한 집중적 연구에 나섰다. 장관 주재 하에 연일 전문적 논의와 분석이 계속되었다.

교육부의 기본적 입장은 공교육 정상화라는 공동목표 아래 모든 이해당사자들의 생각을 모으고, 이를 위해 학교생활기록부 비중을 강화하며 수능의 비중을 낮추고,대학의 다양화와 특성화를 권장하되, 이 모든 것을 현실을 바탕으로 점진적으로 개선하자는 것이었다. 따라서 고교 교육과정이 개선되고 학생부의 신뢰도가 높아질 때까지 수능도 적정수준의 변별력을 지녀야 한다는 것이었다.

그 해 8월 19일 대통령 주재 하의 국정과제회의에서 2008 대입 개선안의 주도권이 교육부로 넘어 오자, 혁신위와의 치열한 갈등과 논란은 대체로 막을 내린다. 그러나 9월 이후 대입제도 개선시안이 가시화되면서 새로운 전선(戰線)들이 형성되었는데, 그 하나는 혁신위의 급진적 입장을 계승한 청와대이고, 다른 하나는 대학과 보수언론이었다. 교육부는 그 가운데서 양측으로부터 협공을 받으며 자신의 개선안을 지키기 위해 결전을 준비한다. 그러나 대입개선안이 확정, 공표된 10월 27 이후에는 교육부는 정부의 대리자로서 진보진영의 측면지원을 받으며, 보수진영과 대결하는 양상을 보였다.

3. 대통령과 청와대 수석들

노무현 대통령은 교육문제에 비교적 높은 관심과 전문성을 갖추고 있었다. 과거 국회의원 시절, 한 때 교육위원회에 소속한 경험도 있어 대부분의 주요 교육쟁점에 관해 익숙했고 자신의 전문적 식견이 있었다. 그는 기본적으로 평등지향의 진보적 성향을 지녔으나, 혁신위 등의 지나친 이념지향성에 대해서는 얼마간 유보적 입장을 견지하며, 교육현실과의 조화를 꾀했다.

따라서 노 대통령은 입시개혁의 목표 설정에 있어서도 대학서열구조 해체와 같은 혁신위의 근본주의적 변혁 목표와는 얼마간 거리를 두고, 공교육정상화와 사교육비 절감 등 현실감있는 목표를 더 선호했다. 노 대통령은 '고교등급제'는 확고하게 반대하였으나, "대학의 선발자율권이라는 것이 상당 부분 대국민 설득력이 있다. 현재 대학들은 자율권을 더 요구하고 있는데, 뺏어오겠다는 것은 어렵다. 그러므로 대학이 가지고 있는 것을 선용하도록 최선을 다할 수밖에 없다"[26]는 입장을 피력했다.

노 대통령은 혁신위와 교육부간의 치열한 갈등 속에서 한편으로 크게 편향되기 보다는 조정과 중재를 꾀하는 모습을 보이려고 애를 썼다. 그러나 원론적으로 교육부의 입장을 지지하면서, 각론에 있어서는 교육부 안에 대해 우회적으로 반대의사를 표명하는 경우가 많았다.[27] 2008년 입시안의 향방을 정하는데 결정적인 분수령이 되었던 2004년 8월 19일 청와대 국정과제회의에서도 대통령은 형식적으

26) 제27회 수석보좌관 회의, 2004.9.30

27) 주지되듯이, 노무현 대통령은 특히 집권 초·중기 동안 교육부 및 교육부 관료들을 크게 불신했고, 교육부에 대해 공공연히 비판하는 경우가 많았다.

로는 마지못해 교육부 안인 9등급에 손을 들어주었으나, 구체적 배분방식은 추후토론과제로 미루고, 배후에서 혁신위 안인 1등급 7%를 강력히 지원하는 등 이중적 모습을 보였다.

청와대 수석 중, 이정우 정책기획위원장은 대통령의 지근거리에서 혁신위의 입장을 가장 강력하게 대변하였다. 그는 혁신위의 김민남 상임위원과 같은 직장(경북대)의 동료로서 절친한 사이였을 뿐만 아니라 이념적 동지로서 혁신위의 현실과 동떨어진 평등주의적 입시안을 시종일관 뒷받침하였다. 이정우 위원장 외에도 청와대의 이른바 '386'인사들은 모두가 한결같이 혁신위의 지원세력이었다. 이들은 여당 내의 '386'세력들과 전교조 등 진보적 시민세력과 연대하여, 한편으로는 대통령에게 지속적 영향을 미치고 다른 한편으로는 교육부에 가공할 압력을 구사했다.

청와대 내에서는 온건 개혁성향의 이원덕 사회문화수석이 교육부 입시안에 대해 가장 큰 공감을 갖고 있었고, 시종 지지하는 입장이었다. 그러나 불행히도 청와대 내에서 그의 발언권은 매우 약해 실질적 영향력을 발휘하기에는 역부족이었다. 김병준 정책실장 또한 교육부 안에 대해 깊이 이해하고 내심 지원하는 입장이었으나 청와대내의 압도적 반(反) 교육부 기류 때문에 나서서 옹호하고, 관여할 형편은 되지 못했다.

4. 대학 및 고교

대학들은 기본적으로 대입전형에 대한 주요 사항들은 선발주체인 대학 고유의 몫이라는 생각을 가지고 있었다. 그런 의미에서 대학의 (선발)자율성이 대학 측의 모든 사고의 출발점이다. 따라서 대학입학에 대한 교육부의 관여에 대해서는 체질적으로 거부하는 성향을 지녔고, 이러한 경향은 특히 명문대학 내지 상위권대학의 경우 더 심했다. 그동안 대학들은 학생 선발과정에서 발전잠재력이나 창의성과 같은 덕목보다 수능성적과 같은 가시적, 객관적 지표를 선호하는 경향이 강했고, 공교육 정상화와 같은 대입에 수반되는 사회적 책무에 대해서는 상대적으로 큰 관심을 표명하지 않았다.

대학들은 2004년 9월, '2008 대입제도 개선시안'이 발표되자 학교생활기록부 반영비중 확대 등 기본적인 내용에 대해서는 명분상 공공연한 반대는 삼가는 분위기였다. 그러나 구체적으로 내신 및 수능의 변별력 문제가 제기되면서, 특히 상위권 대학 등이 앞장을 서서 선발자율권의 확대를 주장하며 개선안에 대해 강하게 이의를 제기하기 시작했다. 따지고 보면 그간 수능 성적 중심으로 학생들을 손쉽게 선발해 오던 대학들로서는 선발과정에서 대학의 창의성과 책무성을 강조하는 새 입시제도안이 크게 부담스러웠던 것도 사실이다. 그러던 중 2004년 8월 29일 고려대 어윤대 총장이 '고교등급제'의 필요성 주장으로 사회적 논란이 확대되자, 교육부 안에 대한 비판적 분위기가 고조된다. 이들은 급기야 수능 13~15등급을 제시하기에 이른다. 그러나 실제로 대입제도 개선안의 주요 쟁점이나 '3불' 등에 대해 깊은 이해관계를 가지고 심각하게 문제제기를 하는 대학들은 소위 몇몇 명문대학을 비롯한 상위권 대학들이었고, 여타 중하위권 대학들은 이들 사안에 대해 큰 관심이 없었다.

이후 많은 대학들은 마지못해 교육부의 지침을 따르는 경우에도, 실질적으로 학생부 반영비중을 최소화하는 한편, 논술과 면접을 통해 학력 중심의 변별력을 높이기 위해 갖가지 방법을 모색했다. 대학은 스스로 "학생부 비중을 50% 이상 확대하겠다"고 발표해 놓고도 막상 2008학년도 입시를 목전에 두고 "50%는 명목상 비율이지 실질 비율이 아니다"고 발을 빼곤 했다. 그러나 이들은 주류 보수언론과 반노(反盧) 성향의 보수여론의 강력한 지원을 받았다.

고등학교의 경우 대체로 새 대입제도에 대한 입장은 양가적(兩價的)이었다. 고교들은 명분상 학생부가 강조되는 새로운 대입제도를 공교육의 정상화라는 차원에서 거부하기 어려운 입장이었다. 그러나 고교가 학생부와 연관하여 책임이 크게 가중되었고, 자칫하면 고등학교가 앞으로 내신, 수능에 더하여 논술교육까지, 이른바 '죽음의 트라이 앵글'을 모두 떠맡아야 하는 부담 때문에 오히려 부담스럽게 생각하는 측면이 강했다.

5. 언론과 시민세력

언론들은 2008 입시안 논의 및 결정의 전 과정을 통하여 대체로 혁신위안을 지지하는 진영과 그 반대의 입장, 즉 대학자율화를 지지하는 입장으로 극명하게 갈라져 갈등과 대립을 거듭하였다. 이른바 조. 중. 동등 보수언론들은 한결같이 혁신위안에 대해서는 거의 모든 쟁점에 대해 치열하게 반대했고, 교육부안에 대해서도 대체로 비판적인 입장을 지속하며, 대학 자율성을 앞세워 이른바 명문대학 및 엘리트주의적 입장을 지원했다. 변별력을 이유로 수능의 등급화에 대해서는 강한 회의를 표명했고, 이른바 '3불'에 대해서도 시종일관 반대의 입장을 표명했다. 이에 반해 '한겨레신문'과 '오마이뉴스' 등을 비롯한 진보계열의 언론들은 혁신위의 입장을 강력하게 지지하며, 교육부안에 대해서도 비판적 입장을 취했다.

시민단체들도 크게 양분되었다. 특히 '전교조'를 비롯한 '함께하는 교육시민모임', '참교육학부모회' 등 좌파 시민단체들은 처음부터 '수능폐지 - 자격고사화', '국공립대 통합전형' 등 극단적인 혁신위의 원안을 지지했고, 교육부 안에 대해서도 시종 일관 비판의 화살을 겨눴다. 반면 교총을 비롯한 보수적 시민단체들도 대체로 보수언론과 보조를 같이 했는데, 혁신위안에 대해서는 분명히 반대하는 입장을 취했고, 비록 강도는 약했으나 교육부 안에 대해서도 비판적 입장을 견지했다.[28] '좋은 교사 운동', '교육과 시민사회' 등 중도개혁적 교육단체들은 대체로 교육부 안과 궤를 같이했으나, 그 영향력이 강하지 못했다.

6. 참여자별 이념적 스펙트럼

교육개혁을 위한 접근은 대체로 세 가지가 두드러진다. 본질주의적 접근, 경제주의적 접근, 그리고 평등주의적 접근이 그것이다. 본질주의적 접근은 교육의 본령(本領), 즉 그 본연의 목적을 강조하는 입장으로, 지적 능력이나 학력의 신장보다 오히려 인성의 함양, 인격적 성숙이 더 강조되는 입장이다. 그런가 하면 경제주의적 접근은 시장주의의 관점에서 경쟁력 강화를 강조하고, 엘리트 교육에 역점을 두는 입장이다. 한편 평등주의적 입장은 보다 대중적 관점에서 교육기회의 평등과 뒤진 자에 대한 배려, 그리고 교육을 통한 사회통합을 강조하는 관점이다.[29]

28) 대표적 보수 교육단체인 교총은 2008년 8월 26일 '2008 대입제도 개선시안'이 발표되자, 시안의 기본방향은 올바르게 설정되었다고 평가하면서, 다만 새 입시안 도입에 따른 혼란 가능성과 구체적 문제점을 지적하였다.

29) 안병영, "교육과 이데올로기-중도개혁지향의 교육정책을 위하여-," 『철학과 현실』 76호 2008 봄, 131면.

많은 이들은 심정적으로 본질주의적 접근의 필요성과 그 중요성을 강조한다. 그러나 그것은 실제로 수사(修辭)에 그치는 경우가 많고, 정작 논란이 빚어지면 경제주의와 평등주의로 나뉘어 이념갈등을 빚는 경우가 허다하다.

2008 대입 개선안 정책과정에 참여한 주요 참여자의 이념적 스펙트럼을 살펴보면, 대체로 청와대－혁신위의 대표격인 이정우, 전성은, 김민남을 비롯해서 청와대 '386', 전교조 및 기타 진보언론 들은 대표적인 평등주의자들이며, 그 대척적 위치에 시장주의자들인 (상위권)대학, 주류보수언론 및 보수시민단체들이 자리하고 있다하겠다. 이에 반해 교육부, 안병영은 비교적 가운데 위치하고 있고, 그로부터 좌 방향으로, 이원덕, 김병준, 이해찬이 그리고 그와는 얼마간 거리를 두고 노무현이 자리매김하고 있다.

여기서 안병영은 비교적 좌, 우의 입장을 고르게 배려한 교육부의 개선안을 관철하기 위해 일차적으로 가까이에 위치한 이원덕, 김병준, 이해찬 등을 우군(友軍)으로 만들고, 이들을 통해 혹은 직접적 접근을 통해 최고 결정권자인 노무현을 설득하려고 많은 노력을 경주하였다. 동시에 좌, 우로 크게 편향되어 대척적 위치에 자리한 평등주의 진영(陣營)과 시장주의 진영과 때로는 격렬하게 투쟁하고, 때로는 대화와 타협을 시도하면서 갈등의 수위를 조정했다.

2008년 10월 28일 2008 대입제도 개선안이 확정, 발표된 이후에는 당초 교육부 원안과 적지 않은 갈등을 빚던 진보언론 및 진보시민단체 등 진보진영이 정부안을 지원하는 세력으로 뭉치고, 보수적 주류언론 및 보수 시민단체 등 보수진영은 정부안에 반대하는 대학을 강력 지원한다.

그림 2 참여자별 이념적 스펙트럼

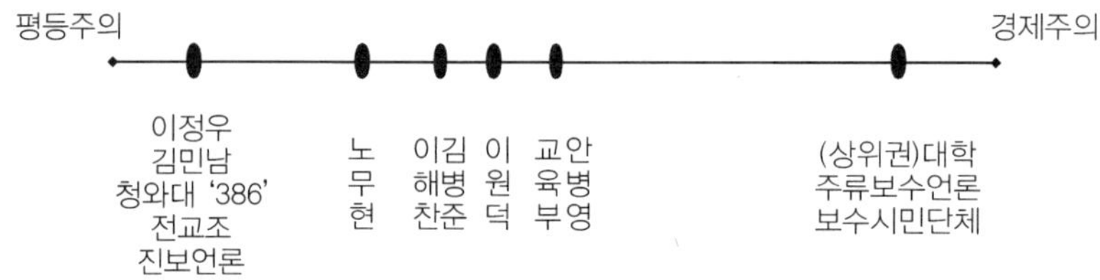

V. 결 론

결론에 대신하여 위의 논의과정을 몇 가지로 간추려 보고자 한다.

1) 이 논문은 전국민적 관심의 표적이 되는 주요 정책결정과정에서 대통령과 청와대, 장관, 주요 이해관계집단, 언론, 시민사회 등이 어떻게 상호작용을 하는가를 보여주는 글이다. 아울러 국정 최고결정권자인 대통령과 해당 정책부문 최고책임자인 장관 간에 이념 및 정책관(政策觀)의 괴리가 있는 경우 전개될 수 있는 하나의 생생한 시나리오를 제공한다. 또한 정책과정이 주요한 여러 행위주체들 간의 갈등과 타협의 연속이며, 설득과 회유, 대결과 압박, 그리고 우군(友軍)을 강화하고 적군(敵軍)을 약화시키기 위한 치밀한 전략과 줄기찬 노력의 과정임을 알려준다. 아울러 정책의 마지막 향방을 결정하는 데는 정책결정자의 리더십과 결의가 중요하다는 점을 일깨운다.

2) 정책안을 둘러싸고 행위주체 간의 갈등과 불신이 증폭되어 대결적 상황이 전개되면 사안에 대한 찬, 반에 따라 대척적인 두 '진

영'(陣營)으로 나뉘며, 이는 이념 다툼으로 번져갈 개연성이 높다. 이렇게 되면 교착상태에 빠지고 해결은 더 어려워진다.

3) 전국민적, 전사회적 관심이 집중되는 사안일수록, 또 주요 행위주체 간에 상호 불신과 갈등이 큰 사안일수록, 주요 이해당사자들이 머리를 맞대고 함께 고민하면서 사회협약의 형식으로 문제를 해결하는 시도가 필요하다. 중도개혁론자들이 선호하는 코포라티즘적 접근이 바로 그것인데, 사회적 파트너십과 사회협약은 민주사회에서 사회적 난제(難題)를 풀기 위한 유용한 방식이다.

4) 노무현 정부에서 마련된 대입제도 개선안이 이명박 정부가 들어서면서, 폐지에 준하는 변화를 겪는다. 이렇게 볼 때, 경제주의자이자 엘리트주의자인 이명박 대통령의 이념적 지향이 이 정책변화에 직, 간접적으로 관여되었다고 보여 진다.

2 국회예산정책처 설립취지와 제도화의 모순
- 조직설립 · 안정화과정의 평가 -

박 정 수*

Ⅰ. 머 리 말

국회예산정책처(이하 예산정책처라 한다)는 국회법 22조의 2에 근거하여 국가의 예산결산, 기금 및 재정운용과 관련된 사항에 대하여 연구분석, 평가하고 의정활동을 지원하기 위해 국회예산정책처법에 따라 지난 2003년 10월 20일 설립된 신생기관이다. 이 기관이 설치되기 전까지 입법지원조직으로는 국회사무처와 도서관이 설치되어 있었고 예산정책처 설립 이후 다시 입법조사처가 신설되어 이제는 4개 기관이 국회의 의정활동을 지원하고 있다.

예산정책처는 연구분석을 담당하는 예산분석실, 경제분석실, 사업평가국과 관리부서인 기획관리관실로 구성된 조직이며 이 조직의 직제상 정원은 92명이다. 필자는 개방형 임용제를 통해 임용된 초대 예산분석심의관(2급)으로서 설립초기의 기관운용 성과와 한계를 자세히 관찰할 수 있는 기회를 가졌다.[1]

* 이화여자대학교 행정학과 교수.

예산정책처의 설립은 대한민국 국회가 개원한지 55년만에 이루어진 역사적 사건으로, 과거의 통법부 오명을 씻고 입법부인 국회가 행정부와 별도로, 재정분야의 전문적이고 독자적인 연구 분석을 수행하게 되었다는 점에서 학계와 언론 등으로부터 지대한 관심을 받았다. 그러나 초대 최광 처장이 직무수행에 있어 정치적 중립성 논란에 휩싸여 면직이라는 불미스러운 사건 때문에 13개월만에 중도하차하는 안타까운 일이 벌어졌다. 이후에도 2대 처장을 선임하는 데에만 6개월 이상이 소요되는 등 조직이 상당기간 동안 안정화되지 못했다.

그렇게 갈망하던 입법부의 예산분석 전문기관이 설립되었음에도 불구하고 왜 이렇게 초반에 삐걱거리고 안정화되는 데 어려움을 겪었을까? 미국의 의회예산처(CBO, Congressional Budget Office)를 처음 설립한 Alice M. Rivlin 처장의 8년 6개월여의 재임을 통한 기관형성기 조직안정화 경험이 우리에게는 왜 적용되지 않았을까?

예산정책처의 설립은 행정부 중심의 대한민국 국정운영에 대응하여 입법부가 제자리를 찾으려는 노력의 일환이라 할 수도 있었지만 설립의 취지와는 달리 제도화가 타협의 산물로 이뤄지면서 조직안정화 실패라는 문제를 태생적으로 지녔었는지도 모른다. 이 글에서는 필자가 참여관찰한 내용을 중심으로 예산정책처 설립초기의 안정화과정을 살펴보고 이러한 경험으로부터 시사점을 도출해 향후 전문성과 독립성이 중시되는 기관형성과 설립취지 달성에 필요한 충실한 제도설계에 도움이 되었으면 한다.

---

1) 설립초기 고위직은 처장(정무직 차관급)과 개방형으로 임용된 경제분석실장(1급), 사업평가국장(2급)과 필자, 그리고 국회사무처에서 전입 및 파견의 형식으로 들어온 예산분석실장(1급)과 기획관리관(2급)의 6인으로 구성되었다.

Ⅱ. 입법부의 역할재평가와 예산정책처 탄생

현대 민주주의 사회에서 입법부,[2] 즉 국회의 역할은 그 중요성을 아무리 강조해도 지나치지 않지만 독자적인 정보력과 정책전문성이 결여된 국회가 헌법에 보장된 권능을 제대로 행사하기에는 역부족이 될 수밖에 없다. 국회가 제대로 역할을 하지 못하는 데는 많은 정치 사회적인 요인들이 있겠지만 그 중 중요한 하나는 행정부와의 관계에서 존재하는 정보의 비대칭성(asymmetry of information)에 기인한다. 현대 정치에 있어서 행정국가화 현상이 진행되면서 행정부와 의회사이에 정보의 비대칭 문제는 점점 더 심화되고 있다. Allen Schick(2002)이 '국회가 재정정책에 있어서 효과적인 역할을 회복할 수 있을까(Can Legislatures Regain an Effective Voice in Budget Policy?)'라는 논문에서 명쾌하게 밝히고 있는 바와 같이 정당정치의 강화, 복지국가화의 진전과 정부지출의 확대, 그리고 이익집단의 발호 등은 입법부의 물적 인적 자원의 확충에도 불구하고 입법부의 독립적인 통제가, 갈수록 어렵게 되어 가고 있는 것이 OECD 선진국을 비롯한 여러 나라들의 세계적인 추세이다.

이렇게 입법부의 재정권한은, 행정국가화되어 감에 따라, 그리고 행정부에 비해 입법부의 전문성이 떨어지는 등의 이유로 현대국가에서는 상당히 형식적인 모습으로 나타나는 경향이 있다.[3] 그럼에도

2) 입법, 사법, 행정의 3권분립이 민주적인 정부운영의 기초가 된다. 법을 제정하고 행정부를 감시하며, 예산을 편성하거나 심의, 의결을 통해 국민부담과 정책수립의 방향타를 정하는 대의민주주의의 장으로서 입법부는 국회, 의회로 번역되며 단원제로 운영하는 경우와 상원과 하원의 양원제로 운영하는 형태로 크게 나눌 수 있다.

불구하고 1990년대를 통해 전 세계 1/4 이상 국가들이 재정기능에 있어 입법부의 역할을 강화하는 헌법개정을 단행했다.

17대 국회가 개원되면서 일하는 국회, 국민의 국회에 대한 기대감이 고조되었고 이를 반영해 국회개혁특별위원회가 구성되었으며 재정전문기관으로 국회 조직 내에 국회예산정책처가 신설되었던 것이다. 예결위의 상임위원회화 이슈도, 보다 운영의 묘를 살리는 것이 현실적이라는 주장과 함께, 행정부의 기존 재정권한과 상당한 갈등을 빚을 소지가 크지만 상임위원회화의 효익이 매우 크다는 주장 간에 심각한 논란이 계속되었다. 그럼에도 불구하고 여야간 공감대가 형성된 부분은 국회차원의 예산심의기능이 획기적으로 강화되어야 한다는 것이었다. 지금까지 우리나라는 행정부가 예산 및 재정운용권을 주도하고 국회는 국지적인 부분에서 미세한 조정자로서의 역할만을 수행해왔다는 점에 대한 반성이다.

재정의 건전성 확보, 재정운용의 비효율성과 낭비제거는 행정부만의 힘으로 이루어지길 기대하기 어렵다. 시카고학파 또는 규제의 포획이론(Stigler, Peltzman), 그리고 Niskanen, Tullock 등의 공공선택이론 등에서 주장하는 바와 같이 사적 경제 활동에 대한 정부의 규제는 규제 하에 있는 당해 산업에 의해 포획되기 쉽고 규제 과정은 스스로 규제되기를 원하는 산업과 관료 사이의 독점적 이익의 배분으로 귀결되는 경우가 많다. 정부 규제의 결과는 공공의 이익 즉, 사회 후생증대보다는 관련된 이익 집단의 힘에 달려 있는 것으로

3) 옥동석(2004)에 의하면 1900년대 초기까지, 미국의 경우는 1960년대까지 재정민주주의 측면에서 국민의 의사를 재정운용에 실질적으로 반영하는 과정으로, 이를 구현하기 위한 다양한 제도적 틀이 근대적 재정제도로 발전해 왔다. 대표적인 것으로는 조세법률주의, 지출법률주의, 통합예산, 독립감사의 의회보고를 꼽고 있다. Schick(2002)의 우려는 이러한 재정민주주의 이후의 정보부족 및 전문성부족에 따른 행정부와 입법부의 재정권한 균형이 깨진 것에 대한 부분이다.

주장되기도 한다. 따라서 이를 견제하고 통제하기 위해서는 국민 참여의 확대, 시민단체의 역할과 함께 입법부의 재정권한 강화가 강조되고 견제와 균형(check and balance)이 중요해진다.

이러한 흐름 속에서도 우리 국회의 지역구나 이익단체의 표심을 의식한 투표매입(vote buying), 특정이익 엄호(pork barrel)에 따른 나눠먹기와 제몫찾기 등 예산과정에 있어서 파행적 관행이 여전하다. 국회상임위원회, 관련 행정부처 및 이익집단이 담합해 구축한 이른바 철의 삼각형(iron triangle) 또는 안락한 삼각구도(cozy triangle)도 예산배분의 왜곡과 기득권의 고착을 부추긴다. 부실한 예산 결산 심의는 예산국회 회기 중 여야의 소모적인 정쟁, 날치기 통과와 직권상정, 예산안 심의가 이루어지는 법정기한이 지나치게 짧은 문제,[4] 예산결산특별위원회의 비상임위원회 형식 등의 제도적 관행적 한계가 가장 큰 원인이다. 따라서 나라살림에 대한 검증이 수박겉핥기 또는 통과의례의 전철을 되풀이하고 있다고 한다면 입법부 재정전문지원기관의 역할에 대한 선진국의 경험이 우리에게도 시사하는 바가 크게 받아들여질 수밖에 없었던 것이다.

Ⅲ. 기관설립경과

나라살림 지킴이 나라정책 길잡이를 표방하고 국회의 정책산실을 목표로 설립된 예산정책처는 처음에는 한국의정연구원으로 출발

4) 우리나라 헌법은 예산심의기간을 60일로 한정하고 있으나 미국은 240일, 영국은 120일로 우리와 비교가 되지 않을 정도로 긴 기간을 상정하고 있다.

할뻔했다. 2002년 10월 7일 당시 국회의 수장이었던 박관용의장은 효율적인 국회운영과 의원의 입법역량제고 및 의정활동지원을 위해 한국의정연구원법안을 제정하고자 했다. 2003년 6월 12일 법안심사소위원회는 국회예산결산지원기구의 설립방안에 관한 공청회를 개최했는바 여기서는 주로 지원기구의 설립형태에 대한 논의가 치열했다. 한국개발연구원(KDI) 등과 같이 행정부에 설치되어 있는 국책연구원과 동일한 형식인 국회 산하 연구원으로 설립해야 사무처로부터 자유롭고, 연구원 신분이 공무원이 아니므로 예산분석 전문가 등 고급인력을 영입하는 데 유리하고 독립적인 연구분석이 가능하다는 의견과, 국가기관으로 설립해야 자료접근성과 자료요구권한 부여가 용이하다는 의견이 팽팽하게 대립되었다. 결국 연구기관적 성격을 가미한 국가기관으로 설립되게 되었는바 이로 인해 연구분석인력을 계약직 공무원으로 충원하게 되고 이와 함께 사무처에서 시행하는 입법고시, 8급 공개채용 등을 통해 임용된 일반직 공무원이 같이 근무하는 형태를 띠게 되었다. 실제로 설립초기인 2004년 12월 기준으로 연구분석부서 현원(68명)의 29.4% 정도를 차지하던 일반직의 비중이 2007년 1월에는 37.5%로 늘어나게 되었다. 출범 초기에는 해외박사 28명을 포함 전체 박사인력 40인, 변호사 1인, 공인회계사 5인이던 전문인력 구성이 2007년 1월에는 해외박사는 대폭 감소한 반면 국내박사가 늘어 박사 인력은 43인, 공인회계사 2인의 구성으로 바뀌게 되었다.

연구분석인력의 전문성 확보에도 문제가 있었다. 연구원형태가 아니라 행정기관 형태로 설립되고 사무처의 영향력 행사로 기획관리관실 뿐만 아니라 연구분석 부서인 예산분석실, 경제분석실, 사업평가국에도 일반직 팀장과 사무관들이 계약직 팀장 및 분석관들과 함께 근무하게 된 것이다.[5] 일반직과 달리 계약직의 경우 신분불안의 문제가 심각해 연구분석의 생산성 제고라는 설립취지 달성에 전념하기보다는 보다 안정적인 직장으로의 전직 유혹에 쉽게 빠질 수밖에 없게 되어 조직의 안정적인 운영이 쉽지 않았다. 또한 입법고시를 통해 임용된 사무관이나 8급공채로 임용된 직원들이 분석관이나 평가관으로 보임되어 박사인력과 동일한 업무(연구조사분석)를 담당하게 된 것이다.[6] 당연히 분석보고서의 질적인 수준이 문제가 될 수밖에 없었으며 '명품'생산이라는 설립취지와 비전은 공염불이 될 수밖에 없었다. 입법고시 등을 통해 예산정책처에 발령을 받은 일반직의 경우 승진 및 신분보장이 되는 반면 계약직 분석관들의 경우 계약갱신여부에 대한 불안감, 상대적 박탈감이 크게 작용해 해외박사 등 초창기 고급인력의 경우 대부분이 조직을 떠나고 말았다.

담당하는 업무에 있어서도 설립취지와 다르게 운영되는 면이 많았다. 예산정책처는 법3조에 의거 다음의 업무를 처리하도록 되어 있다.

1. 예산안 · 결산 · 기금운용계획안 및 기금결산에 대한 연구 및 분석
2. 예산 또는 기금상의 조치가 수반되는 법률안 등 의안에 대한 소요비용의 추계
3. 국가재정운용 및 거시경제동향의 분석 및 전망

5) 예산정책처 설립 전에 국회사무처에 예산정책국이라는 조직이 설치 운영되고 있었으며 예산정책처의 초대 예산분석실장에 국회사무처의 예산정책국장이 승진 임용되었다.

6) 예산분석을 담당하는 예산분석실과 경제전망 및 거시분석을 담당하는 경제분석실에 근무하는 연구인력은 분석관의 직함이, 그리고 사업평가를 담당하는 사업평가국에 근무하는 연구인력은 평가관이라는 직함이 부여되었다.

4. 국가의 주요 사업에 대한 분석·평가 및 중·장기재정소요분석
5. 국회의 위원회 또는 국회의원이 요구하는 사항의 조사 및 분석

우리나라의 경우 국회 내에 예산결산특별위원회가 상설되어 있고 그 위원회를 지원하기 위해 수석전문위원 1인, 전문위원 1인, 심의관 2인, 조사관 13인, 조사관보 2인, 전문계약직(회계사) 1인, 사무원 6인의 지원인력이 예산심의와 결산심의 그리고 기금운용 심의를 지원하고 있다. 실질적으로 예산안과 결산이 동 위원회에서 심의·의결된 대로 본회의에서 의결되는 경우가 대부분이므로 예산결산특별위원회는 국회의 예산안과 결산 심의에 있어서 핵심적인 역할을 수행하고 있다. 사무원을 제외한 20인의 국회사무처 직원이 예산안과 결산심의를 지원하고 있다는 점에서 국회예산정책처의 기능과 정확하게 중복되므로 양 기관간 기능차별화가 매우 중요해진다. 따라서 이들 일반직 공무원으로 보임되는 사무처 소속의 위원회 직원들의 분석수준과는 질적으로 다른, 깊이 있는 분석보고서가 요구되었던 것이다. 그러나 실질적으로 예산정책처의 경우 정기분석보고서 외에 특별 현안분석보고서를 발간하고 있고 더욱이 위원회의 요구가 아닌 개별 의원의 요구에 의해 조사분석업무를 과도하게 수행하고 있는 것이 문제라 할 수 있다.[7)] 실제 2004년의 경우 예산결산특별위원회의 요구는 단 1건에 불과했으나 개별 의원의 요구는 224건에 달했고 2006년에는 445건의 조사분석을 요구했다. 의안 비용추계의 경우도 2004년 54건 이던 것이 2006년에는 128건 회신으로 늘어나고 있다. 결국 인적구성도 예산결산특별위원회 지원조직과 차별화

7) 현재 국회는 국회운영위원회를 비롯 17개 상임위원회와 예산결산특별위원회, 윤리특별위원회 등 2개의 상설특별위원회를 설치 운영하고 있다.

가 덜 되고 수행하는 업무도 동일하게 단기위주의 조사분석 및 의안비용추계에 몰입하는 경우 예산정책처의 정체성은 더욱 위축될 수밖에 없는 것이다.

Ⅳ. 정무직 처장과 정치적 중립성 논란

기관설립을 추진하면서 처장의 임기규정에 대한 논란도 분분했다. 우리나라와 같이 승자독식형태의 의정구조에서 정권이 바뀔 경우 의장이 임명하게 되는 정무직 처장에 대해 독립성 보장이 어렵게 된다. 따라서 안정적인 조직운영을 위해서는 임기보장이 필요하다는 주장과, 정무직에 임기설정이 적절치 않다는 주장이 맞서다가 결국 임기규정이 없이 예산정책처법이 제정되었다.[8] 행정부가 추진하는 사업에 대한 독립적이고 객관적인 분석이 가능하려면 다른 무엇보다 여당으로부터의 중립이 필요하나 이를 위한 최소한의 장치가 마련되지 못한 상태로 출범하게 된 것이다. 여당과 행정부는 당정협의라는 제도를 통해 같은 목소리를 내는데 반해 야당의 입장에서는 결국 예산정책처와 같은 기관에서 제대로 된 분석과 조사를 통해 비판거리를 찾을 수밖에 없는 구도 하에서 조직의 수장이 외부 압력으로부터 꿋꿋하게 중립적이고 전문적인 분석결과를 견지하는데 가장 필요했던 장치가 처장의 임기보장이었다. 한겨레 2004년

8) 임기가 정해져 있다고 해도 정권이 바뀌는 경우, 특히 이념적 정향이 다른 거버넌스가 들어서는 경우 기관장의 임기가 항상 보장되는 것은 아니라는 점은 민주화 이후 문민정부, 국민의 정부, 참여정부 그리고 이명박정부를 거치면서 체감하는 사실이긴 하다.

10월 14일자의 관련기사 '국회예산정책처 잇단 정책비난에 정부 정면대응 나서'를 통해서도 이러한 대립구도는 분명히 짐작할 수 있다.

이러한 우려는 기관출범 얼마 지나지 않아 현실로 나타났다. 기관의 독립성, 전문성과 중립성은 정무직이라는 임면권자의 신임여부와 상충되기 마련이었다. 아무리 처장 추천위원회의 추천과정과 국회운영위원회의 동의절차를 거치는 등 나름의 장치가 마련되어 있다고는 하나 여야의 정권교체가 이뤄지는 전환기에는 큰 의미가 없었던 것이다.

최광 처장은 면직에 즈음하여 '하늘에 짓는 죄와 인간에게 짓는 죄 – 사퇴압력에서 면직까지 –'라는 인쇄물을 발표했다. 그 유인물에 의하면 참여정부 출범후 대통령 탄핵사태를 거치면서 여대야소로 시작한 17대 국회의 수장으로부터 지속적인 사퇴압력이 있었다고 밝히고 있다. 이 와중에 2004년 9월 17일 한국경제분석패널 주최 정책토론회에서 최처장은 "민주주의와 자본주의 시장경제: 한국의 경험"이라는 발표를 통해 참여정부 정책의 반시장주의에 대해 통렬한 비판을 쏟아 놓았고 국회의장은 처장의 정치적 중립성과 처신의 부적절성을 문제삼아 면직을 추진하게 된 것이다. Alice M. Rivlin의 유연한 지혜가 필요했던 시기가 아니었나하는 아쉬움이 많았던 시기였다.

V. 행정수도 이전비용 추계에 관한 조사분석 사례

결국 최광 초대처장의 면직으로 몰고간 데에는 신행정수도이전

비용추계 조사분석과 관련하여 비용부풀리기, 공문서 위조 등의 혐의를 조사하는 소위원회활동이 결정적인 계기가 되었다. 행정수도이전은 참여정부가 야심차게 추진한 지방분권정책의 핵심 프로젝트였다. 따라서 이를 견제하려는 야당의원으로서는 당연히 신행정수도이전비용의 총규모가 궁금하고 이를 정책비판에 활용하려고 했다. 매일경제 2004년 10월 12일과 13일자 신문을 통해 자세한 내용을 살펴보자.

국회 예산정책처는 1일 신행정 수도 이전에 드는 비용이 올해를 기준으로 67조 1,982억원에 이를 것으로 분석했다. 또 신행정수도 이전 중간 시점인 2016년을 기준으로 물가상승률을 감안하면 수도 이전 비용은 최대 103조 5,175억원까지 들 수 있다고 전망했다. 이 같은 전망치는 지난해 정부가 발표한 45조 6,000억원과는 상당한 차이가 난다... 여당에서는 조사분석결과를 평가절하한 뒤 "국회예산정책처가 균형감각을 회복해 더 이상 한나라당의 논리제공처로 위상이 추락하지 않아야 한다"고 주장했다. 이에 대해 최광 예산정책처장은 그렇다면 예산정책처가 국민 현혹 기관이라는 말이냐면서 이번 보고서는 일부 의원들이 수도이전 비용 추계에 대한 조사분석을 의뢰한 데 따른 것이라고 밝혔다.

이 조사분석보고서는 2004년 10월에 집중적으로 언론에 보도된 대로 최광처장이 사퇴압력을 받고 있던 와중에 야당이던 한나라당의 의원으로부터 조사분석을 요구받은 사안이다. 비용부풀리기 의혹은 공사가 단계적으로 추진되면 당연히 그 진행사항을 고려하면서 비용을 추계하여야 하나 연차적 진행을 고려하지 않고 미래가격으로 환산하는 바람에 예산정책처를 정쟁의 한가운데로 내모는 빌미를 제공하게 되었고 언론에서는 이를 대서특필했다.

국회예산정책처장에 대해 신행정수도이전비용추계와 관련하여 비용 부풀리기, 공문서 위조 등의 혐의를 조사하기 위해 국회 내에 조사소위원회가 구성되어 2004년 10월 26일부터 11월 3일까지 활동하게 된다. 당시 여당위원의 짜맞추기식 조사, 강압과 회유에 의한 실무책임자(국장)의 책임전가성 편파적 사실 왜곡 답변에 의존해 조사결과보고가 이루어졌다고 최광처장은 밝히고 있다. 동 조사소위원회에서의 부적절한 처신, 통솔력의 부재 등으로 담당 국장이 결국 2006년 3월 의원면직의 형식으로 예산정책처를 떠나게 되고 담당 팀장도 결국 같은 사유로 면직되고 말았다. 필자의 2년이 채 못되는 예산정책처 근무기간 중 가장 힘이 들었고 심적인 고뇌가 깊었던 기간으로 회고된다. 담당 국장은 간부회의를 통해 매주 얼굴을 맞대던 동료였고 담당 팀장은 대학원 선배였기에 더욱 마음이 불편할 수밖에 없었다.

물론 앞에서 밝힌 바대로 최광처장은 김원기 의장의 뜻에 따라 2004년 11월 18일 국회운영위원회에서 직권면직동의안이 가결되는 불상사를 맞게 된다. 지금 생각해봐도 최광처장이 보수적인 정치 신념이 있는 사람임에는 분명하고 과거 국회의원선거에도 출마했던 전력이 있으며 문민정부 시절 마지막 보건복지부 장관을 지낸 것도 맞다. 그럼에도 불구하고 문제가 되었던 신행정수도이전비용추계 조사분석보고서를 조작하도록 압력을 행사하지 않았다는 점은 확실하다. 담당 국장과, 담당 팀장 및 팀원들과의 갈등이 여야의 정치적인 이해관계가 엇갈리는 정쟁의 와중에서 증폭되면서 조직이 유탄을 맞게 된 것이다. 국회차원의 조사위원회가 구성되었고 이를 진행하는 과정에서 조직으로서는 큰 아픔이 있었지만 일련의 사태를 겪으면서 제도적 장치의 불비를 뼈져리게 체감하게 되었다. 미국 의회예산처의 경우 위원회가 공식적으로 요청해오는 사안에 대해서만 조사분석을 수행하고 나머지 시간과 자원은 장기적인 거시재정 추계에 매달리는 선례를 우리는 본받지 못했던 것이다.

Ⅵ. 조직안정화 단계

결국 필자가 학교로 돌아오기 전 6개월간은 사업평가국장의 업무까지 겸직하게 되었다. 리더십부재로 조직의 사기가 땅에 떨어져 있던 사업평가국의 팀장들과 평가관들을 아울러서 싸매고 나름의 성과를 내려고 애를 썼고 보람도 있었던 기간으로 기억한다.

새로운 처장과 호흡을 맞추면서 예산정책처의 예산분석, 결산분석, 그리고 사업평가의 정부정책에 대한 비판의 강도가 조절되고 분석보고서를 공개하기 전 행정부와의 사실에 대한 검증작업이 수반되면서 조직이 점차 안정화되어 갔다. 지금은 국회경내로 입주해 입법지원조직의 후배격인 입법조사처에 조직경험을 전수하기도 하는 입장이 된 것이다. 아직도 전문성과 독립성의 한계 및 예결위와의 업무중복문제 등이 풀어야하는 숙제이지만 장기적인 과제로 남겨놓아야 할 모양이다. 분석관 및 평가관들의 신분문제, 일반직 공무원과의 역할모호 및 차별문제 역시 제도적인 개선이 필요한 사안이다. 예결위는 단기분석, 예산정책처는 장기분석을 담당하는 것이 바람직하며 조사분석은 개별 의원의 요구가 아니라 위원회의 요구가 있을 시 공식적으로 회신을 하도록 하는 제도개선이 필요해 보인다.

기획예산처 기획관리실장을 거쳐 국가보훈처 차장으로 근무했던 경험을 지닌 현 처장은 노련하게 조직의 위기상황을 안정화시키고 국회의장실 및 행정부와의 관계를 유연하게 가져가려 노력했고 나름의 성공을 거둔 것으로 평가된다. 분석관과 평가관들의 사기진작을 위해 높은 수준은 아니지만 성과급제도를 도입하고 선별적으로 승진임용을 단행하는 등 개혁정책도 조직안정화에 영향을 미친 것으로 평가된다. 그럼에도 불구하고 국회예산정책처가 설립취지대로 나라살림 지킴이 나라정책 길잡이로서의 역할을 제대로 수행하기 위해서는 예결위와의 관계 정립, 예산정책처의 조사분석업무에 대한 차별화(단기적인 조사분석은 입법조사처에서 수행하거나 위원회 지원조직에서 수행하고 예산정책처는 장기적인 분석업무에 집중), 분석관과 평가관의 신분 재구조화 및 보수 현실화, 사무처 파견·전입 인력의 활용방안 재구조화, 예산결산심의과정에서의 예산정책처장의 역할부여 등의 제도개선이 필요한 것으로 판단된다.

Ⅶ. 시 사 점

필자가 참여관찰한 예산정책처의 위상에 대한 한계, 제도적인 모순 등으로 입법부의 역할강화 차원에서 평가하면 선진국의 관행에 비추어볼 때 우리나라는 앞으로의 과제가 상당히 많은 것으로 보인다. 17대 국회 출범 이후 나라살림에 대한 검증이 상대적으로 심도있게 이루어지고 있지만 여전히 행정부보다 전문성이나 재정정보가 한참 뒤떨어지는 것이 사실이며 예산결산심의관행이 타성에 젖어있는 것도 사실이다. 오히려 두터워진 심의서류들은 심도 있는 검토를 방해할 수도 있다.

따라서 다음의 제도개선이 필요하다. 첫째, 지출법률주의 취지 구현을 위해 예산의 효력을 강화하고 해명책임성을 제고해야 한다(박재완, 2007). 선진국의 지출승인법(Appropriation Act)이 특정 예산과목의 집행을 제약할 가능성이 있으므로 현행 헌법의 틀 내에서는 예산총칙에 법률적 지위를 부여하고 부수적인 형태로 예산세칙을 마련해나가는 것이 바람직하다. 행정부의 예산안 제출시기를 회계연도 개시 90일 전까지에서 150일전까지로 앞당김으로써 예산심의기간을 늘려야 한다. 이는 헌법개정사항이기는 하지만 장기적으로는 반드시 검토되어야 할 부분이다. 예산심의절차도 스웨덴의 사전예산제도처럼 예산총액과 기능별・부처별 상한액 등 예산안의 총괄사항을 먼저 일괄 심의하고 각 상임위원회는 총괄사항과 심의지침에 따라 세부내역을 심의하도록 하는 것이 필요하다. 결국 예결위는 거시적인 재정구조와 제도 및 총예산의 적정규모와 국민부담의 수준, 예산의 부처별 대강을 정하고, 상임위는 예산한도를 기초로 미시조정을 담당하는 역할 분담을 하는 것이 필요하다. 이를 위해서는 선진국과 같이 예산결산특별위원회를 상임위원회로 전환하여야 한다. 예산결산특별위원회 위원들이 소관 상임위의 압력에서 해방되고 정책과 사업에 대한 검토와 재정에 대한 검토를 분리해 합리적인 의사결정을 할 수 있도록 해야 하기 때문이다. 예산결산특별위원의 임기도 늘려야 한다. 예산결산특별위원회가 상임위원회로 전환되면서 기획재정부의 결산, 감사원의 회계검사에 관한 사항도 예산결산위원회 소관으로 이관해야 한다.

둘째, 감사원의 국회이관도 적극적으로 추진되어야 한다. 앞에서 살펴본 바와 같이 우리나라 재정관련 권한이 행정부와 입법부간에 매우 불균형적이므로 이의 시정을 위해서는 감사기능의 입법부로의 이관이 매우 중요하다. 현재 예산정책처 사업평가국이 이러한 역할을 부분적으로 수행하고 있으나 대통령 중심제를 택하고 있는 우리의 경우 재정건전성의 확보를 위해서는 독립된 감사가 중요하며 이는 입법부의 견제와 균형 역할 수행에 핵심이 되기 때문이다.

사전예산제도(pre-budget)의 취지는 국가재정법에 이미 반영된 예산안편성지침의 예산결산특별위원회 보고규정을 발전시켜나감으로써 달성할 수 있다고 한다(박용주, 2007). 중앙관서별 지출한도를 포함한 예산안 편성지침이 국회 예결위의 보고사항으로 규정된만큼 법제정 취지의 성패가 행정부의 의지에 따라 좌우될 수 있는 현재의 임의규정형태를 제도적으로 보완해 나가야 한다.

최근 재정개혁으로 국정의 우선순위에 따라 예산총액이 배분되면서 재정의 정책적 기능이 강조되기 때문에 선진국에서 보듯이 행정부 내에서 뿐만 아니라 입법부에서도 각 부처간에 정책수행을 위한 예산확보 경쟁이 치열해지고 있다. 다양한 형태의 재정규율을 취약하게 하는 행태가 만연하므로 재정활동의 투명성과 일관성을 확보할 수 있는 엄격한 재정규율의 설정이 입법부의 역할로 나타나게 된다.

우리나라의 경우 외환위기에 대응하는 과정에서 사회안전망을 확충하기 위해 노력을 기울여왔고 이에 따라 복지분야에 대한 재정지출이 빠르게 증가하고 있다. 한편 잠재성장률이 낮아지는 추세에서 저출산 고령화가 빠르게 진행되고 있어 재정의 지속가능성을 확보하는 데 어려움을 겪을 것으로 전망된다. 최근 엄격한 재정규율의 준수보다는 중기에 걸친 탄력적인 재정균형으로 행정부의 재정운용방식이 바뀌어가고 있고 이러한 내용이 재정개혁으로 나타난다. 따라서 입법부가 수행하는 재정통제의 중요성은 더욱 커지고 있다. 결국 입법부의 재정규율확보는 예산총액에 대한 심의가 중요한바 이는 재정지출의 기준선(base line)을 마련하는 것이 전제되어야 한다. 재정지출 기준선은 새로운 정책이 제안될 때 이러한 제안이 재정지출에 미치는 영향을 파악하게 하는 준거로 삼을 수 있는 하나의 중립적인 기준점을 제공한다. 재정지출 추계결과를 법안비용추계와 연계하면 재정지출추계기준선을 개정하는 데 크게 기여할 수 있다. 미국의 의회예산처와 같이 예산정책처에서도 법안에 대해 의무지출과 재량지출로 구분하고 법안비용추계를 적용한 법안 중에서 법률로 입법된 법안을 추적하여 이에 대한 법안비용추계를 바탕으로 입법된 법률의 비용을 재추계할 필요가 있다. 재추계한 최종결과를 기존의 재정지출 기준선에 의무지출과 재량지출로 구분 반영해서 재정지출 기준선을 개정할 수 있어야 한다.

국가재정운용계획의 수립, 일정규모 사업의 예비타당성조사제도의 도입, 총액배분 자율편성제도, 디지털 예산회계시스템 구축, 기금에 대한 국회의 통제강화, 조기결산제도를 통한 결산결과의 예산환류체계 확보, 재정사업 자율평가제도 등의 개혁이 이루어져 왔다. 이러한 제도들이 취지대로 운영되기 위해서는 입법부의 역할이 매우 중요하다. 단순한 재정통제의 기능에서 나아가 건전한 협력자, 조정자로서의 역할이 기대되고 있는 것이다. 재정건전성의 확보와 재정규율의 준수는 결국 국민부담으로 귀착된다는 점에서 국회의 예산관련 전문성 제고와 정치경제적 행태를 통제할 수 있는 기제의 마련에 서둘러야 할 때라 하겠다.

우리가 아는 한 입법부의 재정관련 지원기관의 설치로 입법부가 재정정책, 예산정책을 건전하게 주도하는데 어떠한 영향을 미쳤는가에 대한 실증분석은 충분하지 않다. 그럼에도 불구하고 선진국의 경험을 토대로 평가할 때 다음의 결론을 도출하는 것이 가능하다. 첫째, 행정부에 대한 입법부의 통제가 민주적인 기관들의 적정한 운용에 필수적인 중요성을 지닌다면, 행정부의 자의적 의사결정을 통제하고 부패를 방지하며 잘못된 관행과 권위적 행정행위를 통제하기 위한 자율적이고 믿을만한 정보를 입법부가 필요로 한다면 자율적이고 책임있는 정보의 제공은 민주주의 통합에 가치있는 기여를 할 수 있다. 둘째, 국회 구성원들이 유용한 정보를 효과적으로 활용할 수 있고 또한 역량을 제고하기 위한 훈련이 필요하다. 특히 이를 위해서는 국회도서관과 예산정책처 등의 역할이 중요하다. 셋째, 국회를 위한 정보와 훈련이 대안적으로 마련되더라도 이들은 배타적이기보다는 보완적이 된다. 국회와 국회구성원들은 가능한 한 많은 정보를 획득할 수 있어야 하고 국회기능을 적절히 수행하기 위해 가능한 많은 소스를 활용해야 한다.

입법부의 재정에 대한 역할의 질을 측정하는 일은 매우 어렵다. 그럼에도 불구하고 예산정책처나 입법조사처와 같은 의회기관들이 제공하는 중립적인 분석정보가 의회에서의 충실한 심의를 지원하리라는 추론과 선진국에서의 경험은 설득력이 있다. 이들 기관들의 지속적이고 과학적인 연구에 기초한 분석은 겉돌기 쉬운 국회에서의 심의를 기술적인 지식에 기초하게 한다는 점에서 기여하게 된다. 이러한 점은 국회의원들을 대상으로 한 설문조사나 중립적인 시민단체 등 의정모니터링을 통해서도 확인되고 있는 사실이다. 선진국의 사례에서 볼 수 있는 바와 같이 이들 기관의 역량과 중립성을 강화하는 노력이 종국적으로 입법부를 통한 재정개혁에 기여하게 되는 중요한 경로가 될 수 있다는 점을 명심해야 한다.

Ⅷ. 맺 는 말

필자는 예산정책처 기관형성기 참여역할에 대해서 두 가지 생각이 교차한다. 하나는 초대처장이 면직되고 동료 국장과 팀장이 면직되는 상황 속에서 과연 나는 얼마나 제대로 된 판단과 적극적인 역할을 수행했는가 하는 안타까운 마음이다. 다른 하나는 그래도 불비한 제도적 여건하에서 나름대로 조직의 발전과 부서의 통합에 기여했다는 자부심이 병존한다. 앞에서 논의한 거시적인 재정관련 행정부와 입법부간의 거버넌스제도, 그리고 예산정책처의 기관형성기에 논의되었던 중립성과 전문성확보를 위한 내부 거버넌스의 한계, 거기에 더해 예산분석심의관이라는 예산분석실장을 돕는 역할과 당시 실장의 관료적 운영방식 등이 어우러져 나름의 역할 한계를 낳았으리라 하는 변명아닌 변명으로 위안을 삼고 있다.

필자는 20세기 교실에서 21세기 학생을 19세기 선생님이 가르치는 공교육의 문제점을 자주 지적하곤 했다. 예산정책처의 처지도 비슷한 것으로 판단된다. 20세기 연구인력들이 21세기 과제들을 19세기 제도 하에서 씨름하고 있는 형국이라고나 할까. 필자가 경험한 바에 의하면 세계은행을 비롯한 국제기구 등으로부터의 예산정책처에 대한 기대는 대단한 것이며 태국, 베트남 등으로의 기관형성 경험 수출에 대한 논의도 활발하게 이루어지고 있다. 아직 예산정책처의 기관형성은 미완성으로 판단된다. 그럼에도 불구하고 시간은 예산정책처 편인 것으로 생각된다. 재정적으로 건전한 정부살림을 위해서는 국회의 역할이 제고되어야 하며 이를 위해서는 예산정책처의 바로서기가 필요조건이기 때문이다.

제 3 편

국책연구기관 참여

3. '국민의 정부' 정부기능조정위원회의 활동

3 '국민의 정부' 정부기능조정위원회의 활동

- 한국행정연구원장의 역할갈등과 모순관리 -

김 영 평*

Ⅰ. 머 리 말

한국에서는 대학교수 등 학자들이 정부의 다양한 정책과정에 참여하고 있다. 특별한 통계에 의존한 것은 아니지만, 여러 사례들과 외국 교수들과의 학자로서의 대화에서도 그런 사실을 확인할 수 있다. 다양한 형태의 정책과정에의 참여 기회가 여러 학자들에게 주어졌다. 크게는 학자이다가 국무총리로 봉직한 분도 열 손가락이 모자랄 정도이고, 장관의 직무를 수행한 분도 부지기수이다. 최근에는 대통령의 측근으로 다양한 공직을 섭렵하면서 여러 가지 정책결정에 막대한 영향력을 행사한 분도 있다. 이렇게 막강한 권력의 자리에 봉직하였다고 행정개혁에 중요한 역할을 담당하였다고 단언하기는 어렵다. 오히려 역대 정부에서 '행정개혁위원회'라든지 '기능조정위원회'와 같은 기구에서 위원의 한 사람으로 중요한 영향력을 행사하여 개혁의 방향이나 어젠더를 설정하는데 결정적인 역할을 담당

* 고려대학교 행정학과 교수.

할 수도 있다.

이 글에서는 저자가 '한국행정연구원'이라는 국책연구기관의 원장으로 봉직하면서 행정개혁의 일환으로 2000년에 추진하였던 부처간 기능조정과 이에 수반하는 기구개편에 관련되었던 경험을 바탕으로 행정개혁 참여자로서의 행정학자의 역할과 책임을 되돌아보고자 한다. 그런 의미에서 이 글은 개인적인 경험의 회고이지만, 다시 학자로 돌아와 자신의 학자적 역할과 책임을 비판적으로 성찰하는 고백록이기도 하다. 보기에 따라서는 자기변명이 될 수도 있고, 책임회피의 창구로 보일 수도 있다. 그런 위험을 무릅쓰고 이 글을 쓰는 이유는 학자의 길과 정책결정자의 길이 자기 일관성을 유지하기 어렵거니와 그래서도 안 될 것이라는 함축을 남기고 싶어서이다. 그러함에도 자신의 선택이 남긴 책임은 무산되지 않을 것이며, 그런 의미에서 행정개혁이라는 이름의 선택은 역사의 비석 위에 오래도록 각인되어 선택에 참여한 사람들의 영욕으로 남게 될 것이다.

Ⅱ. 준비 안 된 참여자

내가 한국행정연구원 원장으로 임명된 것은 개인적으로 전혀 뜻밖의 일이었다. 한마디로 그런 일을 맡게 될 것이라고 이전에 상상도 해보지 않았기 때문이다. 좋게 말해 당시의 내 자신은 학문적 열정으로 뭉쳐있는 서생(書生)이라고 스스로 생각하고 있었다. 1998년 봄, 신학기도 이미 시작되었고, 김대중 대통령 정부가 막을 올린 직후였다. 평소에 아주 가깝게 지내는 후배 학자로부터 전화를 받았다. 행자부 김정길 장관이 나를 만나고 싶어 한다는 전언이었다. 나는 그분과 일면식도 없는 터여서, 의아해하며 만나기를 주저하였다. 후배는 나를 나무라면서, 한 나라의 장관께서 나눌 말씀이 있어 만나자는데, 그렇게 몸을 빼어서야 되겠느냐고 다그쳤다. 그 이론을 이겨낼 대응방법을 찾지 못한 나는 다음날 김 장관을 그의 사무실로 찾아뵈었다.

그분은 나를 만나자 마자, 한국행정연구원을 책임지면서 자신의 정책구상을 도와달라고 부탁하였다. 내가 그럴만한 역량이 부족하다고 하였더니, 그분은 이미 청와대의 허가까지 받은 이후라고 알려주면서, 당장 기자실에 알려서 공지하겠다고 나섰다. 며칠의 말미를 얻어서 고려대학교 윗분들과 동료들로부터 정부산하기관에 참여하는 일의 용납을 얻고 나서, 원장 임명의 절차들을 밟았다. 약 한 주일 안에 벌어진 변화였다. 사실 나로서는 어리둥절하지 않을 수 없었다. 말하자면, 전혀 준비 안 된 원장이었다.

이렇게 개인적 경험을 조금은 장황하게 묘사한 이유는, 나뿐만 아니라 대부분의 다른 행정 학자들도, 이러저러한 위상으로 행정개혁의 결정과정에 참여할 때에, 미리 그 역할을 예상하고 준비하여 담당하는 일은 흔치 않을 것이다. 물론 제대로 된 행정학자라면 평소에 많은 독서와 탐구로 정부의 움직임을 어느 정도 이해하고 있을 것이고, 조직이론을 통해서 관리자로서의 지도력을 행사하는 요령에도 상당한 지식을 터득했을 터이다. 그렇지만 조직의 복잡성과 행정개혁의 난해성을 감안한다면, 학문적 지식은 초보적인 개론적 이해를 충족시키는 정도를 넘기 어렵다. 학자의 소양만으로는 현실의 행정개혁을 다루기에 충분히 준비된 인력이라고 단언하기 힘들다. 다른 학자들은 모르지만, 나의 경우는 준비 되지 않은 채로 기관장의 직위를 감당하게 되었다.

행정연구원장이라는 직위는 다양한 정부의 요구를 소화해주어야 한다. 정부의 각종 자문위원회에 위원으로 참석해야 하고, 다양한 정책 사안에 대한 분석과 평정을 요청받게 된다. 물론 이런 일들이 혼자의 힘으로 채워지는 것이 아니고, 참석하기 전에 연구원의 여러 연구팀들의 준비에 힘입어서 감당하게 된다. 동시에 정부쪽에서 요청하는 다양한 이슈와 주제에 대해서 필요한 정보를 체계적으로 제공하고 전문적 정책분석을 정교하게 작성하는 연구원의 작업을 지휘해야 한다. 그러나 개별적으로 정부에서 어떤 활동을 언제 수행할지를 미리 예상하거나 준비하기는 쉽지 않다. 특히 새로운 정부가 들어선 직후에는 정부에서 요청하는 정보와 분석의 방향을 예상하여 미리 준비하기는 더욱더 어렵다.

Ⅲ. 대통령의 조직개편 선언과 후속조치

2000년에 추진되었던 「정부기능조정위원회」의 정부기능조정과 정부구조개편의 행정개혁(이하 '기능조정개혁')은 당시의 김대중 대통령의 '새천년 신년사'에서 발표한 내용을 구체화하는 내용이었다. 김대중 대통령은 2000년 1월 3일 서울 세종문화회관에서 열린 민관합동 시무식에서 '새천년 신년사'를 통해 이렇게 밝혔다.

"재경부장관을 부총리로 승격시켜 경제 각 부처를 유기적으로 총괄하도록 하고, 교육부장관을 부총리로 승격시켜 교육, 훈련, 문화·관광, 과학, 정보 등 인력개발 정책을 종합적으로 관장하도록 하고

자 한다." 그리고 또 다른 대목에서 "여성특위를 여성부로 바꿔 정부 각 부처에 분산돼 있는 여성업무를 일괄 관리 · 집행해 21세기에 역할이 크게 증대될 여성 시대에 대비하고자 한다." 고 말했다.

정부는 대통령의 신년사를 실행에 옮기기 위해 2000년 2월 15일에 「정부기능조정위원회」를 설치하였다. 이 위원회는 학계, 재계, 여성계, 관계 등의 대표적 인사 7인으로 구성하였다. 그리고 이 위원회는 행정자치부가 간사 기관을 담당하였다. 나도 이 위원회 위원 중의 한 명이었다. 기능조정개혁이 있기 이전에도 김대중 행정부가 출범한 이래 두 차례의 정부조직 개편이 있었다. 주로 소위 말하는 IMF 경제위기를 극복하기 위해 금융, 기업, 노사 부문의 개혁과 함께 공공부문도 대대적인 구조조정을 단행하였다. 이미 정부 조직에 대한 기구개편은 어느 정도 진척되었기 때문에, 대대적인 기구개편에 의존한 행정개혁은 미리 준비된 것이 아니었다.[1] 대통령의 신년사로 기능조정개혁이 시작되었다고 보아도 과언이 아니다. 만약 미리 준비된 개혁이었다면, 행정개혁의 이론적 · 분석적 지원을 담당하는 한국행정연구원에 이에 대한 의뢰가 있었을 것이다. 그러나 나의 기억으로는 기능조정개혁과 관련한 연구 분석과 대안검토는 「정부기능조정위원회」가 운영되면서 시작되었다. 이런 의미에서 나의 기능조정개혁 결정과정에의 참여와 한국행정연구원의 지원이 미리 준비하여 이루어진 활동이 아니었던 점은 분명해 보인다.

대통령의 새천년 신년사에서 언급한 기능조정개혁을 구현하기 위해서 설립된 정부기능조정위원회는 정부에서 행정자치부차관과 기획예산처차관이 당연직 위원으로 참여하였고, 민간인 위원으로는 서

---

1) 당시의 신문보도를 보아도 대통령의 이러한 제안을 대체로 환영하면서도 예상하지 못한 제안으로 받아들여졌다.

그림 1 기능조정개혁 추진체계도

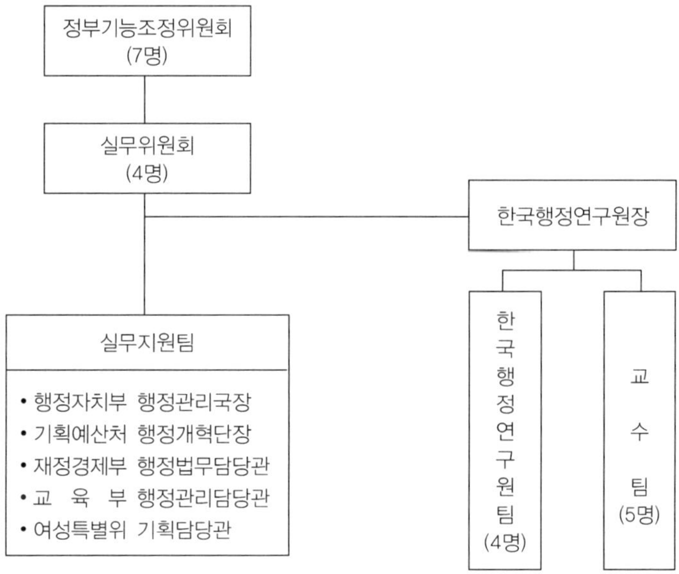

울대 행정대학원 교수인 정정길이 위원장을 맡았으며, 김영평 이외에도 한국개발연구원장인 이진순, 제일모직 대표이사인 원대연, 그리고 여성신문사 사장인 이계경 등 총 7인으로 구성하였다.

이 정부기능조정위원회를 지원하기 위하여 관계부처 간 실무협의와 조정을 위한 '실무위원회'가 만들어졌으며, 여기는 행정자치부 기획관리실장 김범일, 기획예산처 정부개혁실장 이계식, 청와대 행정비서관 정영식, 청와대 기획조정비서관 고재방으로 구성하였다. 이 실무위원회는 개혁안의 쟁점사항에 대한 부처 간 협의·조정을 통하여 정부기능조정위원회에 상정할 개편안을 마련하며, 이를 위하여 필요한 용역과제에 대한 기본 방침을 설정하고 과업지시를 하도록 기능이 부여되었다. 실무위원회를 보조하기 위하여 '실무지원팀'을 구성하였고, 여기에는 행정자치부 행정관리국장, 기획예산처 행정개혁단장, 재정경제부 행정법무담당관, 교육부 행정관리담당관, 여성특별위원회 기획담당관이 참여하였다.

대통령의 개략적인 기능조정개혁 방안을 체계적으로 검토하기 위하여, 연구용역을 한국행정연구원에 의뢰하기로 하였다. 연구용역팀에는 한국행정연구원의 연구진으로 김영평, 박중훈, 주재현, 맹보학이 참여하였고, 외부 교수들로는 서울산업대 하태권 교수, 이화여대 전주성 교수, 서울대 진동섭 교수, 경희대 송하중 교수, 그리고 인천대 황성현 교수가 연구팀을 구성하였다.[2] 연구용역은 정부기능조정위원회가 발족한 직후인 2000년 2월 하순에 시작하여 4월 중순에 최종보고서를 제출하였다.

이 보고서를 바탕으로 실무위원회와 정부기능조정위원회가 각각 4차례의 회의를 거쳐 최종개편 시안을 마련하고, 동년 5월 8일에 공청회를 개최하였다. 공청회에서 김영평이 정부기능조정위원회를 대표하여 시안을 발표하였다. 이 공청회에는 사회 각계각층을 대표할 만한 여러분들이 토론자로 참석하여 다양한 의견을 개진하였다.[3]

공청회에 발표된 시안에서는 하나의 방안만 제시한 것이 아니라

---

2) 연구팀에 공식적으로 지명되지 않았지만, 당시의 짧은 연구기간에 필요한 연구보고서를 제출하기 위하여, 한국교육개발원과 한국여성개발원의 연구지원팀이 용역보고서 작성에 적극적으로 참여하였다.

3) 당시 공청회에 초청된 토론자는 김용정 동아일보 논설위원, 김선욱 이화여대 교수, 김현주 중앙대 교수, 고영채 안진회계법인 부대표, 신대균 행정개혁시민연합 사무총장, 이계민 한국경제신문 논설위원, 이종훈 명지대 교수, 유상덕 한국교육연구소장, 지은희 한국여성단체연합 상임대표, 최병선 서울대 교수, 하태권 서울산업대 교수였다. 물론 초청 토론자들의 토론이 끝나고, 방청객들도 자유롭게 개혁안에 대해 다양한 의견개진이 있었다.

두세 가지의 대안을 제시하였다. 공청회는 토론에서 제기되는 반응을 얻기 위한 일종의 여론동향을 수집하는 모임이었다. 정부기능조정위원회에서 다룬 기능조정개혁은 크게 네 가지로 요약할 수 있다. 첫째는 경제정책의 총괄·조정기능을 강화하기 위한 방안으로 재정경제부장관을 부총리로 격상하는 문제이다. 김영삼 대통령 행정부에서 행정개혁의 일환으로 종래의 경제기획원과 재무부를 통합하여 재정경제원(재경원)이라는 부총리급의 거대 부처를 만들었다. 이 기관구성이 경제정책결정에서 견제와 균형을 이루지 못하여 결국 IMF 지원을 받는 경제위기를 낳았다는 추리에 따라, 김대중 대통령은 집권하자마자 거대부처인 재경원의 기능을 재정경제부, 기획예산처, 국무조정실, 금융감독위원회 등으로 분산하면서 경제부총리제를 폐지하였다. 그러나 기능의 분산으로 정책간의 종합·조정에 애로가 나타났기 때문에 경제부처의 자율적 경제정책수립체제는 유지하되 경제 전반을 살필 수 있는 총괄조정기능을 강화할 필요를 제기한 것이었다. 둘째로 21세기의 지식기반사회에 대비하기 위하여 인적자원개발이 중요하기 때문에 현재의 교육부를 인적자원개발부로 전환하며, 교육부의 교육기능은 점진적으로 축소하여 교육 자치와 자율적 대학운영을 추진하는 것이다. 여러 부처에 분산되어 있는 인적자원개발기능을 효율적으로 종합하고 조정할 수 있도록 인적자원부서의 장을 부총리로 하는 것이다. 셋째는 김대중 정부에서 신설한 '여성특별위원회'의 기능과 권한으로는 미래의 여성정책을 적극적으로 개발하기 어렵고 여러 부처에 분산되어 있는 여성정책을 종합 조정하는데 한계가 있기 때문에, 여성관련 기능을 통합하는 새로운 여성부를 신설하는 것이다. 끝으로 청소년 보호와 육성 정책이 문화관광부(청소년국)와 청소년보호위원회로 이원화되어 있고, 노동부 등 17개

기관에 다양하게 분산되어 있는 기능을 정책효과성을 높일 수 있는 방향으로 재조정하는 것이다. 앞의 세 가지는 대통령의 신년사를 구현하는 차원이나 청소년기능조정은 부처 간의 문제제기로 추가된 문제였다.

공청회에서는 각각의 기능조정개혁에 대해 그 시대적 필요성을 설파하고 개편방안의 기본방향을 제시하였다. 그리고 제기되는 이슈에 대해 개편의 대안을 제시하면서 장단점을 지적하였다. 예컨대, 당시의 교육부를 인적자원개발기능을 담당하는 부총리 기관으로 전환할 때에 기관의 명칭을 '인적자원개발부', '교육·인적자원개발부' 또는 현행의 '교육부' 중에서 어느 것으로 해야 하는가에 대한 논의를 이끌어 냈다. 여기서 그 복잡성을 모두 제시할 수 없지만, 위의 네 가지 기능조정개혁 안건들은 다시 세분하여 여러 가지 이슈를 제기하였고, 각각에 대해 두세 가지의 대안을 제시하였다.

공청회에서 물론 다양한 의견이 개진되었으나, 전반적으로 김대중 대통령의 신년사의 취지에 동조하면서, 재정경제부 장관과 교육인적자원부 장관을 부총리로 하는 방안과 여성부를 신설하는 방안에 동조하였다. 그러나 청소년기능조정에 대해서는 다양하게 의견이 엇갈렸다. 정부기능조정위원회는 이러한 공청회의 결과를 정리하여 정부에 제출하였다. 그리고 이것은 정부조직법 개정안으로 관계장관회의와 국무회의를 거처 2000년 7월 6일에 국회에 제출되었다. 물론 국회에서도 법안소위원회의 심의를 거쳐 2000년 12월 26일에 행정자치위원회의 의결을 거쳤고, 2000년 12월 27일에 본회의에서 통과하였다. 그리고 개정된 정부조직법은 2001년 1월 29일에 법률 제6400호로 공포되었다.

정부기능조정위원회에서 김대중 대통령의 새천년 신년사의 내용을 개혁안으로 추진하였던 내용은 법의 형식으로 결실을 보았다. 그 핵심 내용은 ⅰ) 국무총리가 특별히 위임하는 사무를 처리하기 위하여 부총리 2인을 둘 수 있도록 하고, 부총리는 재정경제부장관과 교육인적자원부장관이 겸임한다. 두 부총리는 관계각부를 총괄·조정한다.[4] ⅱ) 재정경제부에 국제금융 및 경제협력 업무에 관하여 장관을 보좌하는 1급의 일반직 국가공무원 1인을 둘 수 있도록 한다. ⅲ) 교육부를 교육인적자원부로 개칭하고, 교육인적자원부에도 차관보 1인을 두도록 한다. ⅳ) 여성특별위원회를 폐지하고 여성부를 신설하되, 여성부는 보건복지부로부터 가정폭력·성폭력 피해자의 보호, 윤락행위 등의 방지업무 및 일제하 일본군 위안부에 대한 생활안정 지원업무를 이관 받아 여성정책의 기획·종합, 남녀차별의 금지·구제 등 여성의 지위향상에 관한 사무를 담당하도록 한다. 정부기능조정위원회도 추진하였던 기능조정개혁이 법률로 전환되면서 소멸하였다.

Ⅳ. 개혁과정 참여자 김영평의 역할과 입장

1. 개혁과정에서의 나의 입지

「정부기능조정위원회」에서 추진한 기능조정개혁은 분명한 방향성을 전제하고 있었다. 즉, 대통령의 신년사에 언급한 조직개편을

4) 정부기능조정위원회에서는 논의조차 되지 않았던 국무총리산하의 국무조정실장을 국무위원으로 보하는 규정도 이번 정부조직법 개정에 포함되었다.

실현하고, 공공부문 구조조정과정에서 제기된 행정과정에서의 미흡한 점을 개선하고자 하였다. 정권초기에 제기되는 다양한 분야의 개혁이 일시적으로 전개된 것과 달리, 기능조정개혁은 김대중 정부의 2여년의 운영에서 제기된 부족한 부분을 고치고자 하는 한정적이고 초점이 분명한 개혁이었다. 이미 개혁의 방향도 대통령이 분명하게 천명한 방향을 구체화하고 정당화하는 작업이었다. 따라서 정권초기의 행정개혁에는 비교적 규모가 큰 위원회에 다수의 위원이 참여하고, 다양한 어젠더를 한꺼번에 다루는 경향이 짙다. 그렇기 때문에 심도 있는 논의를 거치지 못한 개혁안이 주목을 받지 못한 채로 최종 선택되기도 한다. 그러나 기능조정개혁에서는 비교적 소수의 위원들이 집중적으로 참여하였다. 정부기능조정위원회 위원과 실무위원회 위원들 간에도 공식적이거나 비공식적인 채널을 통하여 상당히 심도 깊은 논의들을 교환하였다.

나는 정부기능조정위원회의 위원으로 참여하였고, 연구용역을 수행하는 기관의 수장이면서, 그 용역을 수행하는 연구진의 일원이기도 하였다. 여러 의미에서 기능조정개혁에서 가장 참여율이 높은 사람이었다. 정부와의 관계에서도 기능조정개혁에 참여하는 행자부의 여러 공무원들이 대부분 후배에 해당하고, 나름대로 행정개혁에 대한 전문가로 대접을 받고 있었기 때문에, 나의 견해나 의견이 무시되지 않고 경청되는 편이었던 것으로 기억한다. 내가 기능조정개혁의 자초지종을 가장 잘 알고 있는 사람으로 보였기 때문에 공청회에서 시안 발표를 직접 담당하도록 지명되었고, 결과적으로 여러 토론자들의 질문에 주도적인 응답자로 나서게 되었다.[5]

---

5) 내가 김대중 정부 초기부터 한국행정연구원의 원장을 맡았기 때문에 그 정부에서 추진한 모든 행정개혁에 관여한 것으로 비칠 수 있다. 그러나 실제로 초기의 행정개혁에 직접 관여한 적이 거의 없다. 여러 가지 채널을 통하여 한국행

한마디로 나는 기능조정개혁의 대표적 주창자였으며 핵심적 옹호론자였다. 기능조정개혁안의 어느 부분도 나와의 논의를 거치지 않은 부분이 없다고 해야 옳다. 이 개혁안을 마련하는 동안에 유관부처의 다양한 공무원들과 이해관계단체의 대표들을 만나 의견을 청취하였다. 때로는 나의 동정을 얻기 위하여 상대방에서 만나자고 제의하는 경우도 있었고, 개혁과정의 절차로서 의견청취가 마련되어 있었다. 잘못된 개혁안이 나오지 않도록 하기 위해, 나도 개인적으로 정성을 다해 다양한 의견과 이론을 섭렵하려고 애를 썼다.

정부기능조정위원회에 참여하는 다른 6명의 위원들은 그야말로 파트타이머(part-timer)이다. 그러나 나는 그 시기에 거의 전력을 다해 기능조정개혁 문제에 천착하였다고 해도 전혀 과장된 표현이 아니다. 여러 위원 중에 오직 나 혼자만이 그렇게 할 수 있었던 것도 당시의 주어진 여건이었다. 실무위원회에 참여하는 여러 공직자들도 사실상 이 문제에 대해서는 파트타이머라고 해야 할 것이다. 그들은 정부의 요직을 맡고 있는 분들이기 때문에 이 문제 말고도 시간을 쪼개서 쓸 수밖에 없는 입장이었다. 이러한 기능조정개혁의 역동성 때문에 맡고 있는 기관의 연구용역에 의존하고, 이 문제에 대해 권위 있는 위원회의 위원이고, 거의 풀타임(full-time)으로 관심을 기울이는 구성원인 나의 입김이 상당히 중요하게 작용했을 것이라는 점은 쉽게 인정할 수 있을 것이다.

정연구원의 개혁에 대한 발상과 견해를 정리하여 전달한 경우는 있었지만, 연구원이 제도적으로 개혁과정에 참여하도록 설정되어 있지 않았다. 그리고 이미 밝혔듯이 준비되지 않은 한국행정연구원 원장으로 임명되었기 때문에 김대중 정부의 정부혁신위원회의 구성이 이미 끝난 뒤에 참여하였다. 따라서 나로서는 김대중 정부의 초기 개혁에 이렇다 할 발언권을 행사할 수 없었다. 그런 의미에서 기능조정개혁에의 참여는 나에게 가장 분명하고 직접적인 행정개혁과정에의 참여기회였다.

2. 역할과 이론의 상충

내가 기능조정개혁의 주창자며 옹호론자였기 때문에 이러한 개혁이 학자로서의 나의 이론과 일치할 것으로 생각하기 쉽다. 학자로서 일관성을 가지려면, 자신이 평소에 주장하던 이론을 실현하는데 심혈을 기울이는 것을 정상적이라고 볼 것이다. 그러나 사실상 2000년에 추진되었던 기능조정개혁은 나의 행정개혁이론과 일치하지 않거나 상반적인 내용이 많았다. 우선 기능조정개혁은 추진방법이 하향적이었다. 하향적 개혁은 나의 주장과 상반되었다. 나는 평소에도 그렇고 여러 가지 글에서 분권적이거나 상향적인 결정이 더 나은 결정이라고 주장하였다. 이미 앞에서 자세히 묘사하였던 바와 같이, 기능조정개혁은 김대중 대통령이 2000년의 새천년 신년사에서 불쑥 제안을 내 놓은 구상을 구현하는 방식이었다. 이미 대통령이 국민을 상대로 한 공식담화의 형식으로 자신의 개혁 정책 방향을 천명하였다면, 그것은 하나의 국민과의 약속에 다름 아니다. 그 방법이 최선은 아닐지라도, 그리고 그것이 국민 일반으로부터 저항을 받는 대상이 아니라 전반적으로 수용되는 분위기 속에서, 국책연구기관의 수장이 하향적 개혁의 부당함을 비판하고 나서는 것은 적절한 선택이 아니었다.

그때나 지금이나 나의 판단은 이 문제에 대해서 비슷한 결론에 도달한다. 정부 조직 구성원으로 일하고 있거나 또는 국책연구기관처럼 정부지원기관에서 일하는 사람으로 역할을 수행한다면, 대통령의 모든 선택을 무조건 승복해야 하는 것은 아닐지라도, 크게 잘못된 것이 아니라면 그의 권위를 인정하고 그의 정책방향을 성공시키는 것이 더 중요한 덕목이다. 구성원들도 각자 자신의 개혁 내용이나 방법에 대한 판단을 갖고 있을 것이다. 조직의 구성원으로서 선택에 대한 판단이 필요한 때에 자신의 이론과 견해를 분명하게 피력하는 것은 필요하다. 그러나 자신이 동조하지 않은 내용이라도 일단 조직의 선택으로 결정되면, 그것을 성공시키는 데 최선을 다해야 하는 것이 조직구성원의 의무일 것이다. 대통령이 일방적으로 발표한 기능조정개혁은, 그것의 판단과정에서 내가 직접 관여하지 않았지만, 조직의 선택으로 받아들여야 할 대상이라고 나는 보았다.

이론적으로 상향적 의사결정을 하향적 의사결정보다 더 선호한다고, 모든 의사결정이 무조건 상향적이 아니면 잘못된 결정에 이르는 것은 아니라는 점을 내가 모르는 바 아니다. 중요한 전략적 결정일수록 조직의 최상층부에 일하는 소수의 엘리트들만이 결정에 참여하게 된다. 아무리 학자로서 나의 이론과 일치하지 않는 행정개혁 방법에 의존한 선택이라 할지라도, 조직의 선택이 틀림없이 잘못된 선택이 아니라면 그것을 이유로 반대하거나 비판하는 것은 조직성원으로서는 적절한 행동이 아니다.

기능조정개혁을 대통령께서 하향적으로 선언하고, 그 뒷바라지를 국가기능조정위원회 등의 기관들이 협력적으로 수행하는 것이 "틀림없이 잘못된" 선택이 아니었다는 사실은 다음과 같은 간접 증거로 알 수 있다. 도하 어느 언론에서도 그것에 대한 비판이 거의 없었고, 내부적으로도 그런 문제가 제기된 적이 없었다. 몇몇 학자들 간의 개인적 대화에서 하향식 접근의 기능조정개혁이 충분한 공론화를 거치지 못했기 때문에 개혁안에 대한 의도하지 않은 오차를 충실히 걸러내지 못할 가능성이 있다는 점을 교환하였다. 그렇다고 그 학자들도 언론이나 논문으로 그것을 문제로 제기하지는 않았다. 다시 말하면, 김대중 대통령의 하향식 기능조정개혁은 이미 발표되어 버린 개혁안이었기 때문에 하향식 개혁이 바람직하지 못함을 제기하는 실익을 얻기 어려웠다.

나의 개혁이론과 기능조정개혁과 일치하지 않는 부분은 개혁 내용에서도 발견된다. 나는 지금까지 '점진적 개혁의 지혜'를 설파한 학자였다. 정부기구의 구조개혁으로는 결과를 별로 크게 기대할 수 없다고 주장하였다. 1993년에 발간된 「행정개혁의 신화와 논리」에서 다음과 같이 말하고 있다.

"지금까지 …… 주로 조직구조를 개편하는 것으로 행정개혁을 대신하였다. 행정부처의 구성을 바꾸고 …… 기관들을 통폐합하는 것이 행정개혁의 대부분이었다. …… 변화의 결과에 대해서는 말이 없었다."(pp. 22-23)

"새로운 정부가 들어설 때마다 개혁을 한다고 하였다. 그런데도 부정부패는 계속되고, 국민을 위한 서비스 위주의 행정은 실행에 옮겨지지 못하고 있다."(p. 22)

"누구도 하드웨어 위주의 개혁 그 자체가 실패를 잉태하고 있다고 생각하지 않았다."(p. 24)

위의 짧은 인용에서 볼 수 있듯이, 기구개편이나 조직구조의 변경으로 행정개혁의 큰 효과를 기대하기 어렵다는 것이 주장의 요지이다. 행정개혁에서 얻고자 하는 것은 "부정부패가 없고 국민을 위해 봉사하고 헌신하는 행정, 정부정책에서 잘못된 것을 확인하여 빨리 고치는 행정, 변화하는 시대의 조류에 맞춰서 신축적으로 대응할 수 있는 학습능력이 탁월한 행정"일 것이다.[6]

---

6) 김영평, 최병선 편, 행정개혁의 신화와 논리, 제1장 "행정개혁의 논리와 방향" p. 23에서 재인용.

그러나 분명한 점은 기능조정개혁은 그 내용이 부총리제를 도입하여야 정책조정과 통합이 용이해 질 것으로 보고 있고, 여성특별위원회를 여성부로 고쳐야 여성정책의 미래수요를 충실히 수행할 수 있을 것으로 보고 있다. 전형적으로 기구개편을 통하여 하드웨어를 고치는 개혁이다. 이 개혁에서 그런 효과를 얻을 가능성이 차단되어 있지는 않다. 그렇다고 이런 기구개편이 기대하는 효과를 보장해 주지도 못한다. 예컨대, 남녀고용평등이나 성폭력 피해자 보호가 노동부나 보건복지부에서 관장을 하기 때문에 효과적이지 못하고, 여성부라는 부처를 통해야만 더 효과적이라는 보증이 없다. 그것은 정책의 강조와 정책 추진체제의 합리화를 통해서 실현할 수 있다. 기구개편을 통한 개혁이 효과적 개혁이 아니다. 다시 말해 적은 투입으로 큰 산출을 얻을 수 있는 개혁이 아니다.

3. 모순적 행동에 대한 변명

평소의 내 주장과 상치되는 기구개편의 기능조정개혁에 나는 주창자가 되었고 옹호론자가 된 것이다. 간단히 말해서 자기모순에 빠진 것이다. 나는 어떤 행동을 선택하는 것이 온당하고 현명했을까? 자기모순을 극복하기 위해서 김대중 대통령의 새천년 신년사에서 제시한 기능조정개혁이 효과적이지 않을 것임을 비판하고 나의 이론을 재천명하면서 한국행정연구원의 원장직을 사퇴하는 것이 옳은 행동이었을까? 최소한 자기모순을 확대하지 않기 위해서 적극적인 주창자나 옹호론자로서의 역할만이라도 사양해야 했을까? 나는 그 당시에도 그렇고, 지금도 기구개편을 통한 하드웨어 개혁이 전혀 불필요하다고 강변하지는 않지만, 효과적인 행정개혁은 아니라는 이론을 옹호하고 있다. 그럼에도 불구하고 자기모순을 범하고 있음을 의식하면서도 그것을 옹호하였던 이유는 다음과 같다.

첫째로 고려할 사항은 대통령의 개혁안을 성공시키는 것이 중요한가? 아니면, 학자 김영평의 지론을 고수하는 것이 중요한가? 두 선택 중에서 나는 대통령의 국민과의 약속이 지켜져야 하며, 또한 가능한 한에서 피해를 최소화시킬 수 있는 방도를 찾아주는 것이 더 시급한 나의 과제라고 보았다. 대통령의 모든 정책지향이 존중되어야 할 것은 아니다. 그렇지만, 대부분의 국민이 옳다고 보는 정책방향을, 그것도 정책실패가 분명하지도 않은 방안을, 자신의 이론과 합치하지 않는다고 배척하는 것은 온당한 처신이 아니라고 보았다. 만약 대통령의 정책방향이 국익을 손상하고 국민 대다수의 반대에 부딪친 것이라면, 그에게 경고를 주는 의미에서 비판과 반대, 나아가서 저항까지 고려해야 할 것이다. 그러나 기능조정개혁은 효과적인 개혁안이 아닐 뿐이지, 그것으로 국익이 손상되거나 국민들의 피해를 초래하는 것은 아니었다. 한 학자의 이론을 고수하는 것보다 한 나라의 기강이 바로서고, 대통령의 권위가 존중되는 것이 훨씬 더 중요한 것으로 보았다.

내 이론이 더 우수한 이론이라는 점은 인정하지만, 미래에 그 이론을 이해하는 대통령이 빨리 나타나서 그것을 채용하고 활용하기를 바랄 뿐이다. 학자의 이론은 당위로서 현실세계에서 채택되어야 하는 대상이 아니다. 그것은 다른 사람들을 깨우치기 위한 것이다. 특히 민주주의에서는 동료 시민들이 그것의 의미를 깨닫기까지 기다릴 수밖에 없다. 집권세력들이 나의 이론을 공부하지 않아 그 중요성을 알지 못하고 아직도 낡은 이론에 의존한 것을 꼭 나무라고 질책해야 할 대상은 아니다. 낡은 이론에 의존한 취약한 개혁안을 지배연합이 채택한 경우에 학자가 취할 수 있는 길은 두 가지 중의 하나이다.

가장 쉬운 길은 지배연합이 틀린 길을 가고 있다고 비판하고 협조를 거부하는 것이다. 다른 하나는 이미 채택된 방향 속에서 실패를 최소화하도록 여러 가지로 조언을 줄 수 있을 것이다. 자기 이론을 내세우지 않고, 실제로 선택의 내용에 자신의 이론이 베어들어 가도록 노력하여 개혁의 실패를 방지하는 노력을 하는 것이다. 후자의 선택은 외양적으로 자기모순을 범하는 것처럼 보일 수 있다. 그렇지만, 우리가 사는 세상을 좀 더 살기 좋은 세상으로 만드는 것에 목표로 둔 학자에게는, 자기 이름을 내세우지는 못하겠지만, 그것이 책임을 다하는 선택이라고 나는 판단하였다.

둘째, 이론적으로 자기모순을 범하는 자신의 선택을 알면서도 기능조정개혁의 옹호론자의 역할을 수행한 더 근본적인 이유는 '내가 아니면 안 된다'는 생각이 아니라 '나마저 참여하지 않으면' 하는 생각에서였다. 이미 대통령이 기능조정개혁의 방향을 발표하였다. 정부조직의 역학구조로 보아, 이런 경우에 어지간한 비판을 무시하고 대통령의 개혁안은 구체화된다. 내가 참여하든 말든, 이미 기능조정개혁이라는 범선은 항구를 떠나게 되어 있다. 어느 항로를 택하는 문제만 남았을 뿐이다. 나를 제외하고는 개혁결정과정에 참여하는 거의 모든 사람들에게 기능조정개혁은 잘못된 선택이 아니었다. 오히려 시의적절한 선택이라는 평가가 지배적이었다. 이런 개혁과정에서 범하기 쉬운 오차는 조직개편을 더 극화하려는 경향일 것이다. 이럴 경우, 조직개편 위주의 개혁을 비판하는 사람이 개혁과정에 참여하여야, 예상된 오차를 축소하거나 예방하는데 더 유리할 것이다. 최소한 오차가 확대되거나 확산되는 것을 막아주는데 더 적절한 역할을 할 수 있을 것이다. 내가 기능조정개혁과정에 적극적으로 참여한 학자로서의 이유는 바로 '나마저 참여하지 않으면' 기능조정개혁의 오차를 감시할 사람이 아무도 없을지 모른다는 걱정이 앞섰기 때문이다. 내가 기능조정개혁과정에 적극적으로 관여하면서 나름대로 기구개편에서 오는 낭비적 요소를 감소시키려고 노력하였다. 이 역할을 하기 위해서는 소극적 비판자이기보다 적극적 옹호론자로 나서는 것이 훨씬 유리하다고 보았다.

끝으로 자기모순을 마다하지 않았던 또 다른 이유는 현실세계에서의 훌륭한 선택은 모순을 없애고 일관성을 유지하는 것이 아니라 모순을 적절하게 관리하는 것이라는 주장이 내 이론의 핵심이기 때문이다.[7] 정책결정의 대부분 이론들은 합리성을 중시한다. 그러나 그 합리성은 대부분 마치 하나의 정책만 선택하는 것처럼 가정한다. 그리고 한 정책에서는 마치 한두 가지의 목표나 가치만 실현하면 충분한 것처럼 가정한다. 수많은 여러 가치들과 연관되어 있음을 간과하는 경향이 짙다. 그리고 그 수많은 가치들은 서로 상충하기도 하고 모순되기도 한다. 예컨대, 가장 간단한 공공 서비스의 하나인 우편배달에서도 최소한 '신속'과 '정확'이라는 두 가지 가치가 필요하다. 그들은 서로 상충한다. 한 사람이 추구하는 가치들도 서로 상충하는 경우가 허다하다. 그들 사이에서 일관성을 만들 수 없는 선택상황은 아주 빈번하다. 이럴 경우에 우리가 할 수 있는 선택은 일관성(또는 합리성)을 위해 하나의 가치만 강조하고 마치 다른 가치는 무시해도 좋은 것처럼 행동하거나, 또는 일관성을 무시하고 여러 가치들을 고려하는 타협적 선택을 하는 것이다. 타협은 거의 필연적으

7) 모순의 관리에 대한 단상의 일단은 나의 저술 「불확실성과 정책의 정당성」 제9장 '효과성의 개념적 혼동과 모순의 관리'에서 상당히 장황하게 논의하고 있다.

로 모순적이다. 나는 모순의 관리가 더 아름다운 선택으로 이어지는 것으로 보고 있다.[8)]

기능조정개혁에서 내가 선택한 입장은 한마디로 '모순의 관리'였다. 그 개혁과 관련하여 내가 나의 이론적 일관성을 위해 사표를 던지고 개혁비판가로 나섰다면, 세상 사람들은 나를 부적절한 처신을 하는 사람으로 비웃었을 것이다. 아름다운 선택은 자기 가치만이 아니라 다른 사람들의 가치와 공존할 수 있는 선택이다. 내 이론을 주창해서 일관성을 유지하는 것이 아니다. 기능조정개혁에서 가능한 한 조직개편이 야기할 비용을 최소화하려는 노력을 다하면서 동시에 나에게 주어진 원장으로서의 역할을 다하는 것이 아름다운 선택이라고 보았다. 그리고 다른 참여자들과의 인간적 우의도 함께 공유하면서 더 나은 선택을 위한 노력이 더 아름다운 선택이라고 보았다. 나에게는 그들이 나를 비웃지 않고 진지한 사람으로 보게 하는 것이 이론적 일관성은 내세우는 사람으로 보이는 것보다 더 중요한

---

8) 모순의 관리의 양상에는 여러 가지가 있을 수 있다. 이에 대해서는 많은 문헌을 참고할 필요가 있다. 물론 논자들이 '모순의 관리'라는 어휘를 동원하는 것은 아니다. 그러나 내용에 있어서는 모순적 상황을 극복하기 위한 논의를 전개하고 있다. 좋은 예로서, James G. March, "The Technology of Foolishness" in H. Leavitt, et. al. (eds.), *Organizations of the Future* (Praeger: New York, 1974), pp.131-141; James G. March, "The Evolution of Evolution" in Joel A. C. Baum and Jitendra V. Singh (eds.) *Evolutionary Dynamics of Organizations* (Oxford Univ. Press: Oxford, 1994) pp.39-49; Sidney G. Winter, "Organizing for Continuous Improvement: Evolutionary Theory Meets the Quality Revolution" in the same book, pp.90-108; Erich Jantsch, *The Self-Organizing Universie: Scientific and Human Implications of the Emerging Paradigm of Evolution*, especially Ch. 16. "Ethics, Morality and System Management" (Oxford: Pergamon Press, 1980); Nathan Keyfitz, "Inter-disciplinary Contradictions and the Influence of Science on Policy", *Policy Science* vol.28 (1995), pp.21-38; Ellis M. R. Thompson and Aaron Wildavsky, *Cutural Theory*, especially Ch. 5. "Instability of the Parts, Coherence of the Whole" (Boulder, SanFrancisco; Westview Press, 1990); Aaron Wildavsky, *Searching for Safety*, especially Ch. 10. "The Secret of Safety Lies in Danger" (New Brunswick: Transaction Books, 1988); 그리고 송하진, 김영평 공저, 「정책 성공과 실패의 대위법」, 서울: 나남출판, 2006 등 참조.

가치였다. 한편으로 보면 모순적 선택이면서 다른 편으로 보면 조화로운 선택일 수 있는 것이 복잡한 문제 상황의 진면목이다. 문제 상황은 거의 언제나 다차원적이고 다부문적이다. 기능조정개혁에서 나의 입장이 바로 이런 것이었다. 기능조정개혁에 대해서도 모순을 관리해야 하였지만, 내 개인의 입신에서도 모순을 관리하는 것이 피할 수 없는 길이었다.

V. 조직구성원으로서의 책임과 학자의 책임

어느 개인도 조직을 대신할 수 없다. 조직의 구성원은 조직 속에서 일정한 역할을 수행할 뿐이다. 그렇기 때문에 조직구성원으로서 수행한 역할은 조직의 규칙과 조직 내의 역학관계, 그리고 조직의 지향에 따라 크게 제약을 받는다. 개인의 주관적 철학이나 가치가 그런 의미에서 한정적으로 영향력을 발휘할 수 있을 뿐이다. 참여자들이 조직의 결정에 함몰될 가능성이 아주 크다. 참여자 개인으로는 어찌해 볼 수 없는 조직의 선택에 대해서 어떤 책임을 져야 하는가? 이에 대한 논의는 적지 않다. 그리고 이론도 다양하다. 여기서는 그것을 따지기 위한 것이 아니다. 이제 기능조정개혁이 마무리 된지 벌써 7년의 세월이 흘렀다. 이제는 조직구성원의 굴레도 벗어났다. 학자로 돌아온 지금 나는 기능조정개혁에 대해 어떤 책임을 지고 있는가?

기능조정개혁에서 조직구성원으로서 나는 우선 국가기능조정위원회의 위원으로 역할을 수행하였다. 그리고 그 위원회에서 의뢰하는 연구용역을 수행하는 기관인 한국행정연구원의 원장으로서의 역할도 수행하였다. 또한 연구용역 팀의 핵심멤버의 한사람이기도 하다. 엉성하게 구분하여, 서로 다른 세 가지 조직에 관여한 셈이다.

멤버십 중첩(overlapping)에 따라, 다른 구성원과는 달리, 역할의 왜곡을 피할 수 없었다. 연구원 원장인 위원회 위원이고, 연구용역 팀원인 원장이다. 그리고 연구용역을 수행한 위원회 위원이다. 행자부를 비롯한 기능조정개혁에 관여한 공무원들과의 관계에서도 이런 복합적 역할의 함축과 책임에서 자유로울 수 없었다. 그렇기 때문에 기능조정개혁을 토론할 때에 아무래도 발언을 많이 하게 되고, 아는 채 하는 경우가 많았다. 불확실성을 과장하기보다 연구결과를 내세웠지만, 연구는 단기간에 불충분한 정보를 이용한 것이기 때문에 엉성하기 짝이 없었다. 그것을 모르는 바는 아니지만, 최선을 다한 내실 있는 연구로 묘사하였다. 최소한 다른 구성원들에게 이런 나의 처신이 받아들여졌다. 그리고 그들로부터 치하까지 받았다. 그 당시 그 역할을 맡은 사람으로서는 그것이 아닌 다른 처신을 택하기는 어려웠을 것이다. 내가 아니었어도, 그 입장에서는 그런 처신을 하였을 것이다.

당시의 조직구성원으로서 나의 책임을 다하기 위해 나름대로 최선을 다하였다. 이 역할의 귀결로 기능조정개혁은 정부조직법 개정으로 이어졌고, 그 정부조직의 골격은 지금까지 계속되고 있다. 정권이 바뀌고 세월이 흘렀음에도 그 조직의 구조가 지속되고 있다면, 그 때의 기능조정개혁은 해서는-안-될 개혁을 한 것은 아닌 모양이다.

조직구성원으로서의 역할을 수행하는데 최선을 다하였고, 조직의 선택이 긍정적인 귀결을 낳았다면, 조직에서 부여된 역할을 수행한 참여자로서의 책임을 다하였다고 말할 수 있다. 그러나 학자로서의 개인인 김영평의 책임을 털어낼 수는 없는 일이다. 최소한 두 가지 측면에서 학자로서의 책임을 추궁할 수 있다. 첫째, 탐구적 책임이 남아 있다. 나의 주장에서 조직구조의 하드웨어 변동으로 조직의 조정메커니즘을 개선하려는 시도가 효과적이지 않다고 밝혔다. 그리고 행정개혁도 하향적이기 보다 상향적인 접근이 더 우세할 것으로 보았다. 그러나 기능조정개혁은 김영평의 주장과 반대였으나 조직 참여자의 역할 때문에 옹호하였다. 그런데 기능조정개혁에 따라 개편된 조직구조의 골격은 7년이 지난 지금도 지속되고 있다면, 자신의 이론의 타당성에 대해 다시 한 번 재검토해야할 필요가 제기된 셈이다.

기능조정개혁은 7년간 생존했기 때문에 성공적인 개혁으로 보아야 할 것인가? 아니면, 성공은 아니어도 실패를 모면한 개혁이라고 보아야 하는가? 만일 그 개혁을 하드웨어의 변화가 아닌 소프트웨어의 변화에 의존하였다면, 더 효과적이고 성공적인 조정 메커니즘을 이루어낼 수 있었을까? 만일 하향적인 접근이 아닌 상향적 접근에 의존한 개혁이었으면, 더 효과적인 조직운영 모형을 도입할 수 있었을까? 이런 질문에 대해 학자로서 스스로 탐구해야 할 책임에서 벗어날 수 없다. 자신의 선택과 이론의 불일치를 인정한다면, 다시 이론적 상승을 모색하는 것이 학자로서의 책임을 다하는 모습일 것이다. 그러나 아직도 나는 그런 논구에 초점을 두지 않았다. 그런 의미에서 자신이 관여했던 기능조정개혁에 대한 학자로서의 책임은 고스란히 남아 있다고 보아야 할 것이다.

학자로서의 또 다른 책임은 정책방향의 개선에 관한 것이다. 특히 교육인적자원부의 부총리제 도입과 관련하여, 점차적으로 교육기능은 소멸되고 인적자원개발 중심의 부처로 탈바꿈하여야 한다는 점이 기능조정개혁 당시에 강조되었다. 초중등 교육은 지방정부에 의한 교육 자치로 전환하여야 하고, 대학교육은 대학 자율에 맡겨야 한다는 점을 위원회에서나 공청회에서 강하게 지적 받았다. '교육인적자원부'는 최종적으로 '인적자원부'로 가기 위한 전환단계의 임시적 조직 명칭이었다.

그런데 우리나라 법조문의 구성상 이런 당시 대통령의 정책 정향이나 개혁참여자들의 의지가 정부조직법의 개정안에 담겨질 수 없었다. 그러다보니 그 정책방향은 세월과 함께 추동할 세력과 탄력(momentum)을 상실하였다. 그 정책정향을 밝힌 대통령도 정책논의에 참여했던 조직도 흘러간 인물들이다. 이젠 그 방향이 그분들의 관심도 아니다. 그 정책방향을 추진할 수 있는 새로운 세력은 새로 정권을 잡은 대통령과 그의 보좌진이거나 교육인적자원부일 것이다. 교육인적자원부는 교육기능을 버릴 동기도 없거니와 생소한 인적자원기능을 소화할 역량도 부족하기 때문에 자율적 교육정책을 추동할 것 같지 않다. 지난 7년간 자율은커녕 간섭적 교육정책을 오히려 강화하여 온 느낌이다.

교육인적자원부는 교육기능의 자율성을 확대하고 인적자원개발에 초점을 두는 것이 우리나라 미래를 준비하는 옳은 방향이라는 점은 학자로서의 나의 주장과도 합치한다. 지금까지의 7년 세월을 이행단계(transition period)로 본다면, 이제부터는 교육인적자원부를 인적자원부로 전환시키려는 노력이 기능조정개혁에 참여했던 학자로서의 나의 또 다른 책임이다. 물론 당시의 기억은 엷어졌고, 당시의 관심은 소산되었기 때문에, 당시의 개혁참여자들조차 교육 자율화와 인적자원부로의 전환에 동조할지 의문이다. 현재로서는 어느 정치세력도

이 문제에 관심을 보이고 있지 않다.[9] 나 혼자만의 주장이 메아리 없는 목소리가 되어버릴 가능성도 크다. 그렇지만 학자로서 자신이 관여했던 결정에 대한 책임을 다하려면, 그리고 그 방향이 정책개선으로 추동할만한 가치가 있다면, 그것에 대해 주의를 환기시키고 주장을 전파하는데 노력을 경주해야 할 것이다.

Ⅵ. 결　　론

행정학자의 한 사람으로 행정개혁과정에 참여해 본 경험은 개인적으로 값진 것이다. 우선 그것은 아무나 얻을 수 있는 기회가 아니다. 학자가 그런 일을 하는 것이 옳은 것인가 물을 수 있다. 그 대답은 대단히 상황 의존적이라 할 수 있기 때문에, 간단한 대답을 주기 어렵다. 우리나라와 같이 인적 자본이 풍부하지 못한 나라에서 지성인이 공공 서비스 생산에 참여하는 것 자체를 죄악으로 보기는 어렵다. 학자가 행정개혁과정에 참여하거나 공공기관에 임용되는 일을 금기시할 필요는 없다고 본다. 그러나 학자의 행정개혁참여 경험이 빛나기 위해서는, 개혁을 훌륭하게 자아내는 일에 더하여, 남이 갖지 못한 그 경험을 학문진전에 활용할 수 있어야 할 것이다. 그것이 행정개혁과정에 참여한 제1차 목적은 아닐지라도, 학자의 탐구정신을 구현하는 길이다. 남들이 보기에는 미덥지 못한 점이 한둘이 아니겠지만, 한국행정연구원의 원장으로서 내가 할 수 있는 바를 다

9) 이 글을 마지막 수정하는 현재(08.1.4) 이명박 대통령 당선인의 정권인수위원회에서 나의 주장과 비슷한 방향의 개혁안을 제시하고 있어 놀라울 뿐이다.

하였다. 기능조정개혁에서도 성심을 다하였다. 그러나 이제는 다시 학자로 돌아와서 자신의 독특한 경험과 관찰을 학문으로 소화해 내는 일에 최선을 다하였다고 말할 자신은 없다. 이 글은 앞으로 남은 생애 동안에 수행해야 할 소명을 다시 챙겨볼 수 있는 기회로 작용하였다. 이 글을 쓰면서 때로는 자기변명이 회한으로 흩어지기만 하지 않고 자기책임을 깨닫는 기막힌 씨앗으로 열매 맺을 수 있음을 알아차리게 되었다.

제 4 편

정부개혁추진기구 참여

4 '국민의 정부' 경영진단조정위원회의 활동

- 정부조직개편 추진과정의 실제 -

오 석 홍*

Ⅰ. 머 리 말

'국민의 정부'라 불리던 김대중 정부가 출범하면서 1998년 2월 28일 정부조직에 대한 대폭적 개혁을 한 차례 단행하였다. '국민의 정부'가 출범한 지 3일만에 「정부조직법」 개정법률을 공포할 수 있었던 것은 전년 12월 대통령선거가 끝난 뒤 바로 준비작업을 할 수 있었기 때문이다. 대통령 당선자는 정부조직개편심의위원회를 만들어 행정기구 개편작업을 추진하였다. 이 위원회는 대통령 당선자의 정권인수를 돕기 위한 자문기구 내지 개혁추진기구였지만 설치의 법적 근거가 있다거나 정부소속의 기구라거나 한 것은 아니었다. 일종의 정치적 · 정당적 조직이라고 보아야 할 것이다. 그것은 법외적 · 비정부적 조직이었지만 여러 부처 공무원들의 지원도 받았다.

'국민의 정부' 제1차 정부조직개편의 원리 설정에 영향을 미친 것은 1980년대부터 유행하던 신자유주의적 사조 그리고 신공공관리

* 서울대학교 행정대학원 명예교수.

운동과 정부재창조운동의 가이드라인들이었다.

'국민의 정부'는 1999년에 들어서도 다시 한 번 전반적인 정부조직 개혁사업을 추진하였다. 이 개혁사업을 '제2차 정부조직개편' '제2차 기구개편' '제2차 구조조정' 등으로 부르기도 하는데 그 공식명칭은 '21세기 지식·정보사회에 대비한 정부운영 및 조직개편'이었다. 이 글에서는 '2차개혁'이라고 약칭하려 한다.

2차개혁의 기본적인 개혁원리는 1차 개혁의 그것을 대체로 답습하는 것처럼 보였다. 그러나 구체적인 실현방안의 선택에서는 관료적 회귀 또는 관료적 환원의 징후를 보이기도 하였다. 2차개혁 당시의 기획예산위원회가 개혁안준비를 주도하였는데 경영진단조정위원회를 만들어 일을 추진하였다. 이 글은 경영진단조정위원회의 활동을 중심으로 2차개혁에 관한 케이스 히스토리를 요약한 것이다. 필자는 이 위원회의 위원장 역할을 맡았다. 그 역할을 수행하면서 참여관찰한 경험을 여기에 적어보려는 것이다. 필자는 경영진단조정위원회의 활동이 끝난 뒤 그 활동상을 바로 기록하여 1999년도의 「행정논총」에 게재한 바 있다. 그 기록은 이 글의 바탕이 되었다.

Ⅱ. 경영진단의 실시

1차개혁에 의해 탄생한 기획예산위원회가 행정개혁에 관한 임무도 맡고 있었다. 기획예산위원회는 1차개혁이 미진하다고 주장하면서 1998년 후반에 들어 대대적인 정부개혁사업을 구상하였다. 광범한 진단사업(사실조사사업)을 통해 개혁안을 입안하기로 하고 약 46

억원의 조사비용을 확보하였다.

기획예산위원회는 1998년 11월부터 1999년 2월 말까지 19개 민간연구기관의 연구팀들을 9개 반으로 편성하여 정부조직에 대한 사실조사와 개혁대안탐색을 실시하게 하였다. 이 사업을 정부조직 경영진단이라 불렀다.

경영진단 실시의 목적으로 열거된 것은 세 가지이다. 세 가지 목적이란 i) 행정분야에 전략경영개념 도입을 통한 정부경쟁력 제고(감퇴기능은 폐지, 신규 수요기능은 보강하여 핵심역량위주로 개편, 신나게 일할 수 있는 업무조건과 환경조성), ii) 행정업무를 고객중심으로 재설계하여 국민만족도 제고(수요자입장에서 정부기능의 필요성·존치타당성 검토, 정부개혁의 가속화로 국민이 체감할 수 있는 개혁추진), 그리고 iii) 경영진단에 근거한 기능 재조정을 통해 정부효율성 향상(중앙부처 간, 중앙·지방 간, 광역·기초자치단체 간 기능수행체계의 정비)을 말한다.[1)]

경영진단에 참여한 민간연구기관들은 대부분 회계법인 등 경영·경제연구소들이었다. 정부행정을 연구하는 기관은 셋뿐이었다. 공공부문의 시장화를 촉진하고 행정이 경영으로부터 배워야 한다는 개혁원리의 유행항목들이 최고정책결정자들에게 주입되어 있었으며, 예산을 다루는 기획예산위원회가 개혁사업을 주관하고, 진단팀들이 대부분 경영·경제연구소에서 나왔다. 그런 까닭으로 경영적 접근방법이 득세하였다. 행정진단이라기보다 문자 그대로 경영진단에 역점이 있었다. 이것이 적지 않은 논란을 야기하였다. 진단팀과 진단을 받는 행정기관 구성원들 사이에 마찰을 빚는 원인이 되기도 하였다.

위에서 언급한 바와 같이 18개 연구기관에서 참여한 연구팀들을

---

1) 기획예산위원회 정부개혁실, 경영진단 조정위원회 1차회의자료, 1998.11.27

9개 반으로 편성하여 9개 분야로 범주화된 정부기관들을 진단하게 하였다. 진단대상범주에 포함된 정부기관은 17부 · 4위원회 · 2처 16

표 1 경영진단대상기관 및 경영진단기관

구분	부처 · 위원회	청 · 자치단체	경영진단기관
외교 · 안보	통일부, 외교통상부, 국방부, 비상기획위	병무청	한국능률협회컨설팅
일반행정	법무부, 행정자치부, 법제처, 국무조정실	검찰청, 경찰청, 공보실	서울대학교 행정대학원/ 대우경제연구소
교육 · 문화	교육부, 문화관광부	**문화재관리국**	매경경영연구원/ 모니터컴퍼니
사회 · 복지	보건복지부, 노동부, 국가보훈처	**식품의약품안정청**	LG-EDS/ ATK
재정 · 금융	재정경제부, 공정위, 금감위, 기획위	예산청, **국세청**, 관세청, **조달청**, 통계청	세동회계법인/ 앤더슨컨설팅
산업 · 기술	과학기술부, 산업자원부	**중소기업청**, 특허청, 기상청	안진회계법인/ 아더앤더슨코리아
SOC	건설교통부, 해양수산부	**철도청**, 해양경찰청	한국생산성본부/ 가립회계법인
농림 · 환경	농림부, 환경부	**농촌진흥청**, 산림청	삼성경제연구소
지방자치1		충남도, 천안시, 연기군, 강남구	한국능률협회/ 한국지방행정연구원
지방자치2		인천광역시 및 남구, 대구광역시 달성군, 수원시 및 팔달구	삼일회계법인/ 한국행정연구원

* 청 중 굵은 글씨는 상세진단이 요구되는 기관이고 가는 글씨는 기관전체의 기능과 역할 중심의 진단이 요구되는 기관.

청과 시범대상으로 선정된 지방차지단체들이었다. 경영진단대상 분야·기관 그리고 경영진단 담당기관은 〈표 1〉에서 보는 바와 같다.

경영진단팀들이 수행해야 할 과제는 공통과제와 개별과제로 구분되었다. 9개 분야의 진단팀들이 모두 수행해야 할 공통과제는 다음과 같다.

첫째, 현황평가이다. 이 과제에 포함되는 것은 진단대상기관의 기능 수행에 대한 고객만족도 평가, 이해관계자 분석, 조직문화의 분석을 포함한 조직분석, 현행기능의 전반적 진단과 평가 등이다.

둘째, 기능진단·분석과 기능 재설계이다. 여기에 포함되는 작업은 과 이상 기능 분석틀 작성, 폐지·축소기능 및 확대·보강기능분석, 민영화·지방화·책임운영기관화·기업화·상업화 대상기능 확인 등이다.

셋째, 조직설계 및 적정인력규모 산정이다. 여기에 포함되는 작업은 기능분석틀에 따른 조직설계 그리고 기능조정 및 통·폐합 등에 따른 적정인력의 산정이다.

넷째, 개방형 임용대상 범위결정과 직위의 선정이다. 이 과제는 3급 이상 공무원 임용의 개방화를 위한 방안탐색을 요구한 것이다. 개방형 임용의 범위와 구체적인 대상직위 선정기준 및 방법을 제시하라는 과제인 것이다.

다섯째, 효율성 평가지표의 개발과 고객헌장 개발이다. 이 과제는 업무수행의 효율성을 평가하는 데 쓰일 지표, 측정방법 및 활용방안을 개발하고 고객헌장 도입이 가능한 업무단위를 확인하고 고객헌장을 개발하는 것이다.

여섯째, 해외의 사례와 그 시사점을 기술하고 우리의 유사한 사례와 비교하는 것이다.

일곱째, 행정규제에 대한 평가와 개선방안 제시이다. 현행규제를 평가하고 규제완화 또는 규제철폐에 따른 문제점 등을 검토하도록 요구한 것이다.

여덟째, 특별지방행정기관의 정비방안을 제시하는 것이다.

개별과제는 진단대상분야별로 추가한 과제들이다. 예컨대 외교안보분야에서는 군수품의 합리적 조달체계 구축방안을 제시하도록 요구하고 교육·문화 분야에서는 교원평가제도 구축방안을 제시하도록 요구하는 것과 같다.

개혁사업의 목표체계로부터 차례로 구체화되는 관념적 틀에 따라 경영진단수행과제가 질서 있게 선정되었어야 하는데 일이 그렇게 조직화되지 못한 것 같다. 항목의 나열이 어수선하고 관념적 명료성도 결여되었다. 요긴한 것으로 보이지 않는 과제들도 포함되어 있다.

경영진단이 진행되는 동안 경영진단팀들과 기획예산위원회 프로젝트관리자들 사이에 긴밀한 연락이 있었다. 그 연락과정에서 진단팀들은 수시로 추가적인 과제수행을 요구받았다. 기획예산위원회에서 획일적인 서식을 결정하고 조사·평가항목을 규정했기 때문에 진단팀들은 분야별로 실정에 맞지 않는 항목이 있다는 불만을 토로하기도 했다.

진단팀들의 애로호소 또는 불평을 예시하면 다음과 같다.

첫째, 기획예산위원회의 운영팀은 전문가들의 상황에 적합한 판단을 무시하고 특정한 진단기법의 적용에 대한 선호를 고집한다.

둘째, 진단이 진행되는 동안 수시로 앞당겨 중간결과물을 요구하기 때문에 시간을 빼앗기고 정밀진단이 지장을 받는다. 더구나 중간결과물 제출날짜와 회의시간을 수시로 바꾸고 연락 방법도 정확치 않아 어려움을 겪는다.

셋째, 불필요한 자료요구가 많고 보고절차가 복잡하다.

넷째, 진단대상기관별 특성을 무시하고 분석대상항목과 서식 등을 획일적으로 적용해 무리가 생긴다. 엄격한 정밀진단을 한 자료는 사용(기입)할 수 없게 서식이 꾸며져 있다.

다섯째, 경영진단이 진행되는 동안 경영진단의 방향을 바꾸거나 공무원들이 경영진단에 협력하기 어렵게 만드는 정책·지침 등을 발표한다.

여섯째, 경영진단팀들의 활동을 평가하는 일부 운영팀들은 행정이나 진단기법에 대한 전문지식이 없어 경영진단에 오히려 지장을 준다.

이런 불평을 하는 경영진단팀들 가운데는 로비에 노출되어 포획당하는 의혹을 사기도 했다. 그런가하면 회계적·경영적 시각 때문에 진단대상조직과 마찰을 빚기도 했다. 진단팀들 사이에 수준차가 크고 진단결과가 만족스럽지 못하다는 비판도 받았다.

경영진단사업을 아주 많이 서둘렀기 때문에 진단팀들은 최종보고서 제출 이전에 중간보고뿐만 아니라 '앞당긴 결과 보고' 등을 요구받은 것이 사실이다. 진단팀들은 엄청난 시간압박에 시달렸다.

Ⅲ. 경영진단조정위원회의 구성

기획예산위원회는 정부조직개혁을 위한 경영진단사업을 조정하는 임무를 수행할 경영진단조정위원회를 구성하였다. 이 위원회가 먼저 구성되고 그 리더십에 의해 경영진단사업이 입안된 것이 아니라 경영진단사업이 시작된 뒤에 경영진단조정위원회가 구성되었다.

이렇게 일의 순서가 뒤바뀐 이유는 단지 추정해 볼 수 있을 뿐이다. 경영진단조정위원회 역할을 중요시하지 않고 형식적인 도구로 생각했기 때문일 수 있다. 위원 선정 특히 위원장 선정이 이런 저런 이유로 지연된 것도 이유일 수 있다. 위원 선정이 끝나고 위원장은 뒤늦게 구한 것으로 보인다.

위원회구성의 시기가 적절치 않았지만 주관기관에서 구성의 필요를 느꼈기 때문에 결국 경영진단조정위원회를 만들었을 것이다. 그 동기도 또한 여러 가지로 추정해 볼 수 있다. 전문성에 입각한 조력을 얻으려는 것은 공식적 동기이다. 거액을 들인 진단사업인 만큼 책임을 분담하고 대외적으로 울타리 또는 방패가 되어 줄 어떤 조직이 필요하기도 했을 것이다.

정부기관들이 각종 정부위원회나 잠정적 위원회들을 포획하거나 들러리로 사용하려는 풍조가 우리 행정문화의 일부임을 우리는 익히 안다. 경영진단조정위원회에 대한 관료들의 마음도 비슷했을 것이라고 추정할 수 있다. 위원회 또는 위원장과 사전협의를 거치는 것이 온당할 사안들에 대해 관료들이 임의로 일을 저질러 놓는 사례가 종종 있었다. 위원장과 협의 없이 위원들을 먼저 선정해 놓은 것도 사실 문제였다. 그것은 원활한 회의운영의 장애물이었다. 필자는 위원장이 추천하는 사람들을 위원으로 추가 임용하도록 요구하기도 했다. 이러한 뒤늦은 제안이 실현될 수는 없었다.

여러 가지 정황으로 보아 경영진단조정위원장의 선임이 기획예산위원회의 뜻대로 되지 않았음을 알 수 있었다. 기획위의 천거를 무시하고 청와대에서 일방적으로 위원장을 지명했을 것이라는 짐작을 했다. 따라서 조정위 포획은 매끄럽게 진행되기 어려웠을 것이다.

기획예산위원장이나 소속관료들이 경영진단조정위원회 활동을 전반적으로 통제하려 한다거나 건의안에 대한 결정을 모두 구체적으로 유도하려는 시도는 보이지 않았다. 기획예산위원장과 경영진단조정위원장 사이의 비공식적 접촉이나 의견교환은 거의 없었다. 이런 앞뒤의 사정을 감안한다면 경영진단조정위원회는 표면상 '어정쩡한 자율성'을 누렸다고 말할 수 있다.

그러나 위원회의 심의안건은 기획예산위원회의 관료들이 만들었다. 조정위원회의 최종심의 때는 기획예산위원장이 부하 국장을 시켜 조정위 위원장에게 개별적인 부탁을 하기도 했다. 기획예산위원회를 처로 만드는 안을 관철한 기획예산위원장은 뒤에 기획예산처 장관이 되었다. 그의 관심은 위원회를 처로 바꾸는 데 집중되었던 것이 아니었나 의심해 볼만하다. '장관이 직업'이라는 세평을 들었던 그의 의지관철 전술을 학자들이 제대로 간파하기는 어려웠다.

경영진단활동을 지도하고 조정하는 임무를 수행할 경영진단조정위원회는 기획예산위원회의 규정에 의해 설치되었다. 「경영진단조정위원회규정」이 정한 위원회의 기능은 i) 경영진단의 기본방향과 원칙에 관한 사항, ii) 경영진단 분야 간 평가·조정·통합, iii) 경영진단의 범위에 관한 사항, 그리고 iv) 기타 경영진단과정에서 필요하다고 인정하여 위원회에 부의하는 사항을 연구·심의하고 그 결과를 기획예산위원장에게 건의하는 것이다. 이 위원회는 위원장을 포함한 11인의 위원으로 구성되었다. 여기에는 정부의 1급 공무원 2인(당연직: 기획예산원회 정부개혁실장·행정자치부 기획관리실장), 기업인 1인, 컨설팅회사원 1인, 교수 7인이 포함되었다. 교수들의 전공을 보면 경영학 2인, 경제학 1인, 법학 1인, 행정학 3인이다. 민간위원의 구성은 경제・경영 쪽에 치우쳐 있었다.

위원들 가운데는 3개월 정도밖에 안 되는 위원회 활동기간에 외국여행을 두 번씩 한다든지 이런 저런 이유로 자주 결석하거나 지각하는 사람들이 있었다. 정부에서 무슨 위원회를 만들려면 위원취임예정자들의 성실한 출석가능성을 확인해야 할 것이다. 정부위원회들이 위원들에게 위촉장을 전달하는 의식을 치르고 기념사진 찍은 다음에는 흐지부지해 버리는 사례가 많다. 이런 행정문화에 익숙한 '단골 위원'들은 으레 그러려니 하고 출석책임의 부담을 별로 느끼지 않을 수도 있다.

정부측 위원인 공무원들의 출석상황은 아주 엉망이었다. 불출석・대리출석이 다반사였고 출석하더라도 자리를 뜨고 '들락거리는' 일이 번다하였다. 위원회활동 막바지에 조금 출석한 셈이다. 출석할 형편이 못되는 고급공무원들을 '위원회의 격을 맞추기 위해' 위원으로 위촉해놓고 결석・대리출석을 관행으로 인정하는 정부 전반의 형식주의를 심각하게 반성하는 때가 있어야 할 것이다.

위원들에 대한 대우도 적절한 것이 아니었다. 이른바 노임단가가 높은 전문가들의 책임 있는 임무수행을 보장하려면 금전적 보상도 그에 상응하는 것이 되어야 하는데 정부지출규정을 핑계로 매 회의마다 7만원의 회의수당을 지급한 것밖에 아무런 보상이 없었다. 이와 같은 대우는 회의체를 부실하게 만드는 한 요인이다. 이 문제도 개혁과제로 의제설정이 되어야 한다.

경영진단조정위원회는 1998년 11월 27일 발족했다. 이날 위원들이 위촉장을 받고 제1차 회의를 했다. 이 위원회의 존속기간은 정해지지 않았다. 마지막 회의가 있었던 3월 12일 경이 해체일이라고 필자는 스스로 규정하고 있다.

Ⅳ. 경영진단조정위원회의 활동

경영진단조정위원회는 1998년 11월 27일부터 대개 1주일에 한 차례 정도씩 회의를 열어 상황파악과 경영진단조정에 필요한 준비작업을 하다가 2월 하순부터는 가속도를 내게 되었다. 가속도를 내게 되었다고 하는 것은 회의의 빈도가 잦아지고 그 길이도 길어졌다는 뜻이다. 작업의 밀도도 높아지고 긴장감도 커졌다.

경영진단사업 전체 그리고 경영진단조정위원회의 활동은 상당한 시간압박을 받았다. 고위층에서 서두르라는 요구가 빗발쳤던 것 같다. 조직개편 등 대대적인 개혁의 결정과정이 지연되면 공직의 동요가 심해진다는 이유로 진단사업의 후반으로 갈수록 빨리 마무리하라는 독촉이 심했다. 이것은 개혁추진기구의 과부하를 일으키고 담당공무원들을 경황없게 만드는 요인이었다.

경영진단조정위원회가 발족한 뒤 한 달 정도는 현황파악, 정부조직개혁에 관한 기존 연구보고서 검토, 외국자료 검토 등을 하면서 본격적인 작업을 준비하였다. 본격적 활동기에 접어들면서 위원회가 한 일들은 경영진단팀들이 제출한 중간보고서와 최종보고서의 초안에 대한 검토, 각 부처의 의견청취, 공청회에 회부할 개혁시안의 결정과 기자회견, 공청회개최, 공청회결과를 감안한 개혁건의안의 수정·보완, 그리고 최종건의안의 작성과 공표이다.

경영진단보고서 초안과 그에 기초해 작성한 건의안 초안에 대한 검토 그리고 각부처 의견청취는 조정위원들을 두 개의 분과로 나누어 실시하였다. 위원장이 분과구성원들을 먼저 지명한 다음에 각 분과의 비공식 명칭과 임무를 부여하였다. 하나는 일반행정분과, 다른 하나는 경제행정분과로 부르게 되었다. 경제행정분과가 더 인기를 끌었는지 모른다. 일반행정분과로 배치되었던 위원 가운데는 경제행정분과로 옮겨주기를 원해 그 소원을 용납한 예도 있다.

행정학자들을 주축으로 구성한 일반행정분과의 절차진행은 신속했으며 미리 정한 시간계획을 초과하는 일이 거의 없었다. 반면 경제·경영학자와 기업인 등으로 구성한 경제행정분과의 절차진행은 늘 지연되고 예정시간을 훨씬 초과하여 토론이 연장되었다. 경제행정분야에 쟁점과 이익대립이 많았던 것도 한 원인이었겠으나 위원들의 성향이 더 큰 원인이었을 것으로 생각된다.

각 부처의 의견청취라고 할 때 각 부처란 경영진단대상이 된 부·처·청·위원회를 지칭하는 것이다. 이들 기관의 기획관리실장이나 그에 상응하는 간부 그리고 그를 보조하는 인원들이 위에 말한 분과위원회에서 기구개편과 운영시스템에 관한 의견을 발표하였다. 의견발표는 자기 기관 소개와 개혁구상, 경영진단팀의 제안에 대한 반박 등에 관한 것이었다.

각 부처 의견청취계획을 세울 때 경영진단보고의 내용을 미리 각 부처에 알려줄 것인지에 대해 위원회에서 논란이 있었다. 무엇이 쟁점으로 되어 있는지 알아야 답변 자료를 준비할 수 있다는 이유를 들어 경영진단 보고사항을 피진단기관에 미리 알려주어야 한다는 주장이 있었다. 그러나 이것은 소수의견임에 불과하였다. 미리 알려주면 진단보고 내용이 적절치 못한(premature) 시기에 공식적으로 발표되어 부작용을 낳고 장차의 절차진행을 어렵게 한다는 기획예산위원회 측의 주장이 매우 강경하였다. 사전고지의 필요가 없다고 하는 사람들은 피진단기관들이 이미 진단과정에서 제기된 문제들과 건의 내용을 비공식적으로 감지하고 있을 터이므로 답변을 준비하는 데 아무 지장이 없을 것이라고 주장하였다. 비공식적으로 알려져 있는 일도 공표하면 안 된다고 생각하는 관료적 사고방식을 여실히 확인할 수 있었다. 결국 피진단기관들에 진단보고 내용을 미리 고지하지 않기로 결정했다. 아니나 다를까 피진단기관들의 답변준비는 별로 지장을 받지 않은 것 같았다.

공식적 의견청취절차 이외에도 피진단기관들은 여러 가지 공식적·비공식적 통로와 연줄을 동원해 자기 기관 이익옹호를 위한 로비를 했다. 기획예산위원회 관계자들과 경영진단조정위원들은 그러한 로비에 노출되었다. 필자는 로비의 성격이 있는 접근을 피하지 않았다. 피진단기관들의 각급 공무원들과 관련자들이 거는 전화에는 친절히 응대했고 만나자는 요구도 거의 다 응락했다.

각 부처의 의견청취까지 끝낸 다음 공청회에 회부할 건의안의 시안을 만들었다. 시안작성의 실무작업은 기획예산위회의 경영진단 운영팀들이 맡았다. 경영진단조정위원 네 사람도 그 작업에 참여했다. 시안 작성작업은 수일간에 걸쳐 호텔투숙을 하면서 집중적으로 진행하였다. 실무작업에 이어 하루 종일에 걸친 전체위원회에서 공청회에 회부할 건의안을 확정하였으며 대기하고 있던 기자들에게 이를 발표했다. 이에 관해 언론에서는 아주 크게 보도하였다. 위원회의 최종건의안을 발표했을 때는 그와 같은 보도열기가 없었다. '덜 익었어도' 앞당겨 보도해 버리는 것이 언론의 생리인 것 같았다.

공청회에 회부할 건의시안을 만들 때에는 조직개편부문에서 주요문제들에 대해 복수의 대안을 채택하였다. 각 대안에 대한 위원회의 선호나 우선순위는 결정하지 않았다. 문제마다 개혁방안의 대안을 둘 또는 셋씩 우열구분 없이 표기하였다. 그럼에도 불구하고 이해관계자들이나 일부언론은 자기에게 유리하거나 자기가 지지하는 대안을 골라 단일안으로 확정된 것처럼 말하기 시작하였다. 이런 일은 관련공무원들의 혼란과 동요를 부채질하는 것이었다.

위원회의 건의시안에 대한 공청회는 1999년 3월 8일 조달회관 대강당에서 개최되었다. 공청회의 공식 명칭은 '21세기 지식·정보사회에 대비한 정부운영 및 조직개편 공청회'였다.[2]

공청회는 오전과 오후의 두 회의로 구성되었다. 오전의 제1부는 운영시스템 혁신에 관한 것이었으며 오후의 제2부는 조직구조개편에 관한 것이었다. 각 회의는 발제, 지정토론자의 토론, 방청인 질의·응답의 순으로 진행되었다.

정부개혁안에 대해 정부가 주관하는 공청회의 풍경은 여느 학술세미나의 그것과는 사뭇 다른 것이었다. 이익대변과 대립이 격렬하게 표출되는 장이었다. 운영시스템 혁신에 관한 오전 회의는 비교적 차분한 가운데 진행되었다. 열기도 갈등도 적었다. 청중으로부터의 발언신청도 모두 수용할 수 있었다. 발언신청서를 미리 내지 않은 몇 사람들에게도 발언의 기회를 줄 수 있었다.

그러나 기구개편에 관한 오후 회의의 분위기는 뜨겁게 달아올랐다. 회의장은 물론 바깥 복도와 휴게실까지도 청중으로 들끓었다. 여러 이익집단의 구성원들이 떼 지어 모여들기도 하였다. 주최측은 청중의 수를 1,500명이 넘는 것으로 추산하였다. 과격한 소요를 막기 위해 관할 경찰서 형사들을 청중 사이에 배치한다는 말도 들었다.

지정토론자들의 논조도 주요쟁점에 관하여 편이 갈리는 듯하였다. 질문보다는 이익옹호를 위한 주장을 펴려는 발언신청이 쇄도하

2) 경영진단조정위원회, 21세기 지식·정보사회에 대비한 정부운영 및 조직개편 공청회(공청회 자료집, 1999.3.8); 기획예산위원회, 정부조직개편공청회 보고(1999.3.12).

여 극히 일부만을 수용할 수 있을 뿐이었다. 로비스트로 보이는 사람들이 발언기회를 얻기 위해 직·간접적으로 교섭을 벌이는 일도 많았다. 제법 점잖다고 하는 직업을 가진 사람들 가운데서 어떤 조직의 이익옹호를 위해 체면불구하고 나서는 것을 보고 필자는 당혹스러웠다. 청중 가운데는 격렬하게 소리 지르고 거의 행패를 부리려고 나온 것으로 보이는 사람들도 적지 않았다. 장애인 등 소외계층 사람들은 공청회를 관심 끌기의 기회로 삼으려 했다. 발언기회를 얻지 못한 청중들의 항의가 거세어 공청회를 종료시키기가 힘들었다. 결국 할 말이 있는 사람들은 단상으로 올라와 사회자(위원장)에게 직접 호소할 수 있는 기회를 준다는 조건으로 회의를 종결할 수 있었다.[3]

이런 공청회의 사회를 본 경험은 필자에게 많은 것을 생각하게 하였다. 〈표 2〉는 공청회에서 필자가 한 개회사의 내용이다. 〈표 3〉은 공청회가 끝난 뒤 기획예산위원회가 청와대에 제출한 공청회 보고서의 표제부분과 공청회의 분위기에 관한 부분만을 발췌한 것이다.

---

3) 필자는 처음에 공청회의 사회 맡는 것을 거부했었다. 절차를 졸속 진행하는 등 관료들의 행태가 못마땅하기도 했고 사회를 반드시 위원장이 맡아야 한다고 생각하지도 않았다. 그러나 기획예산위 사람들은 필자가 경영진단위의 활동을 보이콧하는 심각한 사태로 인식한 것 같았다. 간부직원들이 필자의 집으로 찾아와 심야에 이르기까지 끈질기게 간청하여 사회를 맡기로 응락하였다.

표 2 공청회 개회사

지난 3개월여 간 활동해 온 우리 경영진단조정위원회는 『21세기 지식·정보사회에 대비한 정부운영 및 조직개편』을 주제로 오늘 공청회를 개최하게 되었습니다.

정부조직 및 그 운영체제에 관한 개혁안을 마련하는 과정에서 여러 차례 관련자들이 참여하고 토론하는 기회를 가졌습니다만, 다시 한 번 참여와 토론의 장을 마련하기 위해 공청회를 개최하게 되었습니다.

여기에 참여하는 분들은 우리가 추진하는 정부개혁안이 보다 충실하고 온전한 것이 될 수 있도록 많은 지혜를 보태어 주시기 바랍니다. 이를 지켜보시는 정부 내외의 관계자들과 국민 여러분께서도 각별한 관심을 가지고 비판과 성원을 보내주시기 바랍니다.

경영진단조정위원회가 오늘 이 자리에 내 놓은 개혁시안은 지난 11월부터 실시한 정부조직경영진단의 결과와 그에 기초한 개혁제안들을 종합하여 정리한 것입니다. 정리의 과정에서는 물론 조정작업을 했습니다. 조정작업이란 수정·보완과 추가적인 개혁대안의 탐색을 뜻합니다.

그동안의 조정작업에도 불구하고 여기에 내놓은 개혁시안은 미완성품이며 미진하고 소루한 것입니다. 우리가 오늘 이 자리에서 그리고 남은 개혁정책 입안과정에서 주력해야 할 것은 개혁시안의 흠절들을 찾아내 시정하는 일입니다. 우선 적정한 균형과 조화를 잃지 않았나 살펴보아야 합니다.

개혁처방에서 극에서 극으로 치닫는 일, 변혁과 안정의 조화를 깨는 일, 점진과 급진의 조화를 깨는 일, 지나친 일원화를 저지르는 일, 지나친 시장화의 오류를 범하는 일 등등 우리 시대에 저지르기 쉬운 과오를 막아야 합니다.

과욕적·과시주의적 개혁, 기관팽창주의적 개혁, 과거로 회귀하는 시대착오적 개혁, 일관성 없는 개혁, 이기주의의 포로가 된 개혁, 문제상황과 괴리된 개혁, 정착에 실패할 개혁, 이익보다 비용이 과다한 개혁이 되지 않도록 경계해야 합니다. 정부조직에 치유하기 어려운 손상을 주게 될 개혁은 막아야 합니다.

행정이 사회의 안정세력으로서 본분을 다할 수 없게 하는 교란과 혼란의 야기도 막아야 합니다. 개혁의 신속성에 집착하여 정확성을 잃는 졸속적 개혁도 막아야 합니다.

오늘 이 공청회에서 주최측은 답을 제시하기보다 질문을 제기하고 있습니다. 결론적인 답안이 아니라 대안탐색의 사고과정을 노출시켜 개혁입안과정에 동참을 유도하려는 것입니다. 개혁시안의 복수안 제시는 토론을 유도하기 위한 하나의 방편입니다.

오늘 이 자리에 나오신 모든 분들이 열린 마음을 가지고 개혁안을 '개혁'하는 데 힘을 보태고 이를 성원해 주시기 바랍니다.

표 3 정부조직개편 공청회보고

□ 공청회 제목: 21세기 지식 · 정보사회에 대비한 정부운영 및 조직개편 공청회

□ 일시 및 장소
- ○ 일시: '99. 3. 8(월) 10:00~18:15
- ○ 장소: 서울지방조달청 대강당

□ 진행방식
- ○ 사회자: 오석홍 경영진단조정위원회 위원장
- ○ 발제자:
- — 제1부: 운영시스템 혁신(김판석 연세대 행정학과 교수)
- — 제2부: 조직구조 개편(정용덕 서울대 행정대학원 교수)
- ○ 토론자: 각계 대표 17명(운영시스템 8명, 조직구조 9명)
- ○ 질의 · 응답: 질문서 접수 후 일부 청중에게 직접 질문 · 의견청취 (총 320건 질문접수)

□ 행사진행
- ○ 참석인원: 약 2,200여명(자료 배포 2,400부)
- ○ K-TV 생중계, YTN, MBN 녹화중계 등

□ 주요 토의사항: 별첨

공청회 분위기

□ 참석자수
- ○ 전체 약 2,200명

— 오전: 약 700명, 오후: 약 1,500명

□ 전체 분위기

ㅇ 한국예술종합학교(40명), 대한중앙노인회(60명), 상이군경회(30명) 등 일부이익단체에서 집단으로 참석하였으나, 발제 · 토론시간 모두 진지한 분위기 유지

ㅇ 공청회에서는 전체 320건의 질의서를 접수, 이중 산업기술부 관련 조직개편안에 대한 질의가 43건으로 가장 많았음

— 중소기업지원체제정비(27건), 노동복지 기능효율화(24건) 등의 순서임

ㅇ 방청석의 질의 · 응답시간에는 상이군경회와 대한중앙노인회에서 다소 격앙된 질의를 하였으나 원만히 진행됨

— 상이군경회: 국가보훈처의 장관급 격상 또는 상이군경 보상금의 일시지급(1인당 1억~5억원)을 주장하였음

— 대한중앙노인회: 장애인복지국 내 노인복지기능통합안을 반대, 노인복지과를 노인복지국으로 확대를 주장하였음

ㅇ 총 9인이 방청석에서 질문하였으나, 추가 질문이 쇄도하여 공청회가 끝난 후에도 오석홍 위원장은 단상에서 장애자협회, 상이군경회 등으로부터 요구사항을 진지하게 청취

— 장애자협회: 발제내용에 장애자에 대한 배려가 전혀 없는바, 장애자에게 혜택을 줄 수 있는 기능 확충을 요구

— 상이군경회: 조달청의 조달구매가 분산형으로 전환될 경우 상이군경회는 심각한 타격을 받을 것이므로 현재와 같은 집중구매형태를 유지할 필요가 있음을 강조

□ 오석홍 위원장이 원만한 사회진행으로 쇄도하는 질의요청을 적절히 조절하면서 시종일관 부드러운 분위기를 유도하였음

공청회가 끝난 후 경영진단조정위원회가 제출할 건의안을 작성하였다. 최종안을 만들 때에는 각 대안에 대한 위원회 나름의 선호를 표시하자는 일부 위원들의 주장에 따라 문제마다의 복수 대안에 대한 선호도의 순위를 정하였다. 순위결정은 표결방식에 따랐다. 산표가 나는 경우가 많았다. 근소한 표차로 우선순위가 결정된 예가

여럿이다.

필자는 다음 단계의 정책결정자들에게 최종선택의 책임을 넘겨야 한다는 생각에 복수대안 제시를 고집했었다. 그런데 우선순위 결정이 마치 최종적인 단일안 결정으로 비쳐질까 염려스러웠다. 이런 우려 때문에 위원회는 그 마지막 회의에서 건의안을 공표할 때 표시한 우선순위에 너무 무거운 비중을 두지 말아달라는 당부를 하기로 결정하였다. 이를 위해 위원장인 필자는 위원들을 간곡히 설득하였다.

V. 경영진단조정위원회의 건의안

1999년 3월 11일에 확정된 경영진단조정위원회 건의안의 명칭은 '21세기 지식·정보사회에 대비한 정부운영 및 조직개편 건의안'이다. 행정자치부장관과 기획예산위원장에게 제출된 이 건의안은 서언, 정부조직개편의 필요성, 추진경과, 기본이념, 기본방향과 원칙, 운영시스템 혁신, 부처별 운영시스템 중점혁신사항, 주요기능별 개편방안, 부처별 개편방안, 그리고 부속자료로 구성되었다.4)

기본방향과 원칙의 규정에서는 조직개편에 관하여 '작고 유연한 정부'설계를 목표로 4대 원칙을 적용하기로 하였다. 4대 원칙은 i) 정부의 기능을 핵심역량 위주로 개편하고 간소화한다, ii) 민간이 더 잘 할 수 있는 기능은 민간으로 이양한다, iii) 지방자치단체가 수행

---

4) 경영진단조정위원회, 경영진단조정위원회 건의안: 21세기 지식·정보사회에 대비한 「정부운영 및 조직개편방안」에 대하여(1999.3.11)

할 수 있는 기능은 지방으로 이양한다, 그리고 iv) 독립적 수행이 가능한 집행기능을 책임운영기관화한다는 것이다.

운영시스템에 관하여는 '국민에 봉사하는 깨끗하고 효율적인 정부'의 설계를 목표로 i) 고객지향적 행정서비스 체계 설계, ii) 시민참여 확대를 통한 협조체제의 강화, iii) 부패의 예방과 척결을 위한 투명성 · 공정성 확보, iv) 행정시스템에 경쟁 · 성과 · 품질개념 도입 등 4대 원칙을 적용하기로 하였다.[5)]

1. 운영시스템 혁신

운영시스템 혁신을 위해 i) 개방형 임용제도 확대, ii) 공무원 채용제도 개선, iii) 부패방지제도 강화, iv) 성과관리제도 도입, v) 복식부기제도 도입, vi) 정보기술 활용 제고, vii) 고객헌장제도 확대, viii) 국민권리구제절차 개선 등 여덟 가지 개혁방안을 채택하였다. 그리고 부처별 운영시스템 중점 혁신사항은 따로 규정하였다.

운영시스템 혁신방안 가운데서 가장 큰 관심을 끌었고 또 논란도 많았던 것은 개방형 임용제도 확대였다. 공무원신분보장체제에 대변혁을 야기하고 그것은 바로 관료적 기득권에 큰 손상을 줄 수도 있기 때문이었을 것이다.

건의안에서는 실 · 국장급 30%를 개방형으로 임용하도록 제안하였다.[6)] 개방대상직종에는 일반직 외에 특정직도 포함하도록 하였다.

---

5) 경영진단조정위원 가운데 기업인 한 사람이 '품질'이라는 말을 쓰자고 주장해서 그리하도록 용인한 것이다.

6) 당초에는 3급이상 공무원의 30%를 대상으로 하는 방안이 논의되었으나 최종 건의안에서 실 · 국장급 30%로 축소되었다. 국회 심의과정에서는 다시 실 · 국장급 20%로 축소되었다.

개방될 직위의 선정에서는 전문성 · 중요성 · 민주성 등의 기준을 고려하도록 했다. 개방형 임용 대상직위의 공무원은 민간전문가와 공무원 간의 공개경쟁을 통해 선발하도록 하였다. 임용자의 신분은 계약직으로 하고 1년 단위로 업무실적을 평가하며 계약기간은 3년으로 하도록 하였다. 보수는 경력 · 능력과 민간의 보수수준을 고려하여 결정하도록 하였다.

충원시기에 대해서는 두 가지 대안을 제시하였다. 제1안은 1999년 말까지 전대상직위에 대하여 2~3회에 걸쳐 임용완료하는 방안이다. 제2안은 공직사회의 안정성을 고려하여 2000년 말(또는 2001년 말)까지 임용완료하는 방안이다.

2. 기능별 · 부처별 개편

주요기능별 개편방안과 부처별 개편방안은 상당부분 중복된다. 기능개편은 바로 조직개편으로 이어지기 때문이다. 개편제안의 골자를 간추리면 다음과 같다.

1) 예산기능의 소속

제1안: 기획예산위원회를 예산청과 통합 「기획예산부」로 개편한다.

제2안: 재정경제부에 예산기능을 부여한다.

제3안: 예산청과 기획예산위원회를 통합하여 대통령 또는 총리 소속의 예산부(처)를 신설한다. 기획예산위원회의 정부개혁기능은 대통령 직속의 정부혁신위원회로 이관한다.[7]

---

7) 제3안은 필자가 제안하였다. 예산기관은 예산기능만 수행해야 한다고 생각

2) 산업 및 과학기술정책기능 체계화

제1안: 산업자원부 · 과학기술부 · 정보통신부를 통합하여 「산업기술부」로 개편한다.

제2안: 부처별 골격은 현행체제를 유지하되 기능과 조직을 정비한다.

제3안: 산업자원부와 과학기술부를 통합하여 「산업기술부」를 신설한다.

3) 중소기업 지원체제의 정비

(1) 중소기업청의 정책기능 보완

제1안: 현행체제를 유지하되 중소기업청장에게 국무회의 배석권을 부여하고 중소기업특위 기능을 중소기업청에 통합한다.

제2안: 중소기업청을 산업자원부의 실로 개편하여 산업정책과의 연계성을 강화하고 부처 간 업무협조를 효율화한다.

(2) 지방중소기업청의 기능 재정립

제1안: 지방중소기업청의 기능은 지방자치단체와 중소기업진흥공단에 이관한다.

제2안: 지방중소기업청은 기술지원, 벤처기업육성, 수출지원, 소상공인 지원업무만 수행하고 기타 업무는 지방자치단체에 이관한다.

했기 때문이다.

4) 공공사업관리 효율성 제고

제1안: 해양수산부를 폐지하고 그 기능을 건설교통부와 농림부에 이관한다.

제2안: 현행체제를 유지하되 기구와 인력을 조정한다.

5) 사회복지기능의 효율화

제1안: 노동부와 보건복지부를 「복지노동부」로 통합한다.

제2안: 노동부와 보건복지부의 현행체제를 유지하되 기구와 인력을 조정한다.

6) 중앙인사기관의 설치

제1안: 대통령 소속의 위원회로 인사정책기능과 1~3급 공무원 임용의 적격성 심사기능을 담당한다.

제2안: 대통령 또는 총리 소속의 인사행정처를 신설한다. 이것은 단독제 기구이며 인사행정기능을 총괄한다. 고급공무원 임용적격성 심사를 위해서는 「임용적격성 심사위원회」를 인사행정처에 부설한다.[8)]

제3안: 대통령 소속의 위원회로 인사관련 정책 및 집행기능을 통합하여 수행하도록 한다.

---

8) 제2안은 필자가 제안하였다. 이 안이 실현되지 않으면 인사행정의 파행과 갈등이 끊이지 않을 것으로 예상했다. 정부에서 최종적으로 채택한 것은 제1안이었다. 그런 취약하고 어정쩡한 조직을 만든 것이 훗날 통폐합의 빌미가 되었다고 생각한다.

7) 공보기능의 보강

제1안: 공보실은 현행체제를 유지하고 그 기능을 보강 · 재편한다.

제2안: 국정홍보기능을 문화관광부로 이관한다.

이밖에도 외교 · 통상, 교육, 철도, 우정, 법제, 경찰, 법무 · 검찰, 통일, 국방, 비상기획위원회, 병무청, 국세청, 관세청, 조달청, 통계청, 농림부, 농촌진흥청, 산림청, 환경부, 문화관광부 등에 대한 기능조정과 기구개편을 건의하였다.

17개 부 · 처 · 청의 28개 기관을 책임운영기관화 검토대상으로 선정하고 이들 가운데서 10개 기관정도를 골라 시범적으로 책임운영기관화하도록 권고하였다. 행정자치부, 교육부 등 7개 부 · 처 · 청의 8개 기능은 지방에 이양하도록 권고하였다. 8개 부 · 처 · 청의 14개 기관이 관장하는 기능들 가운데 일부를 민간위탁 또는 민영화하는 방안도 제시하였다.

Ⅵ. 정부의 개혁안

경영진단조정위원회의 활동 이후 여러 단계의 복잡한 정책결정과정이 진행되었다. 경영진단조정위원회의 활동을 마무리하면서 이어지는 정책결정과정에 참여하는 사람들에게 필자가 당부하고 싶은 말을 '정부기구개편에 부치는 충고'라는 제목으로 적어 보았다. 이 글은 대중매체를 통해 발표하지 않았던 것이므로 여기에 〈표 4〉로 소개하려 한다.

표 4 정부기구개편에 부치는 충고

기대와 우려 그리고 허다한 뜬소문 속에서 정부기구 개편작업이 지금 막바지로 치닫고 있다. 공직사회에 팽배한 불안감과 동요를 걱정해 절차를 아주 서두르고 있는 것 같다. 급하게 서두르더라도 실책은 저지르지 말아야 할 것이다.

이번 정부기구개편 작업의 일부에 간여했던 필자는 남은 정책결정과정의 참여자들에게 몇 가지 당부의 말을 해 두려 한다.

무엇보다도 꼭 필요한 개편만을 해야 한다는 당연한 원리를 결코 잊지 말라는 당부를 하고 싶다. 개혁이 용두사미라는 말을 듣기 두려워서 과시주의적 개혁의 어리석음을 범해서는 안 된다. 들뜬 여론에 영합하다가는 정부관료제에 돌이킬 수 없는 상처를 입힐 수 있다. 우리는 안정되었을 때 변혁을 생각하고 변혁을 추진할 때 안정을 생각해야 한다. 정부기구개편에 관한 정책을 결정하는 사람들은 행정이 사회적 안정유지 세력임을 잊지 말아야 한다.

우리 시대의 요청이 지지하는 개혁의 덕목이라 하여 그에 과잉동조하거나 맹종하면 안 된다. 이번 기구개편작업에서 이른바 '일원화'라는 원리가 남용되고 있다. 유사하거나 연관된 기능들을 하나의 기관이 통합수행하게 한다는 일원화의 처방이 지나치다는 뜻이다. 그것은 기능분립주의를 조장하고 행정업무의 원활한 흐름을 방해한다. 잘못된 일원화의 처방들을 반드시 바로잡아야 한다.

마찬가지로 지나친 지방화의 오류도 경계해야 한다. 개혁보다는 혼란으로 이어질 시장화의 과잉추구 그리고 책임운영기관들의 '준비 안 된' 남설도 억제해야 한다. 고통분담이라 하여 공직자들의 무리한 희생을 강요해서도 안 된다.

무책임한 중립성·독립성 처방도 경계해야 한다. 검찰·경찰·감사원·인사기관 등등의 중립성과 독립성을 요구하는 목소리는 크다. 그러나 무엇으로부터 또는 누구로부터의 중립이며 책임성은 어떻게 확보할 수 있는가에 대해서는 깊은 반성이 없다. 대통령의 정당한 인사권 행사를 방해하고 그의 관리능력을 마비시킬 주장들은 물리쳐야 한다.

인사·예산 등에 관한 대통령의 관리참모조직은 원칙적으로 대통령의 관리작용을 보좌하는 조직이다. 이러한 조직의 본질을 저버린 개혁안은 재검토해야 한다. 특히 대통령에 대한 견제만을 생각한 중앙인사기관의 설계는 다시 짜야 한다. 그러나 미세한 인사통제의 도구로 중앙인사기관을 설계해서도 안 된다.

기관팽창주의를 경계해야 한다. '공룡조직'이 다시 등장하여 문제를 야기하는 일이 없도록 해야 한다. 중앙인사기관은 인사기능만을, 중앙예산기관은 예산기능만을 담당하는 절제를 보여야 한다. 개발연대의 향수에 젖어 거대하고 다기능적인 경제행정조직의 복원을 기도하는 것은 시대착오적인 처사이다.

위원회형 조직의 남설을 막아야 한다. 구성방법과 성공조건을 깊이 생각하지 못한 위원회의 설치는 업무차질과 낭비를 초래한다.

부처의 폐지나 통합은 불가피하고 비용보다 이익이 월등히 크다는 논증이 없는 한 피하는 것이 좋다. 적어도 이번에는 그렇다.

앞으로 남은 짧은 기간에도 개혁추진자들과 정책결정중추는 귀를 크게 열고 있어야 한다. 강력한 추진력이라는 것과 아집이나 독선 사이의 구별은 쉽지 않다는 점을 유념하기 바란다.

경영진단조정위원회의 최종권고안이 제출된 뒤 관련 정부기관들은 부산하게 움직였으며 다방면에 걸친 정치적·행정적 의견조율을 거쳐 정부조직개혁에 관한 정부안을 확정하였다. 경영진단조정위원회의 건의안이 나온 때로부터 12일만의 일이었다. 사전준비를 감안하더라도 대단한 속도라 하지 않을 수 없다.[9] 정부안 결정 후에도 경영진단 추진상황 국무회의 보고, 경제장관 간담회 보고, 국무위원 간담회, 국민회의·자민련과의 당정간담회 등의 절차를 거쳤다.

---

9) 행정자치부·기획예산위원회·국무조정실, 정부운영 및 기능조정 방안(1999. 3.23)

정부안은 운영시스템 혁신을 위해 개방형 임용제도 도입, 인사·조직·예산 등에 관한 부처의 자율성 제고, 성과관리제도 도입, 부패방지장치 강화, 정보기술 활용 제고, 고객헌장제도 확대, 복식부기제도 도입, 그리고 권리구제절차 개선 등을 제안하였다. 이것은 경영진단조정위원회의 권고와 대동소이하다. 다만, 개방형 임용을 공석충원방식으로 하고 2000년 말까지 실·국장급 30%를 개방한다고 한 것은 경영진단조정위원회의 제안을 현저히 완화한 것이다. 국회에서는 다시 대상범위를 실·국장급 20%로 축소하였다.

주요정책기능 조정에 따른 기구개편으로는 국정홍보처 설치, 중앙인사위원회 설치, 기획예산처 설치, 경제정책 조정기구의 보강 등을 건의하였다.

국정홍보처는 국내외 홍보를 일원화하여 수행할 차관급의 조직이다. 차관급의 국정홍보처를 만드는 것은 경영진단조정위원회의 복수대안에 포함되어 있지 않았던 것이다. 고급공무원(1~3급)의 채용·승진에 관한 기준설정과 기준적합성 심의를 위한 중앙인사위원회의 설치는 경영진단조정위원회의 복수안에 포함되었던 것이다. 그러나 이 대안의 선택은 인사행정의 차질과 혼란을 야기하는 단초가 될 것이라 생각되었다. 기획예산처 설치안도 마찬가지이다. 경제정책조정기능을 보강하기 위해 대통령이 주재하는 국민경제자문회의와 재정경제부장관이 주재하는 경제정책조정회의를 신설하도록 제안하였다. 이 밖에 부처 통폐합과 같은 급진적 제안들은 정부안에서 제외되었다. 각 부·처·청의 현행 골격을 대체로 유지하는 선에서 기능조정을 건의하였다.

중앙기능의 지방이양에 관해서는 교육자치제 내실화, 지방경찰제 실시와 더불어 7개 부처의 23개 기능을 지방에 이양하도록 권고하였다. 18개 기관 38개 기능을 외부위탁 또는 민영화의 대상으로 선정하였다. 17개 부처의 25개 기관을 책임운영기관화 검토대상으로 선정하였다. 행정의 효율성을 높이고 일회방문처리제(one-stop service)의 기반구축을 위해 유사 · 중복기능 및 분산기능을 정비하는 부처간 기능 조정을 건의하였다. 조정대상기능은 8개 부처의 14개 기능이다.

정부안을 입법과정에서 대체로 수용하였다. 기구개편에 필요한 입법조치로 「정부조직법」과 「국가공무원법」을 개정하고 관련 직제를 제정 · 개정 완료한 것은 1999년 5월의 일이다.

Ⅶ. 시사와 교훈

경영진단조정 작업은 정부 개혁사업 추진과정의 작은 일부에 불과하고 어찌 보면 피상적인 활동이었다고 평가할 수도 있을 것이다. 그러나 거기에 가담하여 참여관찰의 기회를 가진 것은 그런대로 이야깃거리를 만들어 준 경험이었다. 경영진단조정위원회의 활동과정과 상황적 조건 가운데 좋은 일들도 있었지만 여기서는 앞으로 고쳐져야 할 일들에 관해서만 몇 가지 소회를 적어두려 한다.

첫째, 개혁추진자들의 업무과중 그리고 과부하가 걱정스러웠다. 감당하기 어려울 만큼 일을 많이 벌여 놓은 것, 업무추진방법이나 추진능력에 흠절이 있는 것, 너무 촉박한 시간계획을 설정하고 빈번히 이를 더 단축하는 것 등 여러 가지 원인이 복합되어 과부하를 야기하는 것 같다. 업무의 과부하는 과오와 비효율을 결과할 수 있다. 행정국가에서 걱정되는 문제들 가운데 하나가 행정의 과부하이다. 이를 시정하여야 할 개혁중추까지 과부하에 시달리면 상황을 더 악화시킬 수 있다. 개혁추진기구의 종사자들이 거의 매일 자정이 넘게 근무하고 공휴일에도 출근해야 하는 상황은 바람직한 것이 아니다. 그들에게도 조용하게 사색할 수 있는 시간을 주어야 한다.

둘째, 개혁추진의 비밀주의가 여전히 문제였다. 필자는 처음부터 개혁추진의 공개주의를 강조하였다. 자주 개방적 논의를 촉구하였다. 그 영향이었는지 이해관계자들의 참여와 토론의 기회가 조금은 늘어난 것으로 생각할 수 있었다. 그러나 비밀주의적 행정관행의 근본이 달라진 것은 아니었다. 경영진단팀들의 중간보고내용을 국가기밀로 분류하고 경영진단조정위원들에게 비밀유지서약서를 쓰게 했다. 대부분의 회의자료는 회수하여 보관했기 때문에 밖으로 가지고 나와 면밀히 검토할 수 없었다. 경영진단조정위원회의 권고시안은 공청회 바로 전날에야 언론에 공개하였다. 이런 일들이 모두 지나치다고 생각되었다. 처음부터 끝까지 개혁사업추진과정을 공개리에 진행해도 무리가 없도록 행정문화를 바꾸어 가야 할 것이다.

셋째, 저항과 로비에 대응하는 방법이 미숙하다는 생각을 했다. 로비활동에 대해서 회피적인 자세로 일관한다든지 로비를 밀실화하는 것은 옳지 않다. 보다 자유롭고 공개적으로 로비에 대응하여야 할 것이다. 로비의 긍정적인 가치를 발굴해 나가야 한다. 그리고 개혁추진자들은 저항의 현장에 보다 근접해 있어야 한다. 개혁추진자와 저항자는 서로 직면하여 토론하고 설득해야 한다.

넷째, 개혁정책추진과정의 각 단계별 역할에 대한 인식이 왜곡되어 있다는 생각을 했다. 경영진단팀이나 경영진단조정위원회의 제안을 후속과정에서 수정하면 개혁의 후퇴나 변질이라고 매도하는 것은 지나친 처사이다. 개혁정책의 긴 추진과정에서 개혁의 바람직한 목표가 뒤틀리고 이해집단의 갈등 때문에 바람직한 개혁안의 실현이 좌절되는 역기능적 현상도 있는 것은 부인할 수 없다. 그러나 그러한 부정적 현상을 정책활동의 전부인 것처럼 과장하는 것은 옳지 않다.

연구팀의 건의는 그들의 시각을 반영하는 하나의 시안임에 불과하다. 연구팀이 국정을 독단한다면 그것은 위험한 일이다. 국무회의와 대통령은 각기 그들의 시각에 따라 개혁시안을 수정·보완해야 한다. 정당과 국회도 마찬가지이다. 이들 권력중추들의 개입을 바람직한 것으로 개선하는 데 우리는 주력해야 한다[10]. 그러나 개혁안에 대한 그들의 어떠한 개입도 타락한 것으로만 보려는 시각은 분명히 교정되어야 한다.

다섯째, 관념적 혼란이 개혁추진의 중요한 장애요인이라는 사실을 다시 한 번 확인하였다. 개혁추진자들이 모호한 용어를 사용하는 것이나 개혁대상조직의 관계자들이 용어와 제도를 잘못 이해하는 것이나 모두 답답한 일이었다. 중앙인사행정기관을 인사위원회라 통칭하고 있는 것을 바로 잡는 데 많은 시간이 걸렸다. 책임운영기관화 검토대상조직들은 대부분 그 제도의 취지를 오해하는 것 같았다.

모호한 관념사용과 개혁추진의 비밀주의가 어우러져 빚어낸 유언비어와 뜬 소문이 공직사회의 불안감을 가중시켰다. 사실과 다른 보도, 고의적인 왜곡의 의심이 가는 보도는 괴로운 일이었다.

관념적 명료화와 개방적 개혁추진을 위해 지속적인 노력을 경주

---

10) 머리말에서 개혁에 관한 관료적 회귀 또는 관료적 환원이라는 표현을 쓴 바 있다. 그것은 관료적 이기주의 때문에 앞서 행한 개혁의 정착을 방해하고 낡은 제도와 구습으로 되돌리는 술책을 지칭한다. 그러한 의미의 관료적 환원은 막아야 할 권력중추들의 행태이다.

해야 할 것이다.

여섯째, 개혁추진자나 개혁을 지켜보는 청중의 가치편도가 걱정스럽기도 했다. 필자는 개혁을 균형과 조화의 예술이라고 자주 말했었다. 바람직한 것이더라도 그 추구가 지나치면 해로운 것이 된다.

개혁을 바라보는 언론이나 국민은 공직의 축소와 고통분담을 강력하게 기대하는 것 같았다. 이것이 시대적 요청임은 분명하다. 그러나 공직에 중대한 타격을 입히는 조치에만 관심을 갖고 그러한 타격적 조치가 없으면 개혁사업 전체가 무효화된 것처럼 규정하는 태도에는 찬성할 수 없다. 공직에 고통을 주더라도 정부가 '우리의 정부'라고 생각하는 사고의 틀 안에서 실행해야 한다. 정부와 국민 사이의 신뢰관계가 하루 빨리 발전해야 우리 모두의 균형 있는 개혁관도 발전할 수 있을 것이다.

5 '참여정부'의 신행정수도건설 프로젝트

- 신행정수도건설 추진위원회의 활동 -

김 안 제*

I. 머 리 말

상아탑에 있는 대학교수가 국가행정의 현장에 참여하여 실천을 전제로 한 정책업무를 담당하는 것은 국가나 개인의 입장에서 그 의의가 매우 크다고 할 수 있다. 국가와 국민을 위한 헌신과 봉사라는 대의명분이 뚜렷하고 대학에서 연마하고 주장한 이념과 이론을 현실세계에 접목시킨다는 학자적 보람이 큰 반면에 어용교수라는 곱지 않은 칭호와 함께 권력과 명예를 탐하는 속물로 치부되는 눈총과 비판을 받게도 되는 것이다. 여기에 참여하는 학자들의 인간적 갈등과 번민이 있게 된다. 더욱이 담당하는 정책이나 업무가 국민의 전폭적 지지를 받지 못하고 찬반양론의 대립선상에 놓여 있는 경우에는 그 괴로움이 가중되기 마련이다.

필자는 오랫동안 역대 정부의 여러 가지 분야에서 많은 일을 해왔으며 좋은 업적도 많이 남겼다. 평범한 어용교수가 아니라 '왕초 어용교수'라는 칭호를 받고도 남음이 있다고 할 수 있다. 그 가운데

* 서울대학교 환경대학원 명예교수.

가장 대표적인 것으로는 신행정수도건설 추진위원회의 위원장 보직을 꼽을 수 있다. 업무 자체가 힘들고 복잡하기도 하였고 반대와 갈등이 많아 조정하기도 힘들었지만 또한 그만큼 의욕과 보람도 컸던 것이다. 명암이 교차하고 희비가 중첩되는 험한 터널을 지나온 느낌이다. 여기 그때의 실상과 경험을 바탕으로 하여 신행정수도건설의 현장을 기술함으로써 역사의 한 장으로 남기고자 한다.

가능한 한 필자의 사적 감정이나 편향된 주관은 배제하고 사실적이고 객관적인 입장에서 기술코자 하며, 학문적 연구나 실제적 활용에 다 함께 도움이 될 수 있는 시사점과 교훈을 많이 제시토록 하겠다. 그리고 기술의 순서는 시구(詩句) 배열의 4절인 '기승전결(起承轉結)'의 원칙에 따르고자 한다.

Ⅱ. 행정수도 구상의 기원

대한민국의 수도는 서울이다. 그래서 서울은 대한민국의 정치·행정 뿐만 아니라 경제·사회·문화·교육 등의 모든 부분을 이끌어가는 중추적 역할을 수행하여 왔다. 이로 인하여 사람과 돈, 기관과 시설, 재화와 물자, 정보와 기술이 서울로 집중되기에 이르렀으면, 따라서 여타 지방은 부족과 빈곤의 처지로 바뀌어지게 되었던 것이다. 다만 인천과 경기를 포함한 수도권만은 서울의 영향을 받아 다른 지역과는 달리 급속한 성장과 발전을 거듭해 왔었다.

서울의 인구가 3,803천인에 이르러 전국 인구의 13%를 차지한 1966년에 정부는 공식적으로 '서울인구 억제'를 선언하였으며, 이때,

표 1 서울 및 수도권의 인구 집중 추이

(단위 : 천인)

연도 \ 구분		1966	1975	2003
전국(A)		29,193	34,708	48,387
수도권(B)		7,438	11,729	22,951
서울(C)		3,803	6,889	10,174
구성비 (%)	B/A	25.5	33.8	47.4
	C/A	13.0	19.8	21.0
비고		서울인구 억제 선언	임시행정수도안 입법	신행정수도안 입법

자료: 통계청, 한국통계연감, 각년도.

이호철(李浩哲) 작가의 『서울은 만원이다』라는 소설이 발간되었던 것이다. 그러나 이러한 억제선언에도 불구하고 서울과 수도권의 인구는 계속적으로 증가하여 약 10년 뒤인 1975년에는 서울 인구가 6,889천인, 수도권 인구가 11,729천인으로 늘어 전국 인구에서 점하는 비율이 각각 19.8%와 33.8%에 이르렀던 것이다. 인구 400만을 만원이라 했으니, 700만에 이른 당시는 초만원이었던 셈이다. 그리하여 1977년에 박정희 대통령은 처음으로 '임시행정수도계획안'을 발표하기에 이르렀다.

국토 불균형발전의 심화, 서울 및 수도권의 과밀폐해 누증, 국가안보의 위험증대 등의 시급한 과제를 해결하기 위한 극단적 처방으로 마련된 임시행정수도 건설구상은 청와대에 설치된 임시행정수도기획단에 의해 구체화되기 시작했다. 필자도 연구원 및 자문위원으로 참여한 본 기획단은 약 3년간에 걸쳐 후보지의 선정으로부터 투자재원의 마련에 이르기까지 상당히 깊이 있고 구체적인 계획을 수립하였으며, 「임시행정수도 백지계획」을 상당한 분량으로 발간하였던 것이다. 그러나 박정희 대통령의 갑작스러운 서거로 본 사업도 중단되는 비운을 맞게 되어 하나의 계획으로 끝나고 말았다.

이와 같이 국토균형화를 위한 획기적 정책이 좌절됨에 따라 서울 및 수도권과 여타 지방의 격차는 더욱 더 심화되어 왔으며, 드디어 2003년에는 서울 인구가 1,000만을 넘어섰고 수도권 인구는 1975년에 비해 두 배로 증가함으로써 전국 인구에서의 점유율이 각각 21%와 47.4%에 이르렀던 것이다. 전국 인구의 5분의 1이 서울에, 그리고 우리나라 인구의 절반이 수도권에 모여사는 기현상을 초래했다. 그리하여 지방분권화와 더불어 국토균형화를 요구하는 목소리가 전국에서, 그리고 각계 각층에서 높게 일어나고 있었으며, 정부로서도 이에 부응하는 여러 가지 정책과 방안을 강구하고 있었던 것이다.

이 무렵 제16대 대통령 선거에 출마한 후보자들 가운데 열린 우리당의 노무현 후보가 '신행정수도안'을 대선공약으로 발표했다. 2002년 9월 30일 대전 유세때다. 논거는 역시 수도권의 과밀해소와 국가의 균형발전에 있었으며, 이는 많은 국민의 공감을 얻었고 특히 충청권의 전폭적 지지를 가져왔던 것이다. 선거전략의 하나로 제시된 공약이었지만 이는 그만큼 국민적 여망과 시대적 욕구에 부응되기도 하였다고 볼 수 있다. 그리하여 2002년 12월 9일의 대통령선거에서 노무현 후보가 대통령으로 당선 되었던 것이다. 그 해 12월 30일에 출범한 대통력직 인수위원회는 이듬해 2월 5일에 신행정수도 건설 일정계획을 발표하였고, 2월 9일에 건설교통부는 충청권의 신행정수도 후보지 11곳을 토지거래허가구역으로 지정하였다. 이어 동년 2월 25일에 노무현 당선자가 제16대 대통령에 취임함으로써 '참여정부'가 출범하게 되었던 것이다.

Ⅲ. 행정수도 정책의 승계

1. 사전 준비

신행정수도건설을 위한 추진단계는 크게 네 단계로 설정되었으니, 첫째는 준비단계고 둘째는 계획단계며 세째는 건설단계고 네째는 이전단계이다. 준비단계는 2004년 3월까지이고 계획단계는 2007년 6월까지이며 건설단계는 2011년까지로 되어 있었다. 그리고 2012년부터 2025년까지 순차적인 이전과 도시형성이 이루어지도록 구상되었던 것이다.

표 2 신행정수도건설의 추진단계

단계	1. 준비단계	2. 계획단계	3. 건설단계	4. 이전단계
기간	2003.3-2004.3 (1년)	2004.4-2007.6 (3년 3월)	2007.7-2011 (4년 6월)	2012-2025 (14년)

먼저 준비단계에서 해야 할 주요 과제는 추진기구의 구성과 관계법령의 제정, 그리고 후보지 조사와 대국민 홍보였다. 대통령 취임후인 2003년 4월에 신행정수도건설 추진기획단과 지원단이 발족

되었고 5월에는 연구단과 더불어 자문위원회가 구성되었다. 이어 6월에는 대전지역사무소가 개설되고 입지조사단이 구성되었다. 필자는 6월 5일에 신행정수도건설 추진기획단의 자문위원회 위원장으로 위촉되어 본 사업에 본격적으로 참여하게 되었다. 1970년대 후반 임시행정수도 건설계획에 참여했던 경험을 살리고 행정수도건설의 필요성을 확신하면서 열성을 다해 업무에 임하였다. 자체 회의를 위시한 청와대, 국회, 정당, 사회단체에서의 각종 회의에 빠짐 없이 참여하였고, 각종 세미나와 공청회 및 토론회에도 수없이 참석하였다.

충청남북도의 전 지역을 대상으로 한 실사와 분석을 통해 입지후보지를 물색하는 한편 대국민 홍보와 여론청취에 많은 노력을 경주했다. 후보지 선정은 전문가와 실무자들로 구성된 조사단에 의해 순조롭게, 그리고 철저하게 진행되었다. 조사항목 설정, 평가기준 수립, 평가항목의 가중치 부여를 위한 전문가 및 국민의견 조사, 현지조사, 자료 분석 및 평가 등의 과정을 거치면서 적정한 후보지의 수를 축소해 나갔던 것이다. 그러나 신행정수도건설에 대한 국민의 공감대를 형성하는 일은 그렇게 쉽지 않았다. 언론홍보, 직접토론, 전국순회의 공청회 개최, 설명회 개최, 홍보책자 발간・보급 등을 통해 신행정수도건설의 필요성과 당위성 및 효과성을 주지시켰으나 국민 모두의 동감을 얻기는 어려웠다. 오히려 이를 반대하는 목소리가 높아졌고 반대자들로 구성된 운동단체까지 생기게 되었던 것이다. 이들이 주장하는 반대논리는 수도권의 황폐화, 국가경쟁력의 약화, 신행정수도건설의 국토균형화효과 미미 등이었으나 필자가 보기에는 반대논리의 순수성도 있지만 보다 큰 이유는 '참여정부' 자체에 대한 반대와 자기이익의 보호에 있었든 것 같다. 특히 의아스러웠던 것은 박정희 대통령 당시의 임시행정수도건설계획을 적극 지지하였거나 그 사업에 관여하여 중요한 역할을 했던 사람들이 이번에는 적극적인 반대 입장에서 앞장서 활약하고 있었던 것이다. 그때나 지금이나 행정수도건설의 배경과 필요성은 동일하며 오히려 그 요인의 심각성은 훨씬 더 심화되었는데도 말이다

신행정수도건설을 위한 법령은 2003년 6월에 시작되어 2004년 4월에 마무리 되었다.

신행정수도건설 특별조치법안은 2003년 6월 16일 건설교통부장관의 방침결정으로부터 출발하여 관계기관협의와 당정협의 등을 거쳐 7월 21일부터 입법예고에 들어갔다. 이어 전국단위의 공청회를 개최하면서 규제개혁위원회 심의를 거쳐 10월달에 차관회의와 국무회의를 의결을 받아 국회에 제출되었던 것이다. 국회에서는 여야간의 찬반논의가 두달 동안 지속되다가 결국 건설교통위원회와 법사위원회의 의결을 거쳐 12월 29일의 본회의에서 다수 찬성으로 가결되기에 이르렀다. 이듬해 정부로 이송된 본 법률은 1월 16일 대통령에 의해 정식 공포되었던 것이다.

이어 본 법률의 시행령이 마련되어 소정의 절차를 모두 거쳐 4월 10일에 공포되었으며, 4월 17일부터 본 법률과 시행령의 시행이 시작되었다. 이 무렵 국회가 대통령 탄핵안을 의결함으로써 3월 12일부터 고 건(高建) 국무총리에 의한 대통령 권한대행 체제로 들어갔으며, 이는 헌법재판소에 의한 탄핵안 기각판결이 난 5월 14일까지 약 두 달 동안 지속되었던 것이다. 1년간에 걸친 준비단계는 많은 어려움과 숱한 장애가 있었지만 큰 차질없이 계획대로 잘 마무리되었다고 할 수 있었다.

2. 계획 수립

관계 법령의 시행과 함께 본격적인 계획단계에 들어섰다. 먼저 법률의 규정에 따라 2004년 5월 21일에 청와대 직속으로 신행정수도건설추진위원회를 설치하였고 이를 보좌할 실무기구로 신행정수도건설추진단을 구성하였으며, 필자는 초대 위원장으로 취임하였다. 추진위원회의 위원장은 당연직의 국무총리와 위촉직의 민간대표가 공동으로 담당케 하였으며 필자의 재임중에는 처음에 고 건(高建) 국무총리와, 뒤에 이해찬(李海瓚) 국무총리와 공동위원장직을 맡았다. 그리고 위원은 모두 28명이었는데, 당연직은 재정경제부 · 교육인적자원부 · 국방부 · 행정자치부 · 문화관광부 · 농림부 · 산업자원부 · 환경부 · 건설교통부 · 기획예산처 장관과 국회 사무총장 및 법원 행정처장 등 12명이고, 위촉직은 16명이었다. 위원회의 간사 겸 추진단의 단장은 김영주(金榮柱) 대통령 정책기획수석비서관이었다. 추진단의

그림 1 신행정수도건설추진위원회의 조직도

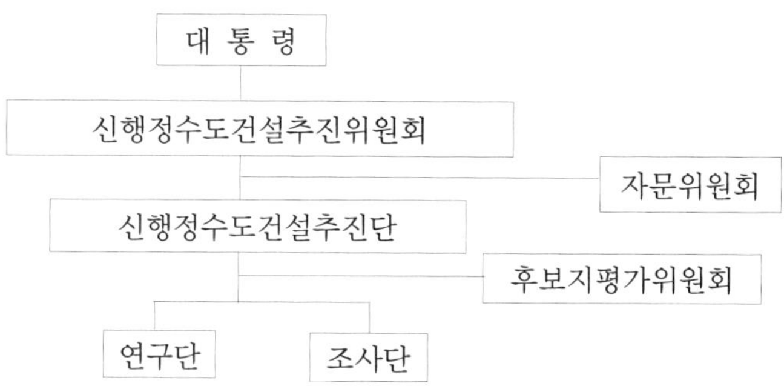

자료: 신행정수도건설추진위원회, 신행정수도건설백서, 2004.

부단장은 이춘희(李春熙) 건설교통부 1급 공무원이었고 단원은 4명의 국장을 위시한 50명이었다. 그리고 90명으로 구성된 자문위원회 위원장으로는 강용식(姜溶植) 전 한밭대학 총장이 위촉되었다.

이와 같은 방대한 조직과 많은 인력을 가지고 행정수도 기본계획을 위시한 국가기관 이전계획, 투자 및 자금 도달계획, 국제공모계획 등을 수립하여 국회·정당·중앙부처·지방자치단체 등과 협의·논의를 하는 한편 사회단체·언론 및 국민에 대한 설명과 홍보 및 여론수렴에 열중하였다. 사업 전체를 책임지고 있던 필자로서는 하루도 쉬는 날이 없이 회의와 설명과 보고에 열중하고 있었다.

야당과 일부 언론 및 수도권의 지방자치단체, 그리고 일부 사회단체들의 저항과 반대는 더욱 비등하고 있었으며, 반대시위를 위한 노골적 집회와 운동이 공공연하게 자행되었던 것이다. 필자는 이와 같은 반대 분위기를 잠재우기 위해 그들이 요구하는 국민투표안을 받아들이는게 좋겠다는 생각을 하여 청와대와 정부에 이를 요구하였던 것이다. 당시는 참여정부에 대한 국민의 지지도가 높았고 국회의원선거에서 여당이 압승을 거둔 분위기여서 국민투표를 실시하더라도 가결될 것으로 낙관했던 것이다. 그러나 당국에서는 신행정수도건설을 공약으로 내 세운 노무현 후보를 대통령으로 선출하였고 국회에서 이의 특별조치법을 의결하였기 때문에 이미 국민의 동의를 얻은 것과 같다는 의견이었다. 논리적으로는 그렇다 하더라도 향후의 사업을 원활히 추진하고, 또 정권이 바뀌더라도 정책의 변화가 없도록 하기 위해서는 지금 바로 국민투표를 통해 그 근거를 확고히 해 두는게 상책이라고 주장했으나 실현되지 못하였다. 오히려 이러한 주장이 언론에 보도되고, 여기에 '천도론'과 '국가안보론'까지 물의를 일으켜 무척 괴롭고도 착잡한 상황에 처해졌던 것이다. 그래서 立地가 확정되면 위원장직을 떠나야겠다는 생각을 갖게 되었었다.

조사 · 분석과 비교 · 평가를 통하여 4개 후보지를 확정 · 발표한 것은 2004년 6월 15일의 추진위원회 제3차 회의에서였다. 충청북도의 음성군(陰城郡)과 진천군(鎭川郡), 충청남도의 공주시(公州市) · 연기군(燕岐郡)과 논산시(論山市)가 그것이었다. 곧 이어 후보지평가위원회를 구성하여 평가작업에 들어가도록 하였다. 국회와 정부 및 사회단체의 주요인사들을 후보지에 초청하여 시찰케하고 의견을 청취했으며, 전국 13개 도시에서 공청회를 개최하여 국민여론을 수렴하였다. 아울러 중앙정부 전 부처와 소속기관에 대한 설명회를 열어 행정수도 진척과 후보지에 대한 보고를 하기도 하였다.

2004년 8월 11일에 개최된 제6차 추진위원회 회의에서 최종입지를 확정하고, 이해찬 국무총리가 필자를 위시한 관계관들의 배석 하에 대국민 발표의 기자회견을 가졌던 것이다. 최종입지로 확정된 지역은 충청남도 연기군의 남면(南面) · 금남면(錦南面) · 동면(東面) 일원과 공주시의 장기면(長岐面) 일원으로 되어 있으며 해당면적은 총 71.28㎢, 곧 2,160만평에 이르고 있다. 박정희 대통령 당시 임시행정수도의 후보지로 선정되었던 지역보다는 약간 동쪽으로 옮겨진 지역이다. 해당지역에 거주하고 있는 2003년말 현재의 인구는 11,110명으로 되어 있었으며, 여기에 처음 5만명, 최종 50만명의 인구가 거주하게 될 행정수도가 건립되는 것이었다.

필자는 일찍이 결심한 바를 실천하기 위해 주변의 만류를 물리치고 최종입지발표가 있은 지 이틀 뒤인 2004년 8월 13일에 대통령에게 위원장 사직서를 제출하였다. 그러나 후임자가 결정될 때까지 그대로 근무해 달라는 부탁을 받고 한 달 더 위원장직을 그대로 수행하였다. 그리하여 2004년 9월 13일자로 위원장직에서 물러나고, 제2대

표 3 신행정수도 입지지역의 면적 및 인구(2003년말 현재)

구분	지역	항목	면적(㎢)	가구(호)	인구(인)	인구밀도(인/㎢)
국가	대한민국		99,817.59	16,987,703	48,386,998	484.8
시도	충청남도		8,586.44	691,966	1,912,803	222.8
시군	연기군		361.53	30,236	82,733	228.8
	공주시		940.64	46,378	130,957	139.2
	합계 (2)		1,302.17	76,614	213,690	164.1
읍면	연기군	남면	53.58	2,933	8,214	153.3
		금남면	73.63	3,946	10,596	143.9
		동면	29.47	2,198	5,082	172.4
		계(3)	156.68	9,077	23,892	152.5
	공주시	장기면	57.61	2,130	5,959	103.4
		계(1)	57.61	2,130	5,959	103.4
	합계	4	214.29	11,207	29,851	139.3
입지지역	연기군	남면	35.00	1,890	5,560	158.9
		금남면	17.15	930	2,510	146.4
		동면	13.68	1,920	2,480	181.3
		계(3)	65.83	4,740	10,550	160.3
	공주시	장기면	5.45	190	560	102.8
		계(1)	5.45	190	560	102.8
	합계	4	71.28	4,930	11,110	155.9
입지지역의 점유율 (%)	국가	한국 중	0.07	0.03	0.02	-
	시도	충남도 중	0.83	0.71	0.58	-
	시군	연기군 중	18.21	15.68	12.75	-
		공주시 중	0.58	0.41	0.43	-
		합계(2)	5.47	6.43	5.20	-
	읍면 연기군	남면 중	65.32	64.44	67.69	-
		금남면 중	23.29	23.57	23.69	-
		동면중	46.42	87.35	48.80	-
		계 (3)	42.02	52.22	44.16	-
	읍면 공주시	장기면 중	9.46	8.92	9.40	-
		계(1)	9.46	8.92	9.40	-
	읍면 합계	4	33.26	43.99	37.22	-

자료: 신행정수도건설추진위원회, 신행정수도건설백서, 2004.

위원장으로 최병선(崔秉瑄) 경원대학 교수가 취임하게 되었던 것이다.

3. 위헌 결정

신행정수도건설에 반대해 온 사람들이 하나의 국민연대를 형성하여 행정수도건설 특별조치법에 대한 위헌제소를 헌법재판소에 제출한 것은 2004년 7월 12일이었다. 이로부터 약 3개월 동안 양측은 여론형성, 논리개발, 서명운동, 자료제출, 의견제시 등으로 바쁜 일정을 보냈으며, 상호간에 팽팽한 긴장감이 고조되고 있었다. 추진위원장 전후의 기간에 있었던 사건이어서 필자의 입장과 심경은 매우 착잡하였다.

드디어 그 해 10월 21일에 헌법재판소는 ‘신행정수도건설을 위한 특별조치법’이 서울이 수도라는 관습헌법을 준수하여 제정되지 않았다는 이유로 헌법을 위반했다는 판결을 내렸다. 관습헌법에 대한 지식이 박약했던 필자로서는 도저히 이해도 되지 않았으며 정부와 정계 및 사회계층에서도 이의를 제기하는 목소리가 높았다. 그러나 이미 내려진 판결은 변경되기 어려워 그대로 수용할 수 밖에 없었던 것이다.

이날부터 본 특별조치법은 효력을 상실하였고, 신행정수도건설 추진위원회는 해산되었으며, 그동안의 모든 의결과 행위는 무효화되고 말았다. 그리하여 1970년대의 임시행정수도안에 이어 두 번째로 행정수도정책이 중단되는 역사적 비운을 맏게 되었던 것이다. 필자가 추진위원장직을 사임하고 한 달 뒤에 일어난 사건이기 때문에 주변사람들로부터 “적시에 잘 물러났다” “위헌이 될줄 미리 알고 사임했느냐?”하는 이야기를 많이 들었다. 만일 위헌판결이 날 걸로 미리 알고 있었더라면 결코 사표를 제출하지 않고 끝까지 책임을 지고 무너지는 성과 함께 순사(殉死)했을 것이다. 며칠 후 청와대에서 개최된 오찬장에서 노무현 대통령께 향후 대책에 대한 소견을 말씀드렸으며 '서울신문'과의 대담내용이 1면 톱으로 보도되기도 하였다.

Ⅳ. 행정중심복합도시로의 전환

1. 정책 변경

헌법재판소에 의한 위헌결정 이후 정부에서는 국민투표를 거쳐 새롭게 시작하는 방안, 완전히 포기하는 방안, 그리고 축소된 행정중심도시만을 건설하는 방안 등을 깊이 있게 검토한 결과 행정중심도시 건설안으로 결론지었다. 청와대를 위시한 국회와 법원, 그리고 국가안보와 관련된 중추기능을 담당하는 몇 개 부처는 서울에 두어 서울의 수도지위는 그대로 유지케 하고 국무총리실을 위시한 나머지 행정부처만을 옮기되 여기에 도시형성에 필요한 기능을 추가시키는 방안이었다. 즉, 행정중심복합도시를 건설하는 안이었다. 이는 국가균형발전이라는 당초의 정책이념을 구현하고 아울러 충청권 주민의 기대에 어느 정도 부응하려는 불가피하고도 가장 현명한 대안이었다고 할 수 있다.

많은 논의와 절차를 거쳐 2005년 3월 18일에 「신행정수도 후속대책을 위한 연기·공주지역 행정중심복합도시건설을 위한 특별법」이라는 매우 긴 이름의 법률이 제정·공포되었다. 헌법재판소의 위헌판결이 나고 5개월만의 일이었다. 이어 동년 5월 18일에 본 특별법의 시행령이 공포되었으며, 이들 법령은 5월 19일부터 시행되기 시작했다. 그러나 신행정수도건설에 반대하여 헌법재판소에 승소한 바 있는 반대단체에서는 또 다시 '분도'(分都)의 논리를 내세워 헌법재판소에 위헌제소를 하였으나 이번에는 기각되고 말았었다. 그리하여 안정된 기조 위에서 새로운 사업을 순조로히 추진하게 되었던 것이다. 천만다행한 일이었다고 할 수 있다.

제일 먼저 구성된 조직은 청와대 직속으로 2005년 4월 7일에 출범한 행정중심복합도시 건설추진위원회였다. 본위원회는 국무총리와 서의택(徐義澤) 교수를 공동위원장으로 한 총 30명의 위원으로 구성되었고, 그 아래에 건설추진단을 두었으며 강용식(姜溶植) 위원장을 비롯한 100명의 자문위원회를 별도로 설치하였다. 이어 건설교통부 외청으로 행정중심복합도시건설청이 2006년 1월 1일을 기해 충청남도 연기군 금남면 대평리에서 개청하기에 이르렀다. 초대 청장으로 이춘희(李春熙) 청장, 이어 제2대 청장으로 남인희(南仁熙) 청장이 부임했던 것이다. 이 때부터 보다 본격적인 사업추진이 이루어지기 시작했다. 본 건설청은 정책홍보관리본부 · 도시계획본부 · 기반시설본부 · 주민지원본부 등 4개 본부를 중심으로 1단(團) 17팀 1사무소로 구성되어 있으며, 여기에 소속된 공무원수는 약 150명에 달하고 있다.

필자는 2005년 5월 26일부터 행정중심복합도시건설 자문위원회의 도시설계분과위원으로 참여하여 각종 회의를 통해 간접적으로나마 본 사업의 추진에 기여하여 왔다.

이와 같은 법제와 조직을 갖추고 당초보다 공주시 반포면(反浦面) 일부지역이 추가된 72.91㎢의 부지에 2030년을 목표로 한 행정중심복합도시라는 새로운 도시건설을 힘차게 추진하게 되었던 것이다.

그림 2 행정중심복합도시건설 추진기구

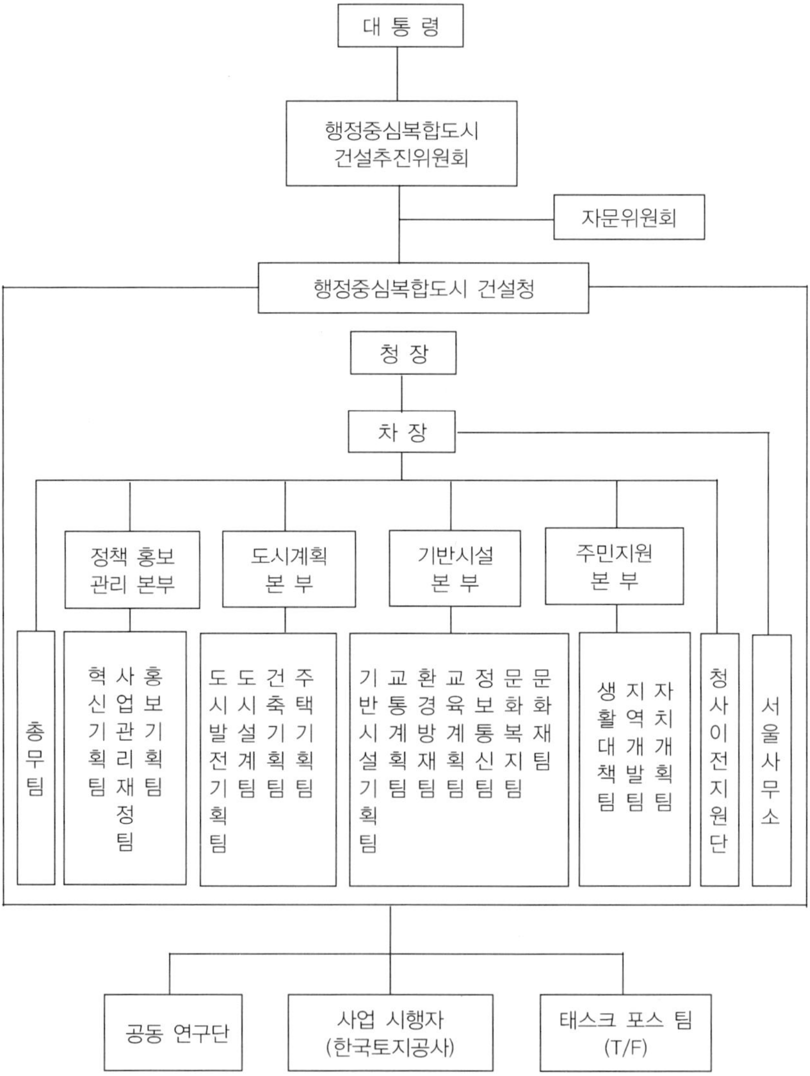

자료: 행정중심복합도시건설청, 행정중심복합도시건설백서, 2007.

2. 사업 추진

건설청이 중심이 되어 사업시행자인 한국토지공사와 함께 추진한 행정중심복합도시건설에서 가장 먼저 부딪친 과제는 토지보상이었다고 할 수 있다. 주택·농지·묘지·공장 등의 토지를 구입함에 따른 승락과 가격합의는 다른 개발사업지구와 마찬가지로 많은 어려움에 봉착 했으며, 소송에 의한 법적 대응도 수차례 겪었다. 30여회에 걸친 보상추진협의회가 개최되었고 인내와 설득을 통해 점차 협의와 타결을 넓혀 갔던 것이다. 아울러 이주민의 생활대책과 영세민대책을 꾸준히 추진해 옴으로써 주민들의 공감대가 제대로 형성되기에 이르렀던 것이다. 이와 병행하여 난개발 및 부동산투기 방지대책을 수립하여 처음부터 문제제거에 철저를 기했다.

건설기본계획을 필두로 하여 개발계획, 광역도시계획, 주변지역관리계획, 이주계획 등 필요한 제반계획을 전문가집단과 함께 수립하여 각계의 의견과 국민의 여론을 들어 보완에 보완을 거듭해 왔다. 첫마을사업 추진과 중심행정타운 조성 및 살고 싶은 도시 만들기 사업을 위해서는 국내외 공모를 통해 탁월한 아이디어를 얻고자 했으며, 잘된 작품은 서울을 위시한 대도시와 현지 홍보관에 전시하기도 하였다. 특히 살고 싶은 도시 만들기를 위한 지향 슬로건으로는 아름다운 도시, 친환경 도시, 인간중심 교통도시, 문화도시, 첨단정보도시, 선진교육도시, 신기술 선진도시로 설정하고 이의 구현을 위한 방안 마련에 많은 노력을 경주해 왔다. 이 과정에서 필자는 행정중심복합도시건설추진위원회가 실시한 '내가 살고 싶은 행복한 도시의 모습' 에세이 공모에서 심사위원장으로 참여하여 우수작품을 선발 · 시상하기도 하였다.

행정중심복합도시의 건설과 관련하여 사전에 마련해 두어야 할 일은 이 도시의 명칭을 제정하고 그의 법적 지위를 결정하는 것이다. 이들은 모두 별도의 법률로 정하도록 되어 있는 매우 중요한 과제이다. 명칭은 건설청이 담담하고 법적 지위는 행정자치부가 담당하기로 한 정부방침에 따라 건설청은 명칭 제정작업에 착수하였다. 2006년 5월10일에 '행정중심복합도시 도시명칭제정심의위원회'를 발족시켰으며, 위원은 지명전문가, 역사학자, 도시계획학자, 문학작가, 지리학자, 지역향토학자, 경제학자, 관계공무원 등 23명으로 구성하였고 위원장으로는 필자가 호선에 의해 선임되었다. 그리고 10명의 소위원회를 구성하고 소위원회 위원장으로는 권용우(權容佑) 추진위원을 추대하였다.

국민적 합의와 우수명칭의 발굴을 위하여 국민공모 방식을 취하기로 했으며, 평가항목과 배점은 지리적 특성 30점, 역사성 30점, 상징성 10점, 대중성 10점, 국제성 10점, 도시특성 10점으로 하기로 결정하였다. 그리하여 2006년 7월 27일부터 9월 30일까지 65일 동안 국민공모를 실시하였는 바, 그 결과는 1,727명의 응모자와 2,163개의 명칭으로 집계되었다. 소위원회의 평가 · 심의를 거쳐 선정된 20개의 명칭은 가나다순으로 가온, 금강, 금남, 대동, 대원, 대평, 삼기, 새벌, 새서울, 세종, 연주, 장남, 중경, 중도, 중원, 평화, 한누리, 한마루, 한벌, 한울로 되어 있었다. 여기에 심의위원회에서 직권으로 심사하기로 한 행정중심복합도시, 행정중심도시, 행복도시, 행정도시의 4개와 연기군민 896명의 서명으로 건의된 '연기'라는 명칭까지 합쳐 모두 25개 후보를 대상으로 하여 심의위원회에서 10개를 선정키로 합의하였다.

심의위원회가 2006년 11월 1일의 본회의에서 선정한 10개의 명칭은 가온(佳穩, 佳蘊), 금강(錦江, 金剛), 대원(大圓, 大員, 大原), 세종(世宗), 새서울, 새별, 연기(燕岐), 연주(延州, 燕州), 한울, 행복(行複, 幸福) 등이었다. 이들 10개 명칭후보를 가지고 다시 국민선호도 조사를 실시하였는 바, 이는 전문조사기관에 의한 불특정 국민대상의 선호도 조사, 홈페이지를 이용한 미니투표, 자문위원회 위원 의견, 주변 지방자치단체 및 지방의회 의견 등을 취합하는 방식으로 행하였다. 그 결과 최종 집계된 상위 3개 명칭은 금강과 세종 및 한울로 나타났다.

이들 3개 명칭만을 가지고 또 다시 국민 2,000명을 대상으로 한 선호도 조사를 실시한 다음에 2006년 12월 18일자 심의위원회 본회의에서 3개 명칭 모두를 우선순위 없이 추진위원회 회의에 상정키로 결정하였다. 그리고 추진위원회는 12월 21일자 회의에서 '세종'(世宗)을 최종적으로 확정하게 되었던 것이다. 이듬해 1월16일에 당선자들에게 상장과 상금을 수여하는 행사를 거행하였다. 이렇게 하여 드디어 행정중심복합도시는 '세종시'라는 이름을 가지고 새로이 태어나게 된 것이다. '세종'이란 도시명은 조선의 명군이신 '세종대왕'의 뜻을 받드는 '世'上에서 으뜸가는 '宗' 主의 도시가 된다는 숭고한 의미를 갖고 있으며, 영문자 표기도 쓰기 쉽고 읽기 쉬운 'Sejong'이 되기 때문에 매우 잘 제정된 명칭이라고 할 수 있을 것이다.

Ⅴ. 정책구현의 결정(結晶)

필자가 신행정수도건설계획에 자문위원장과 추진위원장으로 참여하여 정부중앙청사 615호 위원장실에 근무한 기간은 1년 4개월이었다. 법적으로는 비상근직이었으나 상근직처럼 매일 출근하였다. 2002년 8월에 서울대학교를 정년 퇴직하여 명예교수로서 일주일에 하루만 강의를 나갔기 때문에 비교적 자유로운 입장에서 일할 수 있었다.

위원장 재임기간 동안에 필자가 주재한 회의가 56회였고, 여기서 심의·의결한 안건이 113건이었다. 그리고 대통령을 위시한 상급기관에 보고한 회수가 19회였고, 공청회·세미나·협의회에 참석하여 인사말을 한 것이 75회였으며, 국내외 현지조사를 가진 것이 8회였다. 정부에서 지급한 관용차와 운전기사를 이용하였고, 수당·판공비·여비 등의 총수입은 24,929천원으로서 월 평균으로는 1,558천원에 이르렀다.

행정중심복합도시로 전환된 다음에는 자문위원회 위원, 에세이공모 심사위원장, 명칭제정심의위원장 등의 역할을 담당하면서 여러 차례의 회의 참석과 회의 주재를 수행하여 왔으며, 소정의 회의수당을 받기도 하였다. 현재까지도 기회가 있을 때마다 좋은 도시를 만드는 데 필요한 사항을 자문하고 독려하는 위치에 있다.

'70년대의 임시행정수도와 참여정부 초기의 신행정수도 및 그 이후의 행정중심복합도시는 모두 약간의 정치적 의도가 내포되어 있지만 궁극적으로 지향하는 목표는 동일하다. 그 목표는 바로 수도권 과밀을 완화하고 국토 및 국가의 균형화를 촉진하여 국민 모두가

표 4 신행정수도건설 및 행정중심복합도시 건설의 주요 일지

일자	주요 발생 사항
2003. 4.14	신행정수도건설 추진기획단 및 지원단 발족
5.23	신행정수도건설 자문위원회 구성
6. 5	신행정수도건설 자문위원회 위원장 취임(위원장 김안제)
7.21	신행정수도건설 특별조치법안 입법예고
10.21	신행정수도건설 특별조치법안 국회제출
12.29	신행정수도건설 특별조치법 국회 본회의 의결
2004. 1.16	신행정수도건설 특별조치법 공포
4.10	신행정수도건설 특별조치법 시행령 공포
4.17	신행정수도건설 특별조치법 및 동시행령 시행
5.21	신행정수도건설 추진위원회 발족(위원장 국무총리 · 김안제)
6.21	신행정수도 입지후보지 평가위원회 발족(위원장 권용우)
7.12	신행정수도 반대단체의 특별조치법에 대한 위헌제소 제출
8.11	신행정수도 최종입지 확정 · 발표
9.21	추진위원회 제2대 민간위원장 취임(위원장 최병선)
10.21	특별조치법의 위헌 판결, 추진위원회 해산
2005. 3.18	행정중심복합도시건설 특별법 제정 · 공포
4. 7	행정중심복합도시건설 추진위원회 발족(위원장 서의택)
5.18	행정중심복합도시건설 특별법 시행령 제정 · 공포
5.19	행정중심복합도시건설 특별법 및 동시행령 시행
2006. 1. 1	행정중심복합도시 건설청 개청
5.10	행정중심복합도시 명칭제정심의위원회 발족(위원장 김안제)
12.18	명칭제정심의위원회 3개명칭 확정 · 상정
12.21	추진위원회 도시명칭 '세종시'로 최종 확정 · 발표
2007. 7.20	행정중심복합도시 기공식 거행

어디서나 고르게 잘 사는 여건을 조성하고 국가 전체로서의 대외경쟁력을 강화하는 것이다. 이러한 목표가 올바로 달성되지 못한다면 아무리 아름답고 살기좋은 도시가 만들어지더라도 그 정책은 실패라고 할 수 있다. 직접적 효과는 적더라도 간접적으로 균형화 효과를 증대시키는 견인차적 중추역활을 다 할 수있는 '세종시'가 되도록 이끌어 가야 할 것이다.

이와 같은 역사적 사명을 띤 행정중심복합도시가 드디어 건설의 첫 삽을 뜨는 기공식이 거행된 것은 2007년 7월 20일이었다. 충청남도 연기군 금남면 현지에서 개최된 기공식은 노무현 대통령을 위시한 관계관과 국민 대표 등 500여명이 참석한 가운데 전국 시·도 각지의 흙을 한 곳에 모아 통합된 기반을 굳게 다지면서 성대하고도 엄숙하게 거행되었다. 본 사업과 희노애락을 함께 한 필자로서는 깊은 감회와 기쁨을 가지고 장엄한 기공식을 끝까지 관람하면서 그의 성공적 탄생과 건강한 성장을 진심으로 기원드렸다.

Ⅵ. 맺 는 말

행정중심복합도시, 곧 '세종시'의 건설과 육성 및 관리를 위한 권한과 책무는 이제 '이명박 정부'로 넘어 왔다. 지방분권과 국토균형화의 이념과 필요성은 새 정부도 똑같이 추구하는 방향이기 때문에 정권교체에 관계없이 그대로 지속될 것으로 믿어 의심치 않는다. 다만 중앙정부의 기구조정과 전략 및 방법의 수정에 따라 다소의 가감과 보완은 있을 수 있으며, 또 불가피할 수도 있을 것으로 보인다. 그러나 본래의 취지와 지향하는 큰 틀은 그대로 유지되었으면 하는 바람이 크다.

이미 확정된 바 있는 '세종시'라는 도시명칭과 함께 세종시의 법적 지위와 그 구역을 조속히 법제화하여 이로 인한 잡음과 갈등의 소지를 제거하는데 관심을 두었으면 한다. 특히 법적 지위와 관할구역의 범위 문제는 중앙정부와 지방자치단체 사이에 큰 이견이 내재하고 있어 이의 조율과 협의가 크게 요청되고 있는 실정이다. 세종시의 건설과 이전이 새 정부의 임기 내에 이루어지기 때문에 세종시에 대하여 새 정부가 어떠한 철학과 자세를 가지고 임하는지 크게 기대되면서도 또 불안하기도 한 것이 필자의 솔직한 심경이다.

필자는 행정수도건설이란 국책사업에 두 번 참여했고 두 번 다 실패했다. 먼저는 간접적이고 방계적 위치에 있었고 뒤에는 직접적이고 중심적 지위에 있었다. 먼저는 추진의 주축인 대통령이 서거함으로써 실패하였고 뒤에는 헌법재판소의 위헌판결로 실패하였다. 그러나 두번의 실패를 딛고 행정중심복합도시의 성격을 띤 '세종시'라는 다소 축소·변형된 행정도시가 탄생하게 된 것은 그나마 큰 다행이라고 생각된다.

필자는 참여정부에 의해 착수된 신행정수도건설사업에 참여한 것을 후회하거나 부끄럽게 생각하지 않는다. 오히려 긍지와 보람을 느끼며 영광스럽고 자랑스럽게 생각한다. 필자의 이러한 소신이 제대로 증명되기 위해서도 '세종시'는 올바로 성숙하고 참다운 기능을 발휘해야 할 것이다. 세종시의 첫번째 시민으로 입주하여 알차게 성장하고 힘차게 기능하는 모습을 웃으며 지켜보리라.

6 '참여정부' 행정개혁의 성찰적 회고
- 정부혁신지방분권위원회의 행정개혁추진 -

박 광 국*

Ⅰ. 머 리 말

아침 이른 시간에 휴대폰 너머로 들려오는 카랑카랑한 노교수님의 목소리에 머리에 찬 물을 끼얹은 듯 정신이 번쩍 들었다. 80년대초 서울대학교 행정대학원을 다닐 때의 은사이신 오석홍 선생님이셨다. 대학원 졸업, 미국유학후 귀국했지만 바쁘다는 핑계로 찾아뵙기는커녕 전화 한 통 드리지 못하고 있는 나 자신이었다. 선생님은 「행정개혁실천론」이라는 저술을 구상하고 있었고 공동집필자의 기회를 필자에게 주셨다.

지금까지 우리나라의 행정개혁, 넓게 보면 정부개혁은 시작만 요란했지 그 결과에 대해서는 아무도 관심을 갖지 않음으로 인해 용두사미로 끝나는 경우가 비일비재하였다. 그러다보니 정권이 바뀌어도 명칭만 변할 뿐 정부개혁의 콘텐츠는 대동소이하여 공무원 사회나 국민들로부터 냉소주의만 팽배시키는 악순환을 되풀이해 왔다. 간헐적으로 나오는 연구논문도 제3자적 시각에서 문제를 정의하고

* 가톨릭대학교 행정학과 교수.

처방을 함으로써 그 책임을 타인에게 귀인시키는 경우가 많아 그 해결책의 적실성이 공허한 경우가 많았다. 하지만 이번 「행정개혁실천론」에서는 직접 정부개혁활동에 참여한 사람이 1인칭의 시각에서 보고 느낀 점을 기술함으로써 행정현상을 보다 리얼하게 묘사할 수 있을 뿐 아니라 자기성찰적 관점에서 조망한다는 점에서 큰 의의를 찾을 수 있다고 보았다. 이 저서를 위해 무슨 주제를 다룰까 고민하다가 이번 참여정부에서 가장 큰 화두였고 필자가 5년여 동안 지속적으로 관여해 온 정부혁신의 전반적 추진과정의 실상을 그려보아야 하겠다는 결심을 굳혔다. 이를 통해 아쉬웠거나 미흡했던 점을 반성해 봄으로써 정부개혁 이론과 실제가 괴리되지 않고 접목될 수 있는 계기를 만들어보고자 하는 것이 필자의 소박한 바람이었다.

Ⅱ. 정부혁신지방분권위원회에 참여하다

참여정부는 출범하자마자 역대 정부와는 다른 행정 패러다임을 표방하고 정교한 정부혁신 로드맵을 행정, 인사, 재정·세제, 전자정부, 지방분권분야에 걸쳐 작성하였다. 필자는 참여정부가 출범하기 전에 이미 노무현 대통령 후보 캠프의 행정분야 정책개발팀에 관여하고 있었기 때문에 노 대통령 당선후, 자연스럽게 대통령자문 정부혁신지방분권위원회(이하 정부혁신위라 지칭) 산하 행정개혁전문위원회에 참여할 수 있었다.[1)]

1) 필자는 노무현 대통령 당선후 대통령직 인수위원회 자문위원으로 참여하면서 특히 조직개편분야에 많은 관심을 가지고 틈틈이 조직개편관련 문헌을 수집하고 분석하였는데 이것은 이후 각종 정부위원회 활동을 수행하는데 많은 도움을

필자가 여기서 일한 경험담을 논하기 전에 정부혁신위의 탄생과정에 대해 간략히 살펴보기로 하자. 노무현 대통령은 역대 다른 대통령과는 달리 정부혁신이라는 대통령 국정과제(President's agenda)에 5년 동안 비상한 관심을 보였는데 이러한 대통령의 각별한 몰입으로 인해 2003년 4월에 정부혁신위 규정에 의해 대통령 직속으로 정부혁신위 및 앞에서 언급한 분야별 전문위원회가 신설되었다. 초대 위원장으로 김병준 대통령직 인수위원장이 취임하였고 본 위원 중에는 참여정부 탄생에 결정적 공헌을 한 윤성식 고려대 교수가 포함되었다.[2)]

필자는 정부혁신위 산하 행정개혁전문위원회 1기 전문위원으로 일하게 되었는데 위원장에는 정용덕 서울대 교수(제1기 정부혁신위 본위원을 겸함)가 위촉되었다. 정부혁신위는 2003년 4월부터 2008년 2월까지 총 3기로 나누어 활동하였는데 제1기 전문위원회가 가장 많은 활동을 한 것으로 기억된다.[3)] 정위원장은 특유의 유머와 회식을

주었다.

2) 참여정부 출범에 결정적 기여를 한 사람으로는 김병준 국민대 교수와 윤성식 고려대 교수를 들 수 있다. 김병준 교수는 2003년 지방혁신분권위원장을 시작으로, 대통령비서실 정책실장, 부총리겸 교육인적자원부장관, 정책기획위원회 위원장을 역임하였고 재임 중 참여정부의 혁신 성과를 소개한 「높이 나는 연」을 출판하였다. 윤성식 교수는 자타가 공인하는 참여정부 혁신이론가였으며 2003년 감사원장 후보 물망에 올랐으나 보수진영의 반대로 무산되었다는데 이는 참여정부의 혁신추진동력이 방향성을 잃는 가슴 아픈 일이었다. 하지만 2004년 정부혁신지방분권위원장에 취임하면서 디지털예산회계시스템 구축, 자치경찰제 도입, 외교통상부 혁신, 공직개방과 계약직 공무원 채용 등 혁신적 제도 도입을 주도한 관계로 고위공직자들의 공적1호로 주목되었고 급기야 2006년 6월 돌연 사표를 내고 참여정부호에서 하선하게 된다.

3) 제1기 행정개혁전문위원회는 규모면에서도 제2기, 제3기 전문위원회에 비해 두 배였으며 총 20명의 위원으로 구성되었는데 행정학박사가 13명이었고 비행정학박사(경영학, 경제학, 법학 등)가 6명, 그리고 행자부 국장 1인으로 구성되었다. 구체적으로 보면, 정용덕(서울대: 위원장), 김근세(성균관대), 김재구(명지대), 김종성(충남대), 김태영(경희대), 박광국(가톨릭대), 박재신(KDI), 선한승(한국노동연구원), 여정성(서울대), 오준근(경희대), 유홍림(단국대), 윤태범(방통대), 이병두(덜로

통한 인간관계를 중시해 비상근 전문위원들의 업무량이 엄청났음에도 불구하고 이를 차질없이 잘 수행해 나갔다.[4] 제1기 전문위원회가 수행한 가장 큰 과제는 행정개혁로드맵 작성과 정부조직재설계였는데 필자는 이 두 과제 수행에 팀장 혹은 팀원으로서 관여하였다.

첫 번째 과제인 혁신로드맵은 참여정부가 지향하고 있는 국정목표와 원리를 구체화하고 이의 효과적인 실천을 체계적으로 뒷받침

그림 1 로드맵 과제수립 체계도

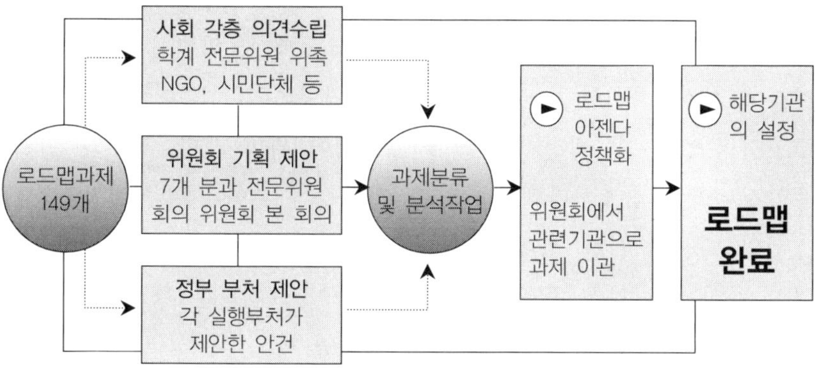

자료: 「2007 참여정부의 혁신과 분권」, p. 20-22.

이트), 이송호(경찰대), 이종열(인천대), 이창구(행자부), 정윤수(명지대), 조선일(순천대), 최창현(관동대), 하미승(건국대)이 위원으로 활동하였다. 정부혁신위 본위원회 활동상황을 보면, 제1기 김병준 위원장 때 50회, 제2기 윤성식 위원장 때 25회, 제3기 김병섭 위원장 때 8회 개최로 되어있다. 물론 제3기는 2006년 7월에 취임하였기 때문에 활동기간은 다른 위원장에 비해 상대적으로 짧은 편이었다. 하지만 빈도와 강도면에서 볼 때 제1기 정부혁신위 활동이 가장 왕성하다는 것을 알 수 있다.

4) 지금도 정위원장은 제1기 전문위원들과의 회식모임을 매년 2~3회 비정기적으로 갖고 있으며 위원들간의 유대관계는 굉장히 끈끈하다는 인상을 많이 받고 있다.

하기 위해 작성되었다. 이러한 로드맵과제의 수립체계도를 보면 〈그림 1〉과 같다.

위의 〈그림 1〉에서 볼 수 있듯이, 필자가 속한 행정개혁전문위원회는 행정개혁로드맵을 작성하기 위해 정용덕 위원장의 주재 하에 거의 매주 회의를 개최하였으며 윤태범 교수가 간사로서의 역할을 담당하였다. 행정개혁전문위원회의 주요 역할은 크게 3가지로 정리될 수 있는데 구체적으로 보면 첫째, 참여정부의 행정개혁 추진을 위한 주요 아젠다의 개발과 추진계획의 수립에 대한 것으로써 '행정개혁로드맵'으로서 완성되었는데 '국가평가인프라 구축' 아젠다를 포함해 총 30개의 핵심과제로 구성되었다. 둘째, 본위원회에서의 심의사항에 대한 사전연구 및 검토기능을 담당하였는데 대상과제는 정부조직의 정비 및 행정기관 간 기능조정에 관한 사항, 정부와 민간, 중앙정부와 지방자치단체 간 역할 재정립에 관한 사항, 행정운영시스템의 쇄신에 관한 사항, 불합리한 행정제도와 행정관행의 개선에 관한 사항 등이었다. 끝으로, 개별부처들이 요청하는 행정개혁 관련 이슈에 대한 연구 및 검토기능을 수행하였다.

첫 번째 역할인 행정개혁로드맵의 하위 세부과제들을 전문성을 가지고 다루기 위하여 43개 과제에 대한 과제별 TF가 〈표 1〉과 같이 구성되었고 필자는 '유연하고 탄력적인 조직문화 조성 및 권위주의 행정문화 청산,' '식품안전 관리기능 개편,' '하천방재 기능조정,' '위기관리시스템 제도화'와 관련된 TF에 참여하였는데 심도 있는 연구를 위해 1~2개월 정도의 용역과제로 수행하였다. 이러한 과제를 수행하면서 필자는 첫째, 중앙정부조직의 행정문화가 조직구조적 측면, 행태적 측면, 근무환경적 측면에서 매우 권위적이라는 것을 공무원을 대상으로 한 설문조사를 통해 확인할 수 있었다. 이러한 경

표 1 행정개혁 과제별 TF 현황(예시)

TF명(과제명)	과제담당위원
1. 국가평가인프라 구축	윤성식, 이윤식, 하미승
2. 공공감사에 관한 법률 제정	김근세, 윤태범
3. 업무절차재설계(BPR)를 통한 일하는 방식 개선	이병두
4. 유연하고 탄력적인 조직문화 조성 및 권위주의 행정문화 청산	이병두, 박광국
5. 정부조직재설계	전문위원 전원
6. 가족/청소년 기능 조정	조선일
7. 소비자정책/공정거래 기능 조정	서한승, 김재구
8. 과학기술부 개편	윤태범
9. 해외홍보 기능 일원화	정윤수, 이종렬
10. 공직자 재산등록 심사업무 소관 조정	윤태범, 오준근/박홍식, 권해수
11. 국립묘지 관할권 일원화	김종성, 여정성
12. 방위사업청 설립	윤태범, 오준근, 정윤수, 이종렬, 김태영, 김종성, 김재구, 유룡림, 이송호

자료: 「참여정부의 행정개혁」, pp. 25-26.

향은 권력기관(국세청, 대검찰청, 경찰청, 국가정보원)일수록 비권력기관(문화관광부, 청단위 조직 등)에 비해 더 강한 것으로 나타났다. 한 예로, 중앙정부종합청사의 경우 지금은 없어졌지만 그 당시는 장관용 엘리베이터가 따로 가동될 정도로 상관과 부하간의 수직적 거리가 컸고 이로 인한 의사소통의 왜곡은 심각한 문제였다. 둘째, 기능조정이나 조직기구개편과 관련하여 부처들의 자기 조직방어 메카니즘이 예상외로 견고하다는 것을 보고 내심 놀랐다. 식품안전관리기능,

하천방재기능, 위기관리기능은 여러 부처에 걸친 업무로써 해당부처는 자신들이 업무를 처리하는 것이 더 호율적이라고 위원들을 설득하였고 전방위적 로비활동을 시도하기도 하였다. 이러한 로비활동에 대해 다른 위원들과 마찬가지로 필자도 매우 조심스러웠고 이로 인한 정보부족으로 말미암아 합리적 대안제시에 어려움을 겪게 되는 패러독스가 발생하곤 하였다.[5] 셋째, 중앙정부 기능축소는 항상 지방정부의 기능확대와 맞물려 돌아갔는데 정부혁신위의 행정개혁전문위원회는 지방분권에 소극적이었던 것에 반해 지방분권전문위원회는 보다 적극적인 성향을 띠고 있었다. 이러한 이유 때문에 정부기능조정을 위한 회의에서 행정개혁위원들과 지방분권위원들간에 종종 얼굴을 붉히는 설전이 오간 적도 있었다.

국민의 정부 때와 비교해 보면, 위원들에 대한 대우는 크게 개선되지 않았으며 1회 회의 참석수당으로 10만원이 지급되었고 과제별 용역비 규모는 건당 200만원 정도였다. 대개 과제보고서가 완성되면 전문위원회에 보고를 하고 이어 위원들간 연구결과의 적실성에 대한 심도있는 난상토론이 벌어졌으며 연구성과물의 질에 대한 엄격한 검증을 받았다.

하지만 가장 힘들고 보람있었던 작업은 '정부조직 재설계 방안'에 관한 과제가 아닌가 싶다. 필자가 속한 행정개혁전문위원회에서는 정부조직 재설계를 위한 원칙으로 쟁점위주의 상향적 접근과 선 부처간 기능 재조정, 후 부처통합안을 설정하였다. 행정의 복잡성을 감안하여 국정분야를 국가관리분야, 경제산업분야, 사회간접자본분

5) 우리나라도 차제에 미국처럼 부처의 로비활동을 양성화하는 방안도 긍정적 관점에서 검토해 볼 필요가 있다. 왜냐하면 참여정부를 비롯한 역대정부의 투명성 제고노력으로 인해 로비스트 양성화로 인한 폐해보다는 득이 상대적으로 클 수도 있다고 본다.

야, 사회문화분야별로 나누고 각 분야별 쟁점영역을 도출하였다. 그리고 개편기준으로 환경수요에 대응한 조직재설계, 경쟁력비교우위에 의한 기능조정, 대부처주의에 입각한 재설계, 국제표준화의 존중을 내걸었다.

필자는 사회문화분야의 가장 큰 쟁점인 방송통신관련 기능조정 방안과 경제산업분야의 가장 큰 쟁점 중의 하나인 금융감독기능의 합리적 조정에 관한 조직재설계에 참여하여 활동을 수행하였다. 이에 앞서 행정개혁전문위원회 회의에서는 최고정책결정자인 대통령에게 폭넓은 대안선택의 기회를 주기 위해 단일안보다는 복수안을 마련하자는 데 전문위원들간 공감대가 형성되었다. 먼저 방송통신관련 기능은 정보통신부, 문화관광부, 방송위원회에 상호 중복되어 부처간 갈등이 심하였으며 이로 인해 행정의 효율성이 저해받고 있다는 지적이 많았다. 필자는 이러한 문제를 해결하기 위해 3가지 안을 제시하였다. 제1안은 독립규제위원회로서의 방송통신위원회의 신설과 정보통신부 기능조정안, 제2안은 방송커뮤니케이션위원회의 신설과 문화관광부 기능조정 및 정보통신부 통폐합, 제3안은 문화관광부, 정보통신부, 방송위원회를 모두 합친 문화통신부 신설안이었다.

둘째, 금융감독 기능과 관련하여 조직재설계시 중립성, 공정성, 책임성, 정보의 공유성을 고려하여 필자는 3가지 대안을 제시하였는데 제1안은 금융감독기구의 독립성을 일부 보강하면서 현행체계 유지, 제2안은 금감위와 금감원을 통합하는 안(금감원을 금감위에 통합하는 방안 혹은 금감위를 금감원에 통합하는 방안), 제3안은 금융감독청을 설립하는 안이 그것이다. 하지만 방송통신관련기능조정과 금융감독기능조정 모두 개편의 시급성에도 불구하고 부처간 이해관계가 팽팽히 맞서 이명박 정부로 넘어갈 수밖에 없었다.[6] 이러한 현상을 지켜보면서 필자는 정부조직은 민간조직과 달리 경제성 합리성보다는 정치적 합리성이 더 우위에 있다는 것을 실감할 수 있었고 이런 점에서 조직개편을 위한 최고정책결정권자인 대통령의 정당간 협상력이 중요하다고 생각한다.

김병준 위원장 재임시절에 정부혁신위는 그 권한이 막강하였고 심지어 어느 지방대학 총장은 정부혁신위 본위원은 말할 것도 없고 전문위원이 되는 것도 감지덕지 희망을 했다고 한다. 실제 본 위원회의 회의에는 쟁점분야의 관련장관들이 직접 참여하였고 전문위원회에는 중앙부처의 국장급이 참여하여 부처의 조직개편을 자기들에게 유리한 쪽으로 가져가기 위해 동분서주하곤 했다. 하지만 김병준 위원장이 2004년 6월에 대통령 비서실 정책실장으로 자리를 옮기고 그 후임에 윤성식 정부혁신위 본위원이 2대 위원장으로 취임하게 되면서 정부혁신위의 위상은 예전같지 못함을 실감하게 된다. 우선 행정개혁전문위원회의 규모도 20인에서 10인으로 축소되고 회의 개최건수도 현저하게 줄어들게 된다. 결정적으로 정부혁신위의 활동이 위축되게 되는 것은 정부혁신위 산하 혁신관리위원회(2004년 신설)로 그 소속이 변경되면서부터이다.[7]

이에 관해서는 조금 더 설명을 부연하고자 한다. 노대통령은 2004년 3월에 한나라당과 민주당으로부터 선거법위반혐의로 탄핵을 당하게 된다. 오히려 탄핵을 당한 시기 동안에 노대통령은 정부혁신에 더욱 골몰하게 되고 이를 구체화하기 위해 2003년도 공기업 1위

6) 이명박정부에서는 정보통신부를 폐지하고 금융정책과 금융감독을 금융위원회로 통합하는 안을 채택하였다. 즉 금융위원회는 현재 재정경제부에 속해 있는 금융정책과 금융감독기능을 모두 포괄하는 슈퍼 파워부처로 탄생하게 된다. 이를 두고 학계, 경실련을 비롯한 시민단체에서 금융위원회 설립에 우려를 표명하였다.

7) 행자부 훈령 제130호에 의거하여 '05년 2월28일자로 행정자치부 소속으로 정부혁신관리위원회가 설치되게 된다.

평가를 받은 KOTRA 사장인 오영교씨를 대통령 혁신특보로 임명하면서 동시에 2004년 5월에 정부혁신위 산하에 혁신관리위원회를 설치하게 된다. 초대 위원장에는 대통령 혁신특보를 맡고 있는 오영교 사장이 임명되었는데 여기에는 김병준 대통령 비서실 정책실장의 영향력이 많이 작용했을 것으로 보인다. 오 위원장은 소탈한 성품을 배경으로 업무추진력이 대단했으며 심지어 위원들과 함께 정부혁신관리매뉴얼을 밤을 새워 만들기도 했다. 이외에도 정부부처의 혁신진단활동, 혁신평가안 구성체계 작업 등이 추진되었다. 이런 과중한 업무 탓에 상당수의 1기 위원들이 중도하차하였다.[8] 이처럼 혁신관리위원회는 다양한 활동을 전개하였는데 그 중에서도 가장 중요한 행사는 대통령이 참석하는 장·차관 혁신워크숍이었다. 외교통상부 3층 별관에서 이루어진 워크숍에서 사회는 혁신관리위원들이 순번제로 맡았고 대상 주제는 우수 중앙부처나 공기업들의 사례가 소개되었다. 노 대통령이 워낙 정부혁신에 관심이 많아 시간을 넘겨 행사가 진행되기 일쑤였다.

2005년 2월에 오 위원장이 행자부장관으로 취임하면서 혁신관리위원회는 2005년 3월에 행자부소속으로 이관되게 되고 필자도 정부혁신위원회에서 행자부 소속의 정부혁신관리위원회에서 제2기 혁신관리활동을 시작하게 되었다.[9]

---

8) 제1기 혁신관리위원에 오영교(KOTRA 사장), 최병길(금호생명 상무), 염승섭(IBM BSC 대표), 이명환(IBS 컨설팅 대표), 김명형(윈스퀘어경영컨설팅 대표), 이홍(광운대), 장재윤(성신여대), 유순신(유앤파트너즈 대표), 이광현(고려대), 박광국(가톨릭대), 이영범(한국행정연구원), 전영한(중앙대), 이석환(가톨릭대)이 참여하였다. 그런데 인적구성을 보면 정부혁신위 행정개혁전문위는 상당수가 행정학교수였는데 반해 혁신관리위원회 인적구성은 총 13명 중에서 4명만 행정학교수로 충원되었다.

9) 2003년도에는 정부혁신을 정부혁신위에서만 전담하였는데 2004년도에 들어오면서 청와대에 혁신관리비서관실, 행자부에는 정부혁신본부가 신설되었고 이어

Ⅲ. 행자부 소속의 정부혁신관리위원회에서 활동하다

필자가 제1기(위원장: 오영교 KOTRA 사장), 제2기(위원장: 이광현 고려대 부총장), 제3기(위원장: 조동성 서울대 교수) 혁신관리위원회에서 활동하면서 행정학자들과 경영학자들의 세계관이 많이 다르다는 것을 절감했다. 즉, 행정학자들은 거버넌스적 관점에서 정부부처간 기능조정, 협상을 통한 갈등관리 등에 관심을 많이 보이는 비해 경영학자들은 한 조직내 업무성과의 관리와 같은 미시적 측면에 많은 관심을 보여 주었다. 가치적 측면에서도 행정학자들은 효율성 이외에도 민주성, 형평성, 대응성 등과 같은 많은 복합적 가치를 고려하는데 비해 경영학자들은 오로지 효율성의 제고에만 매달리고 있었다. 또한 행정성과는 양적으로 계량화하는 것이 상당히 어려움에도 불구하고 경영학자들은 "측정되지 않으면 관리될 수 없다"는 믿음을 강하게 가지고 있었고 이 때문에 정부부처의 성과관리담당자들과 마찰을 빚기도 했다.

1기의 오영교 위원장은 공무원 생활을 오래 한 관계로 비교적 행정의 특성을 잘 알고 있었던 것 같았다. 그리고 제1기 혁신관리위원회는 정부혁신위 소속으로 있었기 때문에 다른 전문위원회와도

2005년도에는 청와대 혁신수석실이 신설되면서 정부혁신은 3각 구도로 재편되게 되고 정부혁신위가 청와대와 행자부에 그 주도권을 내어주게 되면서 정부혁신의 강력한 모멘텀이 사라지는 문제가 발생하게 되었다. 전문성 측면에서 볼 때 정부혁신위야말로 수많은 학자들이 포진함으로써 정부혁신의 창출을 위한 강력한 싱크탱크로서의 역할을 하는데 매우 유리한 조건을 갖추고 있었기 때문이다. 우리나라의 조직문화상 이후 이들 주체간에 시너지 효과가 발생하기는커녕 권력주도권 싸움의 양상으로 번져 결국 윤성식 위원장이 중도하차하는 사태로 치닫게 되었다.

어느 정도 교감할 수 있는 의사소통 채널이 열려 있었다. 또 정부혁신위원장과 혁신관리위원장간에도 정부혁신의 방향을 두고 공감대를 형성할 수 있었다. 하지만 앞에서도 언급했듯이 오영교 위원장이 행자부장관으로 취임하면서 혁신관리위원회는 행자부소속으로 놓이게 되고 이 때부터 정부혁신위와 혁신관리위원회간에 사실상의 관계가 단절되었다. 혁신관리위원들은 정부혁신위 산하 행정개혁전문위원보다 1회 참석수당이 2배나 많았고 회의장소도 매번 같은 장소를 쓰는 것이 아니라 외부 장소를 빌려 회의를 하는 경우도 자주 있었다. 그리고 제2기 혁신관리위원장은 이광현 고려대 부총장이 맡았는데 큰 키에 경영학자답게 세련된 매너, 폭넓은 인간관계를 가지고 있었다. 오영교 행자부장관은 이 위원장의 고려대 선배로서 혁신관리위원회 저녁 만찬에 가끔씩 참여하여 위원회에 많은 힘을 실어주곤 했다.

제2기 혁신관리위원회는 위원회의 활동을 본 궤도에 올려 놓았는데 대표적인 성과를 보면, 정부혁신 전략수립 및 제안, 행자부 상정 주요안건에 대한 자문, 혁신현장 순회방문, 혁신관리보고서 발간, 정부혁신 홍보지원, 중앙부처/지자체·산하기관에 대한 혁신강의, 정부혁신관련 주요행사 지원, 행자부 혁신 업무과정에 직접적 참여를 들 수 있다. 이러한 활동을 체계적으로 수행하기 위해 2006년도에 행정자치부 장관 직속으로 범정부적 진단전문기구인 조직진단센터가 만들어졌고 진단기획팀, 중앙진단팀, 지방진단팀의 3개팀으로 구성되었다. 하지만 혁신관리위원회 회의에는 청와대 혁신관리비서관실(후에 혁신수석실로 확대)에서 가끔씩 참여하였으나 정부혁신위와는 거의 단절된 관계를 갖고 있었는데 아마 윤성식 정부혁신위원장과 오영교 행자부 장관과의 사이가 소원한 데서도 그 원인을 찾을

수 있다.[10)]

정부혁신위가 만든 혁신로드맵이 실제 중앙정부나 지방자치단체 수준에서 집행에 옮겨질 때 나타나는 저항을 혁신관리위원회가 변화전략을 통해 잘 관리해 나가야 하며 이 때 혁신로드맵의 설계상 결함이 발견될 경우는 이를 정부혁신위와의 의사소통을 통해 수정해 나가는 것이 중요하다. 그럼에도 불구하고 행자부는 정부혁신 로드맵상의 추진과제가 어떻게 주관부처, 선도부처, 수용부처에 의해 달성되고 있는가를 혁신관리위원회가 개발한 혁신지수만을 통해 관리해 나가려고 시도하였다. 이러다보니 행자부는 참여정부가 그리고자 하는 큰 숲은 보지 못하고 개별부처의 혁신성과라는 나무만을 보는 우를 범하게 된 점이 필자로서는 아쉬울 따름이다.

이러한 현상은 제3기 혁신관리위원장에 조동성 서울대 교수가 취임하면서 더욱 불거지지 시작하였다. 왜냐하면 제2기 이광현 위원장은 1여년 동안 혁신관리위원으로 참여하였기 때문에 어느 정도 혁신관리의 전반적 과정에 대한 충분한 이해를 갖고 있었고 위원들과의 공식적 혹은 비공식적(예: 회식) 소통망도 비교적 잘 가동되는 편이었다. 하지만 조동성 위원장은 오영교 장관의 뒤를 이은 이용섭

10) 정부혁신을 둘러싸고 많은 기구가 만들어짐에 따라 우리나라 조직문화상 시너지 효과가 나오는 것이 아니라 오히려 대통령 아젠다인 정부혁신의 주도권을 누가 잡느냐에 초점이 맞추어지는 소위 사회학자 머톤이 이야기하는 목표와 수단의 대치현상이 나타나는 것을 목격할 수 있었다. 이러한 문제가 불거진 원인은 복합적인데 첫째, 윤성식 정부혁신위원장은 행정학 전공학자인데 비해 오영교 위원장은 경영학 전공 배경을 가지고 있어 정부혁신을 보는 관점이 달랐다는 점, 둘째, 원래 혁신관리위원회는 정부혁신위 산하 6개 전문위원회 중의 하나라는 점, 셋째, 정부혁신위의 구성은 다수의 행정학자인데 비해 혁신관리위원회는 다수의 경영학자가 포진하고 있다는 점, 넷째, 정부혁신위나 혁신관리위원회 모두 두 기관간의 수평적 관계보다는 청와대 혁신수석실과의 수직적 관계에 더 많은 역점을 두고 있다는 점, 끝으로, 참여정부의 실세인 김병준 대통령비서실 정책실장과의 관계에 있어서 오영교 장관이 윤성식 위원장에 비해 훨씬 강한 우호적 관계를 가지고 있는 점 등을 들 수 있다.

장관(전 청와대 혁신수석)에 의해 외부로부터 충원되었기 때문에 정부혁신에 대한 전반적 이해가 낮았고 위원들과의 관계도 공식적인 것 이외에는 별로 많지가 않았다. 이러다보니 회의의 박진감이 떨어지고 공전하는 경우가 많았으며 급기야 위원들의 참여가 눈에 띄게 소극적으로 바뀌어 갔다.[11] 이를 지켜보면서 필자도 위원회가 잘 작동되려면 위원장의 역할이 특히 우리나라 문화에서는 중요하다는 것을 절감하였다.[12] 하지만 혁신관리위원회 전문위원으로 활동하면서 가장 보람 있었던 첫 번째 일은 혁신관리매뉴얼 작성과정에 정말 힘이 들었지만 열심히 참여하여 성과물이 나왔을 때이고 두 번째 일은 중앙부처, 전국 지방자치단체, 중앙공무원 교육원, 지방혁신인력개발원, 공기업 등을 다니면서 혁신컨설팅을 하거나 대규모 혁신교육을 해 주는 일이었다. 이 때 수많은 공무원을 접하면서 아직도 그들 마음에 국가에 헌신하고자 하는 열망이 가득하다는 것을 확인했을 때 우리 대한민국의 미래가 어둡지 않다는 것을 실감할 수 있었다.[13]

11) 조동성 위원장은 필자가 느낀 바로는 굉장히 논리적인 사람이었는데 이것이 학자로서는 적합할지 몰라도 정부업무 처리를 두고 위원들을 짜증스럽게 만드는 요인이었던 것 같다. 그리고 조 위원장은 약주를 별로 좋아 하지 않았기 때문에 자연히 회의 이후 위원들간의 회식자리를 갖지 못했다. 이 점이 오영교 위원장이나 이광현 위원장과는 아주 대조적인 측면이었다. 전 혁신관리위원들은 지금도 1달에 한 번씩 오영교 위원장과 이광현 위원장이 참석하는 첫금에(첫 주 금요일 모임의 약칭) 모임을 활발하게 갖고 있다.

12) 이런 문제 때문에 박명재 장관 때는 제4기 혁신관리위원장으로 제1기 때부터 혁신관리위원으로 활동해 온 이홍 광운대 경영대학장이 임명되었다.

13) 일찍이 독일의 철학자 헤겔도 공무원의 역할을 인체의 등뼈에 비유하면서 민간부문과 국민은 근육과 살이라고 강조하였다. 인체의 등뼈가 튼튼하지 못할 때 사람은 제 아무리 근육과 살이 튼튼해도 사람구실을 하지 못하며 반대의 경우도 성립한다고 주장하였다.

Ⅳ. 다시 정부혁신위로 돌아오다

2006년 정부혁신관리위원회 활동이 점차 동력을 상실하면서 위원회에 참여하는 것에 회의를 갖기 시작했다. 행자부 장관의 빈번한 교체, 자의반 타의반이든 위원장과 위원들의 잦은 교체, 혁신관리위원회의 과도한 업무 등으로 인해 점차 위원들이 초기의 열정을 잃어버리고 탈진상태(burn-out)에 빠져들고 있다는 것을 위원회에 참석하면서 목격할 수 있었다. 시스템이 제도화되지 못하면 위원장은 말할 것도 없고 1~2명 위원들의 교체에도 금방 조직의 팀이 떨어진다는 것을 느낄 수 있었다. 이러한 현상은 공식조직에만 의존하고 회식과 같은 비공식조직의 역할을 경시할 때 더욱 더 빠른 속도로 진행되었다.

그러던 차에 정부혁신위원회에서도 뜻하지 않은 변화가 왔다. 평소 청와대 혁신수석실과 행자부와 그리 좋은 관계를 유지하지 못하던 윤성식 위원장이 갑자기 사표를 내고 이것이 청와대로부터 전격적으로 수리되었다. 후임에는 제2기 정부혁신위 산하 행정개혁전문위원회위원장을 역임했던 김병섭 서울대 교수가 부임하게 되었다. 여기서 청와대 혁신추진체계에 대해 잠깐 살펴보기로 하자. 앞에서 언급했던 것처럼 청와대에서 정부혁신업무는 2004년까지는 혁신관리비서관실에서 수행해 왔다. 이 때 청와대 정부혁신의 총사령탑은 차의환 혁신관리비서관이었으며 노무현 대통령과는 부산상고 동문인 관계로 상당한 영향력을 가지고 행자부의 정부혁신본부와 정부혁신업무를 조율해 왔다. 상대적으로 윤성식 위원장의 정부혁신위는 정부혁신에 대한 통제권을 놓고 소외되는 과정에 있었으며 이로 인한 갈등도 적지 않았던 것으로 보인다. 2005년도에 들어와 청와대 내에 정부혁신업무만을 전담하는 혁신수석실이 신설되게 되고 이용섭 전 국세청장이 초대 혁신수석으로 부임하게 된다. 이어 이 수석이 건교부장관으로 임명되면서 후임에도 공무원 출신인 차의환 혁신관리수석비서관이 수석임무를 대행하게 된다. 우리는 여기서 참여정부 초기에 정부혁신이 김병준 교수, 윤성식 교수와 같은 학자그룹에 의해 주도되다가 서서히 관료그룹으로 그 주도권이 옮겨 가게 되는 현상을 발견하게 된다. 이러한 현상은 결국 혁신의 순수성이 점차 훼손되게 되고 중앙부처의 일부 혁신담당관들이 냉소주의에 빠지는 결과를 초래하게 된다.14) 다시 말해, 청와대 혁신수석이라는 자리는 엄청난 상징성을 갖고 있다는 점에서 공무원보다는 차라리 대쪽같은 선비정신을 가지면서 동시에 참여정부의 철학에 가장 정통해 있는 학자그룹에서 발탁되었으면 훨씬 더 공무원 사회로부터 혁신의 정당성에 대한 수용성을 담보받지 않았을까 하고 나름대로 생각도 해 본다. 어쨌든 이러한 와중에서 정부혁신은 처음에 시작되었을 때의 순수함보다는 정부혁신의 성과를 계량화하여 대통령에게 부처의 혁신성과를 줄 세우는 형식적 혁신으로 이행하게 되는 문제에 직면하게 되었다.

다시 제3대 김병섭 정부혁신위원장의 활동에 대해 살펴보기로 하자. 제2대 윤성식 위원장의 갑작스런 사표수리로 2006년 7월에 김

14) 필자는 하바드 대학 교수인 아지리스가 주장하는 관료들의 자기 방어기제(defensive mechanism)에 주목할 필요가 있다고 본다. 관료집단은 환경변화에도 불구하고 자기방어적 성격이 강한 본능을 가지고 있다. 변화가 필요할 때도 관료들은 변화하면 안 된다는 논리를 찾는데 익숙해져 있다. 이런 점에서 관료들은 환경변화에 둔감하고, 감정이 메말라 있으며, 자기 영역 확대(예산 및 인력 증가)에 급급하다는 비판을 많이 받고 있다.

병섭 위원장은 미처 정부혁신위 운영 전반에 대한 충분한 준비없이 갑자기 취임을 하게 되었다. 그럼에도 불구하고 참여정부 정부혁신의 마무리를 잘 하였다고 본다. 2006년 8월쯤에 필자는 김위원장으로부터 정부혁신위 본위원 및 행정개혁전문위원회 간사를 맡아 달라는 부탁을 맡게 된다. 사실 초기 정부혁신위 행정개혁전문위원으로 일했을 때 느꼈던 보람을 행자부 소속 정부혁신관리위원회에서 별로 느낄 수가 없었다. 그 이유는 행정을 보는 경영학자들의 마인드와 행정학자들의 마인드가 너무 차이가 난 데도 그 원인이 있었지만 더 큰 이유는 정부혁신의 전반인 조직, 인사, 재정・세제, 지방분권, 전자정부, 기록관리와 같은 거시적 측면을 다루다가 정부혁신관리와 같이 미시적인 측면만을 다루니 별로 신바람이 나지 않았다.

하지만 2년 남짓 정부혁신위 행정개혁전문위원회 간사를 맡으면서 지난 3년보다 훨씬 더 바쁜 나날을 보냈다. 김위원장은 정부혁신의 우수성을 포장만 하려고 하는 것이 아니라 정부혁신의 추진과정에서 나타나는 문제점이 무엇이고 이를 어떻게 해소해야 할까에 대한 진지한 고민을 하고 있었다. 필자가 관여하였거나 혹은 본위원으로 본회의에 참여하면서 느낀 점을 몇 가지 소개하고자 한다. 첫 번째 본위원이면서 행정개혁전문위원으로서 내가 관여한 업무는 윤성식 위원장이 의욕적으로 추진한 디지털예산회계시스템 업무의 소관부처를 정하는 일이었다.[15] 왜냐하면 디지털예산회계시스템 업무의 소관을 두고 재정경제부와 기획예산처간에 팽팽한 신경전이 벌어지고 있었다. 재정경제부는 장관이 경제부총리를 겸하고 있기 때문에 당연히 재경부의 소관으로 와야 한다고 주장하는 반면 기획예산처

15) 행정개혁전문위원회는 업무성격상 다른 위원회와 업무가 중첩되는 부분이 많았고 이에 따라 위원회간 조정업무가 다른 전문위원회에 비해서는 상대적으로 많았다.

는 지방자치단체, 공기업의 예산·회계를 그들이 담당하고 있기 때문에 장기적인 안목에서 기예처의 소관으로 있어야 한다는 논리를 전개하였다. 사실 나중에 비공식적으로 들은 이야기이지만 이 소관업무를 가져오게 되면 국장급 자리가 그 부처에 하나 더 신설되는 것 때문에 한 치의 양보도 없는 싸움이 벌어지고 있었다. 이 문제는 이후 청와대로 넘어갔지만 워낙 첨예한 사안이라 결정을 하지 못한 상태로 유야무야 되고 말았다.

두 번째 필자가 담당한 업무는 「참여정부 정부혁신의 이론적 접근」이라는 책자를 펴내는 과제였다. 사실 이러한 작업이 참여정부 초기에 로드맵이 작성되기 전에 먼저 완성되었더라면 하는 아쉬움이 들었다. 그래야만 정부혁신이 왜 필요하고 무슨 관점에서 어떠한 전략을 가지고 수행하는 것이 바람직한가를 보여 줌으로써 중앙부처, 지방자치단체, 교육청으로부터의 수용성을 높여 줄 수가 있었을 것이다. 오히려 이러한 작업이 뒤에 이루어지다 보니 위에서 밑으로의 하향식(top-down) 정부혁신이 이루어진 감이 상당히 있었다. 김위원장은 이 과제의 중요성을 인식하고 늦은 감이 있지만 후배 학자들의 연구를 위해 이 작업을 하기로 결심했던 것 같다. 하지만 워낙 방대한 작업이고 집필시간이 충분치 않아 우선 이 분야에 정통한 전공교수를 섭외하는 일이 급선무였다. 다행히 고려대 문명재 교수(현재 연세대 교수임), 중앙대 조성한 교수, 서울산업대 김재훈 교수, 대구대 김정렬 교수, 인하대 이기우 교수(정부혁신위 본위원)가 기꺼이 동참해 주었고 우리는 3개월여동안 정말 입시준비생처럼 원고작업에 매달렸다. 분석틀의 타당성을 높이기 위해 토요일이나 일요일에도 문명재 교수, 정부혁신위의 권민경 사무관과 같이 정부혁신위가 있는 흥국생명 빌딩 13층 오피스에서 화이트보드를 이용해 자정이 넘은 시간까지 작업을 하곤 했다. 이 과제에 대한 김위원장의 관심이 높아 정부혁신위 본위원회 특별워크숍이 금강산에서 개최되었는데 이 때 필자가 발제를 했고 정부혁신위 본 위원들이 날카로운 지적을 해 주어 상당부분이 수정되었다. 지금도 연구실 서재에 꽂혀 있는 이 책을 볼 때마다 참여정부 정부혁신의 성공을 위한 일익을 담당했다는 데 대한 자부심을 가지고 있다.[16)]

어려운 두 작업이 끝나자마자 세 번째 과제가 또 물밀듯이 밀려왔는데 마치 한 파도를 넘고 나면 다음 번 파도가 밀려오는 것과 같았다. 이 과제는 대통령의 지시사항으로써 현 이명박 정부가 선호하는 대부처주의 모색과 관련이 있는 주제였다. 즉, 건교부와 환경부가 국책사업을 둘러싸고 사사건건 마찰을 빚고 있으니 차제에 이들 두 부처를 통합하는 것이 더 효율적일 수 있는지에 대한 방안을 모색하라는 것이었다. 이를 위해서는 정책담론이 필요할 것 같아 우선 대한국토·도시계획학회와 한국환경정책학회에 요청하여 양 부처의 입장을 대변할 수 있는 학자를 추천받기로 하였다. 최종적으로 건교부의 입장에 있는 이창수 경원대 교수, 환경부의 입장에 있는 문태훈 중앙대 교수, 그리고 대부처주의에 대한 이론적 정리를 위해 부경대의 김창수 교수에게 발제원고를 의뢰하였다. 이들 학자들은 짧은 시간과 적은 원고료에도 불구하고 심도 있는 발제문을 만들어 주었고 이를 가지고 공청회가 2007년 4월에 서울 프레스센터에서 한국행정학회, 한국환경정책학회, 대한국토·도시계획학회의 공동 주

16) 한 편의 논문 작성보다도 더 각고의 노력을 했음에도 불구하고 연말 대학교수 업적평가 때 정부간행물이라는 이유로 업적인정을 전혀 받지 못해 또 한 번 허탈한 적이 있었다. 행정학이 응용학문이라는 점을 감안할 때 논문일변도의 너무 틀에 박힌 업적평가는 시정되어야 한다고 본다. 이래서야 어느 학자가 정부보고서를 작성할 때 심혈을 기울여 좋은 내용을 담을려고 노력을 할 것인가라는 자괴감이 들었다.

최로 개최되었다.[17] 주제발표 이후 지정토론은 정용덕 한국행정연구원장의 사회로 이루어졌는데 공청회장이 방청객으로 가득찰 만큼 열기가 뜨거웠다. 하지만 두 부처의 1:1 통합은 편익보다 비용이 더 크다는 주장이 우세하여 결국 두 부처간 갈등관리를 위한 국장급의 실무협의회를 구성한다는 안으로 귀결되었다.[18] 이처럼 부분 정부조직 개편을 두고서도 대통령의 일방적 의향대로 밀어 부치는 것이 아니라 시간을 두고 담론을 통해 선진화된 정책결정을 해 나간다는 사실에 가슴이 뭉클했다.

네 번째 필자가 참여한 과제는 차기정부를 위한 정부조직 개편에 관한 과제였다. 노무현 대통령은 정부조직 개편은 일회성 혹은 즉흥적으로 이루어져서는 안 되기 때문에 차기정부를 위한 바람직한 정부조직 개편안을 마련하라고 정부혁신위 김병섭 위원장에게 지시하였다.[19] 이 과제는 필자가 과제책임자를 맡는 것보다는 중앙부처에서 오랜 기간 근무한 경험이 있고 현재 건국대 행정학과에서 봉직하고 있는 하미승 교수에게 부탁하기로 김 위원장과 상의하여 승낙을 받았으며 필자와 더불어 방통대 윤태범 교수, 단국대 유홍림 교수가 연구진에 참여하였다.[20] 정부조직 재설계를 위한 핵심 연구과제로 본 연구진에서는 중앙관리기관의 합리화 외에 7개 과제를

---

17) 본 공청회를 위해 정부혁신지방분권위원회와 지속가능발전위원회에서 후원을 해 주었다.

18) 이러한 기구개편과 관련하여 필자도 오석홍 교수님의 “점진적 개혁의 지혜”이론에 동조한다. 오 교수님은 정부기구의 구조개혁만을 통해 효과를 기대하기는 어렵다고 주장한다. 필자도 행정의 효율성 제고를 위해서는 조직기구 개편과 같은 하드웨어적 접근방법보다는 오히려 시스템 개혁, 일하는 방식 개혁, 정부조직문화 개혁과 같은 소프트웨어적 접근방법이 더 필요하다고 본다.

19) 이런 점에서 대통령은 분명히 단기적 시각을 가진 국회의원과는 달리 장기적 안목을 가지고 있다는 Fiorina의 주장이 맞다고 본다.

20) 유홍림 교수는 연구과제 수행 중 개인사정으로 참여하지 못하게 되었다.

선정하고 연구보고서 결과의 타당성을 제고하기 위해 2007년 2월 5일부터 2월 15일까지 10일 동안 국정경험이 풍부한 이해찬 전 총리, 진념 전 부총리, 진대제 전 정통부 장관을 대상으로 3차례에 걸쳐 집중 인터뷰를 실시하였다.[21] 인터뷰는 주로 향후의 선진화된 국정운영 패러다임과 이를 뒷받침할 수 있는 정부조직체계, 미래의 주도적 성장·발전 산업과 이를 지원하기 위한 정부조직의 강화부문 파악, 부처간, 이해집단간 갈등을 조정할 수 있는 효과적인 정책조정체계, 대부처주의와 다원적 조직화에 대한 고위정책결정자의 입장 등에 초점을 두고 이루어졌다. 우리 연구진은 인터뷰를 수행하면서 전직 총리, 부총리, 장관 등의 경륜을 잘만 활용하면 국가발전에 큰 도움이 되는 아이디어를 얻어낼 수 있을 것이라는 데 의견의 일치를 보았다. 사실 이번 이명박 정부의 조직개편시 상당 부분은 본 연구에서 도출한 과제, 대안 제시와 상당 부분 일치하는 부분이 있어 한편으로는 고생한 보람도 느낄 수 있었다. 또한 학자들도 국가발전에 도움이 되는 일을 하는데 있어서 개인적으로 많은 힘이 듬에도 불구하고 싫은 기색을 내지 않고 헌신하는 것을 보고 큰 감명을 받았다.

또한 김병섭 위원장은 정부혁신로드맵이 실제 일선현장에서 왜 집행이 잘 되지 않고 있는가를 모니터링하기 위해 정부혁신 주요 로드맵과제를 대상으로 학자들에게 의뢰하여 결과보고서를 작성하도록 하고 이를 본 회의에 보고하도록 하였다. 정책이 결정되면 자동적으로 집행될 것이라는 통념을 깨고 정책의 본질이 일선현장에서

21) 이외의 7개 과제는 재난관리부처의 합리화, 경제정책조정 및 금융감독기능의 합리적 개편, 산업부문 정부조직의 합리화, 국가물류관리체계의 강화, 교육·과학 및 인적자원 개발기능 관련 조직 정비, 사회복지부문 조직 및 기능의 합리화, 효과적인 정책조정체계 구축으로 되어 있다.

어떻게 왜곡될 수 있는가를 생생하게 보여 주었다. 또한 관료들이 속성상 제일 꺼리는 정부혁신에 대한 쓴 소리를 듣기 위해 전임 원로 한국행정학회장들을 초청하여 무엇이 문제인가를 체계적으로 진단하는 한편 잘 못 오해가 있는 부분에 대해서는 소상히 설명해 줌으로써 쌍방향 의사소통이 가능하도록 만들었다.

V. 참여정부의 정부혁신에 대한 소회와 반성

참여정부 정부혁신에 5년 줄곧 관여를 해 오면서 많은 성과도 있었지만 시행착오 또한 적지 않았다고 생각한다. 하지만 적어도 참여정부는 초창기에 설정한 국정운영 방향은 아주 적실성이 있었다고 생각한다. 왜냐하면 노무현 정부가 출범할 즈음에 발표된 IMD 2003 보고서를 보면, 우리나라 정부경쟁력은 인구 2천만 이상의 아시아 국가 중에서 최하위를 기록하고 있다. 그만큼 민간부분에 비해 정부 부문의 생산성이 현저하게 뒤떨어지고 있다는 말이다. 우리나라는 김영삼 정부 이후 잦은 정부조직개편을 단행했지만 얻은 것보다 잃은 것이 더 많았다는 것이 많은 조직이론 학자들의 중론이다. 이러한 문제점을 정확히 인식하고 참여정부는 영양가는 별로 없고 부작용이 큰 조직개편보다는 정부조직의 근본적 체질개선을 위한 공무원의 행태 변화와 권위주의 조직문화 타파에 초점을 맞추었다. 이들 효과는 단기적으로 보다는 장기적으로 나타나는 경향이 있기 때문에 어떻게 보면 참여정부 정부혁신의 최대 수혜자는 현 이명박 정부라고 볼 수 있다. 그럼에도 불구하고 참여정부의 정부혁신을 결산하면서 몇 가지 미흡한 점이 있어 아쉬움이 남는 것은 다음과 같은 몇 가지 이유 때문이다.

첫째, 정부혁신의 정치성(the politics of government innovation)을 너무 간과했다는 것이다. 정부혁신은 진공 속에서 일어날 수 없다는 점을 감지하고 혁신을 둘러싸고 벌어지는 권력관계를 좀더 면밀히 분석하고 대비했어야 했다. 참여정부 초기 정부혁신은 김병준 교수, 윤성식 교수와 같은 학자 군에 의해서 주도되었다. 하지만 시간이 흐르면서 관료집단이 정부혁신의 헤게모니를 잡게 되었다. 이상적인 구도는 김병준 정부혁신지방분권위원장을 중앙과 지방자치단체의 조직권을 가지고 있는 행정자치부 장관으로, 윤성식 위원장을 정부혁신의 철학과 비전을 제시하는 정부혁신지방분권위원장으로, 청와대 혁신관리비서관(후에 혁신수석)을 40대 후반의 개혁적 마인드를 가진 중견학자로 하는 진용을 짰더라면 훨씬 더 정부혁신에 대한 부처의 수용성을 높이면서 강력한 혁신드라이브를 걸 수 있지 않았나 하는 생각이 든다.[22)]

둘째, 정부혁신의 성과에 조급한 나머지 너무 지나친 기구남설은 오히려 시너지 효과를 내기 보다는 부처간 할거주의를 조장하여 행정의 효율성을 떨어뜨릴 수 있다. 우리나라의 정부조직문화의 권위주의 경향이 높은 것을 감안할 때 청와대 내의 정부혁신 관리는 혁신관리비서관실에서 수행하는 것이 바람직했는데 오히려 이를 혁신수석실로 확대 개편하다보니 모든 의사결정과정이 분권화되는 것이

22) 노무현 대통령은 참여정부 초기에 정부혁신분권위원장에 김병준 교수, 감사원장에 윤성식 교수, 행정자치부관에 김두관 전 남해군수를 임명함으로써 참신성에서는 상당한 상징성을 보여 주었다. 하지만 공적 1호로 지목받던 윤성식 교수가 한나라당의 반대로 감사원장에서 낙마함으로써 참여정부의 정부혁신은 심각한 타격을 받게 되었다. 이후로 청와대 혁신특보, 혁신수석에 관료출신이 임명됨으로써 정부혁신의 개혁성이 상당히 퇴색되게 되었다.

아니라 청와대로 집중됨으로써 청와대 혁신수석실과 행자부 정부혁신본부간에만 의사소통이 이루어질 뿐 참여정부 초기 혁신설계를 주도했던 정부혁신위는 의사결정과정에서 소외되는 현상이 빚어졌다. 이런 점에서 새로운 기구를 신설하거나 확대개편할 때 이것이 가져오는 부작용에 대해서도 면밀한 검토가 이루어졌어야 했다.

셋째, 우리나라는 선진국에 비해서 수평적 정책조정체계가 잘 작동하지 못하는 면이 강하다. 다시 말해, 정부혁신의 삼각축인 청와대 혁신수석실, 정부혁신위, 행자부 정부혁신본부간에 정례적인 기관장회의와 실무자협의회가 가동되어 정부혁신의 효과성 제고를 위한 의사소통이 활발했어야 함에도 불구하고 오히려 참여정부 후반기에 이들 혁신추진주체들이 갈등관계로 나아간 것은 아쉬움으로 남는다.

넷째, 우리나라의 정부부처 기관장은 아직도 조직내 문제에만 관심을 집중할 뿐 조직간 관계에는 상대적으로 낮은 우선순위를 가지고 있는 것 같다. 행자부 정부혁신본부는 미시적 수준인 정부혁신관리에만 몰입하고 실제 정부혁신의 핵심인 정부조직 재설계, 교육자치, 자치경찰과 같은 콘텐츠에는 둔감함으로써 국민들이 정부혁신을 피부로 체감케 하는 데는 적지 않은 한계를 보여 주었다.

Ⅵ. 결 론

지금까지 참여정부 5년 동안의 성과와 미흡한 점을 바둑전문기사가 바둑을 둔 후 복기과정을 밟는 것처럼 성찰적 관점에서 되짚어 보았다. 무엇보다도 참여정부의 가장 큰 성과는 정부경쟁력 제고를 위해 상징적 의미가 큰 정부조직 개편에만 집착하지 않고 교육과 학습을 통한 공무원의 역량제고, 권위주의 문화 타파를 통한 관료사회의 창의성 제고와 같은 소프트웨어적 개혁에 역점을 두었다는 것이다. 필자는 이제 정부부문의 경쟁력 제고가 진정으로 이루어지려면 전임정부에 대한 평가가 객관적으로 이루어질 필요가 있다고 본다. 다시 말해 좋은 점은 받아들이고 개선할 점은 개선함으로써 혁신이 단절적이 아니라 연속성을 가지고이루어질 필요가 있다고 본다. 물론 혁신방법론에서 차이가 있을 수 있지만 혁신의 본질적 부분에 있어서는 일관성있는 방향성이 있어야 한다. 이런 점에서 필자는 참여정부의 정부혁신을 가능하면 관찰자적 관점에서 중립적으로 기술하려고 노력하였다.

이 글을 마치면서 다시 한 번 오석홍 선생님에게 감사하는 마음이 든다. 왜냐하면 이러한 참여정부 혁신을 둘러싼 이면적 이야기(behind story)가 기록으로 남겨지지 않으면 우리는 참여정부 혁신으로부터 어떠한 시사점도 받을 수 없기 때문이다.[23] 아무쪼록 필자의 정부혁신에 대한 성찰적 회고가 우리나라 정부부문 경쟁력 제고를 위해 미력이나마 도움을 줄 수 있기를 기대해 본다.

---

23) 이 글은 필자가 1인칭의 관점에서 기술했기 때문에 제3자의 관점에서는 충분히 다르게 기술될 수 있다고 본다.

제 5 편

정부자문기구 참여

7 행정개혁 참여 40년의 회고
- 예산제도, 공기업제도, 연구기관의 개혁 -

유 훈*

Ⅰ. 머 리 말

필자는 미네소타대학에서 수학한 후 1959년 8월에 귀국하여 1959년 제2학기부터 서울대학교 행정대학원에서 교편을 잡기 시작하여 1994년 8월 정년퇴임할 때까지 35년간 교직생활을 하면서 많은 제자들을 길러냈을뿐만 아니라 정부 각 기관의 각종 자문에 응했으며 여러 가지 개혁 작업에도 종사 했다.

돌이켜 보건대 1961년 재무부에 설치된 재정회계제도개혁위원회를 시작으로 재무부, 경제기획원, 국방부, 서울시, 내무부, 감사원, 국무총리실 등에 설치된 각종 위원회 등에 관여하면서 여러 가지 개혁 작업에 종사했다.

이러한 개혁 작업 중에는 단기간에 끝난 것도 있었으나 국방부의 PPBS 도입 작업과 같이 수년간에 걸친 것도 있었으며 한 번에 끝난 것이 있었는가 하면 정부투자기관경영평가위원회와 같이 10여년에 걸

* 서울대학교 행정대학원 명예교수.

쳐 정부투자기관(공기업)의 경영개선에 이바지한 것도 있었다.

필자는 대학에서 정년퇴임한 후에도 지방자치단체 연구기관의 책임자를 맡아 기관형성을 담당한다는 생각으로 연구기관의 개혁을 추진한 일도 있었다.

이러한 개혁 작업 중에는 필자가 생각하기에 성공을 거두어 그 효과가 길게 지속된 것이 있었는가 하면 개혁에 대한 저항 등으로 좌절된 것도 있었다.

이와 같이 40년 가까운 기간 동안 중앙정부 각 기관뿐만 아니라 지방자치단체의 개혁 작업에도 종사하였으므로 이를 체계 있게 서술하기란 용이한 일이 아니라고 생각했다. 그리하여 다른 것은 다 제쳐두고 크게 ① 예산제도개혁작업, ② 공기업의 경영합리화를 위한 개혁, ③ 지방자치단체에서의 연구기관 개혁 작업에 관해서만 서술하기로 하였으며 마지막으로 그동안 각종 개혁 작업에서 얻은 교훈과 시사를 몇 가지로 요약하는 것으로 끝을 맺었다.

Ⅱ. 예산제도개혁작업

1. 재정회계제도개혁위원회

1) 재정회계제도개혁위원회의 발족

5·16후에 재무부 내에 재정회계제도의 개혁을 위하여 재무부차관을 위원장으로 하고 재무부 등의 전직 고위관료와 학계출신자들

로 구성된 재정회계제도개혁위원회가 설치되었다.

필자도 위원으로 위촉되어 후술하는 예산회계법과 기업예산회계법의 제정을 통한 재정회계제도의 개혁작업에 참여하게 되었다.

2) 예산회계법의 제정

우리나라 국가재정의 기본법인 재정법이 1951년 9월 24일 임시수도 부산에서 제정 공포되었다. 그런데 유감스럽게도 이 재정법은 임시수도에서 갑작스럽게 제정된 까닭인지 일본의 재정법과 회계법을 많이 모방하였을 뿐만 아니라, 여러 가지 결함을 지니고 있었다.

그러나 근 10년간 이 재정법을 사용하면서도 회계연도를 변경하기 위한 개정이 두 번 있었을 뿐 재정법의 결함을 시정하기 위한 노력은 별로 없었던 것이다.[1)]

재정회계제도개혁위원회의 활동 중 가장 중요한 것이 재정법의 개정을 통한 예산회계법의 제정이라 하겠다. 재정회계제도개혁위원회는 재무부의 실무자들이 성안한 개정안을 중심으로 하여 재정법에 대해서 대폭적인 수정을 가했다. 이 개정안은 재정법개정법률이라 할 수 있었으나 명칭을 재정법에서 예산회계법으로 바꾸기로 하였으므로 재정법을 폐지하고 예산회계법을 새로 공포하는 절차를 밟기로 하였다. 1961년 여름에 성안된 재정회계제도개혁위원회의 안은 큰 수정 없이 각의의 의결을 거쳐 최고회의에 상정되어 1961년 12월 17일 법률 제849호로서 공포되었다.

---

1) 1954년 1월 23일과 1956년 6월 27일 두 번에 걸쳐 재정법이 개정되었다.

3) 예산회계법의 특징

예산회계법이 재정법과 다른 점이 무엇이냐 하는 문제가 여기에 제기된다. 세부적인 것까지 지적한다면 양자간의 차이점은 상당히 많지만 극히 중요한 것만 몇 가지 지적하기로 한다.[2)]

(1) 일본의 영향의 탈피

전술한 바와 같이 재정법은 일본의 재정법과 회계법을 모방한 법률이었다. 재정법을 대폭적으로 개정하였을 뿐만 아니라 명칭도 재정법에서 예산회계법으로 바꾼 것은 일본의 영향에서 벗어나기 위한 조치였다고 하겠다.

(2) 예산의 배정과 자금공급의 일원화

재정법하에서는 예산이 배정되어도 자금의 뒷받침이 없어서 계획적으로 사업을 집행할 수가 없었고 예산의 배정과 자금의 공급이 유리됨으로 인하여 폐단이 많았는데, 예산회계법하에서는 예산의 배정과 자금의 공급을 일원화하도록 하였다. 뿐만 아니라, 재정법과 재정법시행령에서 예산의 '영달'이라 하던 일본식 용어를 예산의 '배정'으로, 예산의 '시달'과 '재시달'은 '재배정'으로 용어가 바뀌었다.

(3) 계속비제도의 신설

제1공화국헌법 제91조 제2항은 계속비제도를 규정하고 있었음에도 불구하고 재정법에 절차규정이 없었던 까닭에 사실상 헌법상의

2) 유훈, "한국의 예산회계관계법률," 법제월보 1966년 1월호, pp. 53-56.

계속비에 관한 규정은 그간 사문화되어 있었다. 그리하여 다년간 계속하는 사업 또는 공사에 관한 경비도 예산을 해마다 계상하든가 국고채무부담행위의 형식에 의하지 않을 수 없었던 까닭에 불편이 많았다. 예산회계법은 이와 같은 불편을 없애기 위하여 계속비에 관한 규정을 신설한 것이다.

(4) 수정예산제도의 신설

재정법하에서는 예산안을 국회에 제출한 후 아직 예산이 의결되기 전에 정부가 제출한 예산안을 수정할 필요가 있을 때 정부는 국회로부터 예산안을 반환받아 이를 수정하여 국회에 다시 제출하는 복잡한 절차를 밟았다. 예산회계법은 이러한 불편을 제거하기 위하여 수정예산제도를 신설했다.

(5) 예비비의 충분한 계상

과거에 예비비가 항상 부족하여 예비비책정의 의의를 충분히 살리지 못하였다는 점을 감안하여 예산회계법은 「일반회계에 있어서는 세출예산의 100분의 1 이상에 해당하는 금액을 전항의 예비비로서 세출예산에 계상하여야 한다」고 규정하였다.

(6) 예산의 이체

재정법에서는 예산의 이체에 관한 규정이 없었기 때문에 매년 예산총칙에 이체에 관한 규정을 삽입하여 예산의 이체를 해왔었다. 예산회계법은 예산의 이체에 관한 규정을 신설한 까닭에 이제는 매년 예산총칙에 예산의 이체에 관하여 규정할 필요가 없게 되었다.

(7) 공공요금의 결정

재정법하에서는 국회가 공공요금을 결정하도록 되어 있었으나, 예산회계법은 이를 개정하여 공공요금심사위원회와 국무회의심의를 거쳐 대통령의 승인을 얻어 결정하도록 하였다.

4) 기업예산회계법의 제정

기업예산회계법도 재무부의 안을 토대로 하여 재정회계제도개혁위원회가 심의 의결한 내용을 기초로 하여 1961년 12월 31일자 법률 제28호로서 제정 공포한 것이다.

기업예산회계법은 공기업의 형태를 가지고 설명한다면 정부부처의 형태를 지닌 공기업에 적용되는 법률이요, 실정법을 가지고 설명한다면 정부기업특별회계에 적용되는 법률이라고 할 수 있다.

정부부처의 형태를 지닌 공기업은 그것이 정부부처의 형태를 지니고 있기는 하나 일반행정기능을 담당하는 부처들과는 구별되어야 함에도 불구하고 과거 우리나라에서는 특별회계를 두고 일반회계와 별도로 경리하는 것이 고작이었고 일반회계이건 특별회계이건을 막론하고 동일하게 재정법의 적용을 받았으므로 정부기업의 예산은 일반회계에 준하여 편성했던 것이다.

환언하면 과거의 우리나라의 소위 정부기업특별회계는 현금의 수지사실만을 기록·계산·정리하는 소비경제회계였던 것이다. 그러한 까닭에 과거의 우리나라 정부기업의 회계제도는 ① 사업에 투하된 방대한 자본의 유동과정을 계수적으로 파악하기가 곤란하여 자산계산이 부정확했으며, ② 사업의 경영성과를 밝힐 수 없었고, ③

따라서 경영성과를 분석·비교·검토할 수 없었던 까닭에 경영의 합리성을 결여하고 있었던 것이다.

그러므로 이를 기업회계제도로 개편하여 근대적 회계원리에 입각한 대차대조표와 손익계산서를 작성하여서 자산상태를 정확히 파악보전함과 동시에 경영성과, 즉 손익계산을 분명히 하고, 나아가서는 발생주의에 입각한 원가계산에 의하여 합리적인 요금을 책정하는 등 예산회계를 통한 경영관리의 기능을 확립함으로써 정부기업의 능률을 증진하고 그 기업성을 높이는 것이 절실히 요청되었다. 여러 가지 부족한 점은 있으나 이와 같은 요구를 충족시키기 위하여 제정된 것이 기업예산회계법이라 할 수 있다.

한마디로 말해서 기업예산회계법은 정부부처의 형태를 지닌 공기업(정부기업)이 좀더 기업체답게, 좀더 능률적으로, 좀더 신축성 있게 운영될 수 있도록 하자는 데 그 제정의 동기가 있다고 하겠다.

2. 예산회계제도심의회

1) 예산회계제도심의회의 발족

예산회계법의 제정으로 재정회계제도개혁위원회가 폐지되고 예산회계법 제16조에 의거하여 예산회계제도심의회가 설치되었다.

필자는 초기에는 예산회계제도심의회의 위원으로 예산회계제도개혁에 참여했으며 1989년부터 1993년까지는 이 위원회의 위원장을 맡기도 했다. 예산회계제도심의회 위원은 재정회계제도개혁위원회 위원이 대부분 재임명되었으며 일부 신규 위원이 추가되었다.

2) 정부투자기관예산회계법의 제정

1962년 8월까지는 우리나라 정부투자기관(공기업)의 운영과 통제는 각 투자기관의 설치법과 주무부장관에게 일임하다시피 되어 있었다. 그러다가 정부투자기관의 운영은 경제개발계획의 수행상 중요한 비중을 점하고 있는 까닭에 주무부장관에 의한 산발적인 통제 대신에 국민경제 전반의 관점에서 이를 통제 · 조정할 필요성이 있다하여 1962년 8월 정부투자기관예산회계법을 제정하게 되었다.

정부투자기관예산회계법도 예산회계법이나 기업예산회계법과 함께 재정회계제도개혁위원회에서 논의되었으나 일부위원들이 정부투자기관에 대하여 정부가 가하는 통제가 과다하다는 이유로 강력하게 이의를 제기하여 제정이 보류되었다.

다시 말해서 공기업에 대한 국가의 통제에 있어서 핵심적인 문제는 '공공성'과 '기업성'을 어떻게 조화시키느냐 하는 문제인데 정부안은 공공성을 강조한 나머지 기업성을 손상할 우려가 있다는 것이 일부 위원들의 주장이었다.

재정회계제도개혁위원회가 폐지되고 예산회계제도심의회가 설치되자 1962년 정부투자기관예산회계법안은 예산회계제도심의회에 이관되었다. 예산회계제도심의회에서는 일부 원안의 수정과 반대위원들의 설득이 병행되어 어렵게 넘어갔다.

예산회계제도심의회에서 많은 논란의 대상이 된 문제는 전술한 공공성과 기업성의 조화문제와 함께 법률의 적용대상인 주식회사나 공사의 형태를 지닌 공기업의 명칭을 무엇으로 할 것인가 하는 것이었다. 일본에서는 '정부관계기관'이라는 용어를 사용하고 있었는데 우리는 '정부투자기관'으로 하기로 결정했다.

3) 기금관리기본법의 제정

세입세출예산 외로 운용한다는 이유로 각 부처가 경쟁적으로 기금을 설치하여 한때 정부관리기금(직접관리기금)의 운용규모가 일반회계예산의 80%에 육박하는 수준에 달하게 되었을 뿐만 아니라 민간기금이라는 이유로 공공적 성격이 매우 강하며, 그 규모가 커서 국민경제에 지대한 영향을 미치고 있음에도 불구하고 그 운용계획에 관하여 국무회의의 심의나 대통령 승인을 얻을 필요가 없을 뿐만 아니라 국회에도 보고하지 않은 기금이 늘어나게 되었다.

구경제기획원은 이러한 기금제도의 문제점을 일찍부터 인식하고 기금에 대한 통제를 강화하기 위한 방안에 부심하였으나 좀처럼 결실을 보지 못하였다.

이와 같은 기금에 대한 통제강화방안이 어려움을 겪은 것은 국회에서 일부의원들의 반대도 있었으나 기금관리주체인 각 부처의 저항이 완강했기 때문이다.

필자는 예산당국의 요청을 받아 공청회나 학술대회 등에서 사회를 보면서 기금에 대한 통제강화의 필요성을 역설했으나 각 부처의 저항이 강함을 느낄 수 있었다.

그러다가 1991년 정기국회에서 정부와 국회가 기금관리기본법의 제정에 합의를 보게 되었으나 "예산 외로 운용한다"는 우리나라 기금의 특징을 살릴 수 있는 방안에 합의하는 데 어려움이 있었다.

여야간에 합의한 방안이 행정부에서 확정한 기금운용계획을 국회에 제출하여야 하는데 "기금관리주체는 기금운용계획에 대하여 국회의 소관상임위원회에 출석하여 보고하고 질의에 답변하여야 한다"는 것이다. 그 후 1993년의 기금관리기본법개정시에 이 규정은 "소관상임위원회에 보고하여야 한다"로 개정되었다. 보고하면 질의에 답변하여야 하므로 굳이 "질의에 답변하여야 한다"는 구절이 불필요하다는 것이다.

여기서 한 가지 첨언할 것은 2001년의 기금관리기본법개정에 의하여 종전의 국회의 상임위원회에 보고하도록 되어있던 것을 예산과 같이 국회의 심의·의결을 받도록 되어 예산과 기금의 차이가 해소되었다는 사실이다.

3. 성과주의예산제도

후술하는 계획예산제도와는 달리 성과주의예산은 부처수준의 도입준비에 끝인 것이 아니라 시험적인 적용이기는 하나 중앙예산기관이 주동이 되어 2년간 잠정적인 적용을 해 본 끝에 폐기된 실험이다.

1) 도입을 위한 준비

한국 예산당국의 성과주의예산에 대한 관심이 표면화된 것은 1961년의 일이다. Malcolm Parsons가 *Public Administration Review* 1957년 여름호에 발표한 필리핀의 성과주의예산에 관한 논문의 영향도 작용하여[3] USOM의 지원을 받아 1961년 3월말부터 4월초에

3) Malcolm Parsons, "Performance Budgeting in the Phillippines," *Public Administration Review*, Summer 1957, pp.173-179.

걸쳐 예산국장을 단장으로 하고 예산국의 과장 등으로 구성된 시찰단이 필리핀의 성과주의예산제도를 시찰하게 되었는데 필자도 시찰단의 일원으로 필리핀에 다녀오게 되었다. 필리핀에서 돌아온 시찰단은 1962년도부터 우리나라 일부기관에 이를 도입하기 위한 준비를 갖추게 되었다.

2) 선별적 적용

성과주의예산의 시험적 적용은 1962년도에 농림부, 보건사회부, 건설부의 3개 부처를 대상으로 하였으며, 이 3개 부처도 모든 사업에 성과주의예산이 적용된 것이 아니라 비교적 계량화가 용이하다고 생각되는 15개 사업에 선별적으로 적용되었다. 1963년도에도 같은 부처의 같은 사업에 성과주의예산이 적용되었다.

3) 폐 기

이와 같이 성과주의예산은 1962년도와 1963년도에 걸쳐 3개 부처의 15개 사업에 적용되었으나 성과주의예산이 지니는 난점과 예산국의 리더십의 중단으로 1964년도부터 이를 폐기하고 말았다.

4. 계획예산제도(PPBS)

전술한 성과주의예산이 선별적인 적용이기는 하지만 중앙예산기관에 의한 범정부적(汎政府的)인 도입이었는데 대하여 PPBS는 국방부라는 단일부처에의 도입준비였다는 점이 다르다고 하겠다.

1) 도입을 위한 준비

우리나라 국방부에서의 PPBS에 대한 관심은 1971년 6월 군특명검열단(軍特命檢閱團)에 PPBS위원회가 설치됨으로서 시작되었다고 하겠다.4)

필자는 특명검열단의 관리자문위원회 위원으로서 PPBS연구에 참여하게 되었다. 1971년 9월 25일부터 10월 20일에 걸쳐 필자와 육해공군 영관급 장교들로 구성된 PPBS시찰단이 미국·캐나다·일본의 PPBS를 시찰하고 돌아 왔다.

주로 미국의 PPBS에 역점을 두어 집행기관, 연구기관, 교육기관 등을 시찰했는데 프로그램체계의 설계방법과 사업재정계획(Program and Financial Plan)을 위시한 주요문서의 작성방법 등에 초점을 맞추었다. 캐나다의 PPBS도 미국의 그것과 대동소이했으나 미국의 사업재정계획이 5개년을 대상으로 하는데 대하여 캐나다의 사업재정계획은 3개년을 대상으로 한다는 점이 특이했다.

1973년에는 PPBS연구업무가 특명검열단에서 국방부 관리차관보실로 이관되었는데 필자는 관리차관보실의 국방관리자문위원으로 위촉되어 계속 PPBS의 연구와 도입업무에 종사하게 되었다.

1974년 2월에는 이 제도를 한국군전반에 적용하기 위한 「도입준비5개년계획」이 국방부장관훈령 제172호로 시달되었으며 국방부와 각 군에 추진기구가 설치됨으로써 본격적인 도입준비가 시작되었다.

1975년 3월 20일부터 3월 30일에 걸쳐 필자를 포함한 국방부시찰단이 대만의 PPBS를 시찰하고 돌아와 한국군의 PPBS도입에 참고

4) 군특명검열단, 계획예산제도연구보고서, 서울: 군특명검열단, 1973, 서문.

자료로 삼았다.

도입준비5개년계획에 의하면 1979년도를 도입목표년도로 하여 기초준비단계(1974~1975), 적용준비단계(1976~1978)로 나누어서 도입준비를 추진하도록 되어 있었으며 군계획의 성격상 세부적인 추진일정까지 포함하고 있었다.[5)]

도입준비5개년계획에 의한 도입준비는 기초준비단계의 여러 가지 작업들은 비교적 순조롭게 진행되었으나 적용준비단계에는 제대로 진입하지 못하고 종식되었다.

2) 폐 기

이와 같은 국방부의 도입준비는 미국의 영향을 받지 않을 수 없었다. 1973년 닉슨대통령에 의하여 연방정부의 PPBS가 MBO에 의하여 대체된 후에도 미국방성은 PPBS를 내부관리제도로 존치하고 있으나 PPBS에 대한 열기는 일본·한국 등 아시아 각국에서 냉각될 수밖에 없었다. 이리하여 우리나라 국방부의 PPBS도입준비도 적용준비단계에 제대로 진입하지 못하고 기초준비단계에서 종말을 고하였다.

Ⅲ. 공기업의 경영합리화를 위한 개혁

필자는 1960년대부터 1980년대 초반에 이르기까지 우리나라 공

5) 국방부 관리차관보실, 계획예산제도, 서울: 국방부, 1976, pp. 30-33.

기업의 경영합리화와 정부의 공기업에 대한 통제문제에 관한 개혁작업에 종사할 기회가 있었다.

1. 정부투자기관예산회계법안의 성안

우리는 위에서 정부투자기관예산회계법을 예산제도개혁이라는 관점에서 고찰하였는데 정부투자기관예산회계법은 공기업의 경영합리화 및 공기업에 대한 정부통제와도 관련이 있으므로 이곳에서도 간단히 언급하고자 한다.

정부투자기관의 운영은 경제개발계획의 수행상 중요한 비중을 점하고 있는 까닭에 주무부장관에 의한 산발적인 통제대신에 국민경제전반의 관점에서 이를 통제 · 조절할 필요가 있다 하여 정부투자기관에 대한 각종 통제의 강화를 내용으로 하는 정부투자기관예산회계법이 필자도 위원으로 참여한 예산회계제도심의회의 심의를 거쳐서 1962년 8월에 제정되었다는 것은 위에서 살펴본 바와 같다.

그러나 이 법률은 공기업(투자기관)의 '공공성'을 강조한 나머지 '기업성'을 소홀히 했으며 공기업의 자율적인 운영을 손상한다는 비판이 제기되었다.

2. 정부투자기관관리기본법안의 성안

정부투자기관예산회계법이 정부투자기관(공기업)의 자율적 운영을 손상함으로 이를 대체할 법률의 제정이 필요하다 하여 대통령 경제수석비서관의 제안으로 경제기획원이 정부투자기관관리기본법안을 성안하게 되었다.

필자도 자문교수의 한 사람으로서 이 법안의 성안과정에 참여하게 되었으며 1983년 9월에는 정부투자기관 평가단장에 위촉되었다.

1) 예산상 통제의 완화

정부투자기관관리기본법안의 성안과정에서 특히 강조되었던 것은 종전의 투자기관 → 주무부 → 경제기획원 → 국무회의 → 대통령승인 이라는 복잡한 과정을 밟았던 투자기관의 예산확정과정을 투자기관의 이사회의 의결만으로서 확정되도록 하는 것이었다.

이 밖에도 종전에 조달청이 관장하던 물품구입과 공사계약이 투자기관에 일임되었으며 종전에 다원화 되었던 외부감사가 원칙적으로 감사원만이 담당하게 되었다.

2) 임원의 비상임제

투자기관의 인사관리에 있어서는 사장을 제외한 모든 임원을 비상임으로 하는 문제가 논의의 대상이 되었다. 일부에서는 사장과 함께 이사장은 상임으로 하자는 주장도 제기했으나 필자 등은 이사장도 비상임이어야 한다는 점을 강조하였으며 종국에 가서 이것이 관철되었다.

3) 경영진 외부기용의 억제

정부투자기관관리기본법안의 또 하나의 특징은 집행간부(執行幹部)제도의 신설이다. 과거에는 정부투자기관의 업무담당이사를 포함한 대부분의 임원들이 외부에서 기용되어 문제가 많았는데 관리기본법에서는 과거의 업무담당이사와 유사한 지위를 지닌 집행간부제도를 신설하고 집행간부는 소속직원 중에서 내부승진에 의해서만 임명되도록 함으로써 소위 '낙하산' 인사를 억제했다는 점이 특기할만하다.

4) 실효성 있는 경영실적평가

정부투자기관관리기본법안의 또 하나의 특징은 실효성 있는 경영실적평가제도의 확립이라 하겠다. 전술한 바와 같이 정부투자기관에 가해졌던 각종 통제를 완화하여 자율성을 보장한 다음 실효성 있는 경영실적평가를 실시하여 그 결과를 인사관리나 보너스에 반영하도록 하였다.

이와 같은 경제기획원안은 거의 그대로 국회에 제출되고 1983년 정기국회에서 의결되어 1983년말에 공포되었으며 1984년 3월 1일부터 발효하게 되었다. 이 정부투자기관관리기본법은 1997년과 1999년에 개정되기까지 10여년동안 공기업의 경영합리화에 이바지했다.

Ⅳ. 지방자치단체에서의 연구기관개혁

필자는 경기도 지사를 역임한 전임 경기개발연구원 임경호 원장의 추천과 경기도 기획관리실장을 위시한 실무진의 건의도 있고 해서 1996년 2월 2일부로 경기개발연구원장에 임명되었다.

제2대 원장이기는 하나 전임 초대원장이 10개월밖에 재임하지 않았으므로 기관형성(機關形成)을 담당한다는 생각으로 경기개발연구원의 개혁을 진행했다.[6]

1. 장기개발계획의 수립

1) 계획수립과정

초창기 경기개발연구원의 개혁을 체계적으로 추진하기 위하여 취임한지 얼마 안 되어 필자는 연구원의 총괄기획부에 지침을 주어 1997년부터 2001년에 이르는 5개년을 대상기간으로 하는 장기발전계획안을 성안할 것을 지시하였다. 경기개발연구원도 서울시정개발연구원 수준의 연구인력과 조직을 갖추어야 하겠다는 것을 목표로 삼아 수차에 걸친 수정과 보완 끝에 장기발전계획이 완성되었다.

2) 계획의 주요내용

이 장기발전계획은 연구원의 장기적인 발전을 저해하는 요인으로서 ① 연구인력의 부족, ② 예산운용의 불안정성, ③ 연구공간 및 연구환경의 미비, ④ 연구원 조직 및 운영제도의 불합리, ⑤ 전산정보시스템의 미비를 지적했다.

이어서 이러한 저해요인을 극복하기 위한 방안을 여러 가지로 제시했는데 중요한 것만 간단히 살펴보기로 한다.

---

6) 경기개발연구원, 경기개발연구원 10년 이야기, 수원: 경기개발연구원, 2005, pp. 25-28.

(1) 연구인력의 확보

1997년부터 2001년에 이르는 5년간 박사급의 연구요원을 18명 정도 추가적으로 확보한다는 것이다. 이를 위해서 연도별·분야별 확보예정인력을 구체적으로 제시하였다.

(2) 기금의 확충

금리가 아직 높을 때였으므로 예산운영의 불안정성을 해소하기 위해서는 기금의 확충이 무엇보다 필요하다고 보고 1996년에 112억원이었던 기금을 2001년에는 370억원으로 늘린다는 계획하에 연간 40억원 내지 55억원의 기금을 확보하기 위한 연차별 계획을 세웠다.

(3) 충분한 연구공간의 확보

장기발전계획은 협소한 연구공간의 해결방안으로서 ① 단독청사 건물의 신축, ② 신축예정인 중소기업지원센터에의 입주, ③ 경기은행본부건물내에서의 추가공간 확보 등 세 가지 방안을 제시했다.

(4) 조직 및 제도의 정비

장기발전계획은 조직 및 제도의 정비를 위하여 ① hardware부문의 연구부서 보강, ② 생활환경연구부를 환경계획연구부와 지역사회연구부로 분할, ③ 총괄기획부를 기획조정부와 지방경영연구부로 분할, ④ 자료실 기능의 강화를 제시했다.

(5) 새로운 전산정보시스템의 구축

장기발전계획은 이를 위하여 PC를 network하기 위한 workstation의 필요성과 LAN설치작업의 필요성을 제시했다.

2. 장기발전계획의 집행

1) 도지사와 도의회에의 보고

(1) 도지사에의 보고

이 장기발전계획은 이인제지사의 공식적인 승인을 받은 것은 아니나 지사가 참석한 간부회의에 보고되었으며 어느 정도 실무자들의 공감을 얻었으므로 그 후 경기도의 재정지원이나 연구인력을 확보하는데 큰 도움이 되었다.

(2) 도의회 기획위원회에의 보고

장기발전계획은 도의회의 기획위원회에도 보고되었다. 보고절차에 불만을 토로하는 위원은 있었으나 내용자체에 대해서 이의를 제기하지 않았다.

2) 집행상황

(1) 우수한 연구진의 구축

필자가 취임했을때에는 6명에 지나지 않던 연구요원이 임기말인

1999년 2월초에는 25명으로 늘어났다. 1966년에 10명, 1997년에 6명, 1998년에 8명을 채용했으나 5명이 전출하였으므로 25명이 된 것이다. 신규채용에 있어서 특히 역점을 둔 것은 외부압력을 배제하고 우수한 인재만을 채용하는 것이었다. 다행하게도 이인제지사의 압력이 없었으므로 외부의 압력을 거의 배제할 수 있었으며 비교적 우수한 인재들로서 연구진을 구축할 수 있었다.

(2) 기금의 추가확보

장기발전계획에서 제시한 바와 같이 연구인력의 확충 다음으로 중요한 과제가 기금의 확충이었다. 금융기관의 금리가 폭락하기전에는 기금의 과실이 연구원의 중요한 수입원이었다. 이리하여 매년 경기도에 대하여 보다 많은 기금의 출연을 요청했다. 그러한 결과 연평균 약 30억원의 기금출연이 이루어져 1996년 2월에 112억원이었던 기금이 3년후인 1999년 2월에는 203억원으로 늘어났다. 장기발전계획에서 제시한 목표에는 미달했으나 그런대로 성과를 거두었다고 할 수 있겠다.

(3) 연구공간의 확장

장기발전계획에서 제시한 여러 가지 방안을 검토하였으나 막대한 예산이 소요되는 문제였으므로 경기은행건물내부에서의 추가공간의 확보라는 손쉬운 방안부터 채택하기로 하였다. 그러다가 1998년 새로 부임한 이달곤 지방행정연구원장이 지방행정연구원의 서울이전을 위하여 청사의 매각을 제의해 왔다. 일시불에 소요되는 예산의 확보가 여려워 3년할부매입조건으로 비공식적인 합의를 보았다. 그러나 지방행정연구원이 매입할 서울의 건물을 물색하는데 어려움이 있어서 지연되다가 필자의 임기가 끝난 후에야 지방행정연구원 청사로에의 이전이 실현되었다.

(4) 조직의 정비

초창기에는 여러 가지 사정으로 조직의 정비에 어려움이 많았다. 그런 가운데 1998년에 이르러 도시교통연구부가 도시 · 지역연구부와 교통정책연구부로 분할되고 수질환경연구소가 설립을 보게 되었다. 외부의 반대로 어렵게 탄생한 수질환경연구소이기는 하지만 팔당상수원 문제를 비롯하여 연구수요가 충분히 있는 조직이었는데 필자의 임기가 끝난 후 외부의 압력으로 폐지된 것은 유감스러운 일이라 하겠다.

조직의 정비와 관련하여 또 하나 지적할 것은 자료실의 보강이다. 자료실 보강의 필요성을 절감한 필자는 자료실을 원장직속기구로 하고 자료실예산을 대폭 증액하였다. 1998년에는 자료실이 자료전산실로 확대개편 되었다.

V. 시사와 교훈

1. 개혁주도자 또는 후원자의 역할

어느 나라에서나 마찬가지로 한국의 행정개혁에 있어서도 개혁

주도자 또는 후원자의 역할이 중요한 위치를 차지한다고 하겠다. 이들은 정책변동론에서 말하는 정책활동가(policy entrepreneur)라고 할 수도 있겠다.[7)]

1) 재정회계제도개혁위원회

재정회계제도개혁위원회가 담당한 예산회계법안, 기업예산회계법안 등의 성안을 통한 예산제도개혁에 있어서 당시의 재정회계제도개혁위원회 위원장이었으며 재무부차관이었던 이한빈 차관의 역할이 중요했다고 하겠다. 재정회계제도개혁위원회안의 성안과정에 있어서 재정법을 예산회계법으로 개칭하는 문제를 위시하여 예산국의 과장·국장시절의 실무경험에서 얻은 교훈을 법안에 많이 반영하는 등 중요한 역할을 담당했다. 뿐만 아니라 재정회계제도개혁위원회안이 거의 수정 없이 국무회의와 최고회의의 의결을 얻는 데도 결정적인 역할을 했다고 하겠다.

2) 성과주의예산제도

성과주의예산제도의 시험적 적용에 있어서는 당시 예산국의 이한빈 국장의 역할이 결정적이었다. 미국에서 개발 된 성과주의예산제도를 이미 시험적으로 적용하고 있던 필리핀의 성과주의예산을 시찰하는 일에서부터 단장으로서 주도적 역할을 하였을 뿐만 아니라 1962년도와 1963년도의 시험적 적용에 있어서도 큰 역할을 담당하였다고 하겠다.

---

7) Michael Mintrom and Sandra Vergari, "Advocacy Coalition, Policy Entrepreneurs, and Policy Change," *Policy Studies Journal*, Autumn 1996, p. 423.

그러나 그가 재무부차관으로 승진하여 국내에 머문 동안에는 그의 영향력이 잔존(殘存)하였으나 외무부로 자리를 옮기고 해외로 진출해 나간 다음에는 그의 영향력이 소멸했다고 하겠다. 필리핀시찰 때부터 성과주의예산을 못마땅하게 생각했던 후임 예산국장은 1962년도와 1963년도의 시험적 적용후에 비현실적이라는 이유로 성과주의예산을 폐기했던 것이다.

다시 말해서 성과주의예산을 도입하려는 개혁시도는 개혁주도자가 무대에서 사라지자 그와 운명을 같이 했다고 하겠다.

3) 공기업의 경영합리화

정부투자기관예산회계법을 근간으로 하는 정부투자기관에 대한 과도한 통제와 공기업경영진의 외부기용(낙하산인사)이 초래한 폐단을 시정하기 위하여 경제기획원관료들의 저항을 무릅 쓰고 정부투자기관예산회계법을 폐지하고 정부투자기관관리기본법을 제정할 수 있었던 것은 당시 청와대 사공일 경제수석의 주도적 역할 덕택이었다고 하겠다.

정부투자기관관리기본법은 정부투자기관에 가해졌던 과도한 정부통제를 제거함으로써 경영의 자율성을 부여했을 뿐만 아니라 집행간부(執行幹部)라는 경영진제도를 도입하고 집행간부는 내부승진에 의해서만 충원이 가능케 함으로써 공기업경영진의 외부기용을 억제했던 것이다.

그러나 정권이 교체되자 1999년 2월의 정부투자기관관리기본법의 개정에 의하여 상임이사제도가 도입되고 집행간부제도가 폐지됨에 따라 정부투자기관 경영진의 외부기용이 다시 부활되었다.

4) 지방자치단체에서의 연구기관개혁

필자의 경기개발연구원에서의 개혁과정에 있어서도 개혁후원자의 역할이 컸다. 당시 경기도의 이인제 지사는 대선문제에 골몰하여 도정에 관심을 표명할 여유가 없었으므로 부지사(나중에 도지사 권한대행)와 기획관리실장의 실권이 컸는데 이들이 경기개발연구원의 개혁에 후원자로서의 역할을 다했다. 특히 남기명 기획관리실장이 적극적인 지원을 아끼지 않았으므로 큰 도움을 받았다.

그러나 지방자치단체장선거에 의하여 도지사가 새로 선출되고 부지사·기확관리실장이 교체됨에 따라 후원자들이 무대에서 사라진후에는 개혁작업이 종막을 고할 수밖에 없었다.

2. 관료들의 역할

행정개혁에 있어서 관료들의 역할이 대단히 중요하다는 것은 긴 설명을 요하지 않는다. 우리는 관료의 역할을 행정개혁에 대한 그들의 공헌과 관료제의 저항으로 인한 행정개혁의 좌절로 나누어서 고찰하고자 한다.

1) 개혁을 위한 관료들의 공헌

모든 행정개혁에서 동일한 현상을 찾아볼 수 있을 줄 아나 필자가 참여한 행정개혁에 있어서는 관료들이 중요한 역할을 담당했다.

재정회계제도개혁위원회나 예산회계제도심의회 등에서 성안한 예산회계법안, 기업예산회계법안을 위시한 대부분의 행정개혁안은 관료들이 기초한 것을 토대로 위원회의 심의과정에서 다듬은 것이라 하겠다.

관료들이 기초한 개혁안은 많은 경우 개혁주도자 등 상급자가 부여한 지침에 의거하였으나 관료들의 견해가 많이 반영될 수밖에 없었다. 일단 관료들이 기초한 개혁안이 위원회 등에 상정되어 대폭적 수정을 입거나 보류되는 경우도 있었으나 많은 경우 관료들의 초안이 토대가 될 수밖에 없었으며 관료들의 역할이 컸다는 것은 부인할 수 없는 사실이다.

2) 관료제의 저항으로 인한 좌절

관료들이 행정개혁의 성공에 이바지하는 경우도 많으나 다른 한편 관료들의 저항으로 인하여 좌절하거나 굴절을 입는 개혁도 많다.

성과주의예산제도와 계획예산제도 도입의 실패가 좋은 예라 하겠다, 성과주의예산제도는 리더십의 중단으로 폐기되고 말았다는 견해도 있으나 예산국의 관료들이나 각 부처 예산담당자들의 저항으로 개혁주도자가 무대에서 사라지자 비현실적이라는 이유로 폐기되었다는 것이 필자의 생각이다.[8)]

계획예산제도(PPBS)의 경우에도 동일한 현상을 찾아볼 수 있다. 국방부에서 도입준비5개년계획을 수립하여 국방부장관훈령으로 각 군에 시달되었으나 미연방정부에서 계획예산제도가 MBO에 의하여 대체되자 이것을 구실로 국방부나 각 군의 예산담당자들의 주동으

8) Hoon Yu, "Performance Budgeting in Korea," 행정논총, 제8권 제2호, 1970, pp. 447-448.

로 계획예산제도 도입시도가 중단되었다는 것이 필자의 판단이다.

이렇게 볼 때 일선관료들을 정책과정에서의 주된 행위자(primary actor)로 보며 일선관료들이 주장하고 결정하기까지는 구체적인 의미의 정책이 존재하지 않는다는 일선관료제(一線官僚制)이론의 주장에 수긍이 갈 것 같다.[9]

3. 예산제도개혁의 어려움

어떠한 개혁에도 정도의 차이는 있으나 저항이 있기 마련이나 예산은 정치체제의 표현이며 예산개혁은 권력구조의 변동을 초래하는 까닭에 예산정책은 다른 어떤 개혁보다도 많은 저항에 직면하며 좌절을 겪게 된다는 것이 Wildavsky의 주장이다.

우리나라에서 성과주의예산제도가 2개년간에 걸친 선별적 적용 끝에 폐기된 것이나 계획예산제도가 다년간에 걸친 도입준비 끝에 제대로 적용도 해보지 못하고 폐기된 것은 다른 이유도 있으나 근본적으로 예산개혁의 어려움에서 비롯된 것이라 하겠다.

세입세출예산외로 운용한다는 이유로 각 부처가 경쟁적으로 설치한 기금에 대한 통제의 필요성이 제기된 것은 1980년대 후반의 일이나 1991년에야 정부와 국회가 기금관리기본법의 제정에 합의를 보게 되었다. 그러나 이때의 기금관리기본법은 「기금관리추체는 기금운용계획에 대하여 국회의 소관상임위원회에 출석하여 보고하고 질의에 답변하여야 한다」는 조항을 두었던 것이다. 기금이 예산과 같이 국회의 심의·의결을 받도록 된 것은 이보다 10년후인 2001년

9) Michael Lipsky, "Standing the Study of Public Policy Implementation on Its Head," in Walter Burnham and Martha Weinberg(eds.), *American Politics and Public Policy,* Cambridge: MIT Press, 1978, pp. 397-398.

의 일이다.

이와 같이 많은 경우 그 재원에 있어서 예산과 큰 차이가 없는 기금에 대하여 국회가 제대로 된 통제를 가할 수 있기까지 10여년이 걸린 것도 예산개혁의 어려움에 그 근본적인 원인이 있다고 하겠다.

4. 법령제정의 중요성

우리나라 행정개혁에 있어서 법령제정이 중요한 역할을 했다고 하겠다. 예산회계법, 기업예산회계법 등의 제정에 의하여 이들 법률들이 의도하였던바 예산제도개혁이 뿌리를 내리는 데 도움이 되었다고 하겠다.

기업예산회계법은 제정 후 몇 번의 개정에 의하여 다소 변모하기는 했으나 개혁의 목적은 잘 보존되고 있다고 하겠다. 예산회계법과 기금관리기본법은 2006년 10월 4일에 공포되어 2007년 1월 1일부터 시행을 보게 된 「국가재정법」에 의하여 대체되었으나 본래의 모습은 거의 그대로 유지하고 있다고 하겠다.

한마디로 말해서 법령의 제정은 행정개혁이 뿌리를 내리는데 결정적인 역할을 했으며 오랫동안 행정개혁의 취지를 보존하는데 이바지했다고 하겠다.

이에 반하여 성과주의예산제도나 계획예산제도(PPBS)는 행정개혁을 위한 시도는 좋았으나 여러 가지 이유로 뿌리를 내리지 못하고 폐기되고 말았다. 폐기된 이유는 앞에서 상세히 고찰하였으므로 이곳에서 다시 되풀이하지 않겠으나 성과주의예산제도나 계획예산제도가 법령의 뒷받침이 있었더라면 쉽게 폐기되지는 않았으리라는 것

이 필자의 생각이다.[10)]

결론적으로 다른 나라에서도 그렇지만 특히 우리나라에서는 행정개혁이 뿌리를 내리기 위해서는 법령의 뒷받침이 대단히 중요한 역할을 담당한다는 것이 필자의 생각이다.

5. 정책이전이 주는 교훈

성과주의예산제도와 계획예산제도의 도입시도는 전형적인 정책이전(policy transfer)의 예라 하겠다. 정책이전이란 타국이나 다른 주(州), 다른 자치단체의 정책을 옮겨오는 것을 말한다.

정책이전은 독자적으로 정책이나 제도를 개발하는 것이 아니고 다른 나라를 포함하는 다른 정치단위(political unit)에서 개발한 것을 이전하여 오는 것이므로 스스로 개발하는 것보다 용이할 수 있다.[11)]

이와 같이 정책이전이 스스로 개발하는 것보다 용이하나 정책이전이 항상 성공하는 것이 아니며 그 성패는 여러 가지 요인의 영향을 받는다. 우리는 이러한 요인으로서 ① 지리적 인접성, ② 언어의 장벽, ③ 사회문화적 유사성, ④ 행정문화의 유사성, ⑤ 정책개발국의 상황 등을 들고자 한다. 캐나다가 미국의 정책을 빈번하게 이전하고 우리나라가 일본의 정책이나 제도를 빈번하게 이전하는 것은 위에서 열거한 여러 가지 요인이 긍정적으로 작용한 까닭이라고 하겠다.

성과주의예산제도와 계획예산제도가 뿌리를 내리지 못하고 실패

---

10) 필리핀에는 1954년에 제정된 성과주의예산법이 있었으므로 성과주의예산이 오래 사용되었다.

11) David Dolowitz and David Marsh, "Who Learns What from Whom: A Review of the Policy Transfer Literature," *Political Studies*, June 1996, pp. 343-357.

한 원인을 위에서 여러 가지로 지적했으나 정책이전의 관점에서도 설명할 수 있겠다.

미국에서 개발된 성과주의예산제도가 우리나라에서 2개년에 걸친 선별적 적용 끝에 폐기된 것은 리더십의 중단이나 관료제의 저항에도 그 원인이 있겠으나 행정문화의 유사성을 포함한 정책이전이 성공하기 위한 요인을 충족하지 못한데 그 근본적 원인이 있었다고 하겠다. 특히 성과주의예산제도의 난점의 하나로 지적되고 있는 단위원가의 산정에 있어서 발생주의회계제도의 채택이 필수적이라고 하겠는데[12] 지금에 와서야 우리나라에서 채택이 추진되고 있는 발생주의제도가 1960년대초반의 우리나라 정부부문에서는 생소한 제도였던 것이다.

미국에서 개발된 계획예산제도가 우리나라에서 실패한 것도 관료제의 저항이나 예산개혁의 어려움 등에서 그 원인을 찾을 수 있겠으나 분석기법 보급의 차이라는 행정문화의 차이뿐만 아니라 계획예산제도가 미국에서 MBO에 의하여 대체되었다는 사실이 계획예산제도를 달가와하지 않던 우리나라 관료제에 폐기할 구실을 제공했다고 하겠다.

---

12) Hoon Yu, *op.cit.*, pp. 445-446.

8 디지털 예산회계 시스템 구축
- 디지털 예산회계 기획단 자문위원회의 활동 -

윤 영 진*

Ⅰ. 머 리 말

디지털 예산회계 시스템 구축사업은 노무현 정부가 추진한 정부 예산회계제도 개혁의 결정판이라고 볼 수 있다. 국가재정운용계획, 예산총액배분 자율편성제도, 성과주의 예산제도, 프로그램 예산제도, 복식부기·발생주의회계제도 등의 제도개혁과 이들을 반영한 통합재정정보시스템 구축사업이 디지털 예산회계 시스템 사업의 핵심내용이기 때문이다. 디지털 예산회계 시스템 사업은 총괄적 제도개혁과 통합재정정보시스템 구축이라는 특징 때문에 건국 이후 60년만의 최대의 재정혁신이라고 평가받을 수 있다.

이러한 제도개혁은 2006년 제정되어 2007년부터 발효된 국가재정법에 의해 법적 토대를 갖추게 되었다. 국가재정법은 국가재정운영의 기본틀을 담은 재정운영의 기본법이다. 재정운영의 기본법은 1951년에 제정된 재정법에서 비롯된다. 재정법은 일본의 재정법과 회계법을 모방해 만든 법으로서 우리의 현실에 적용하기에는 많은

* 계명대학교 행정학과 교수.

결함을 지니고 있었다. 이 후 1961년에 재정법을 전면 개편하여 예산회계법을 제정하였으며 이 법은 40여년간 우리나라 재정운영의 기본규범으로 자리 잡았다. 그동안 예산회계법의 부분적 또는 전면적 개정이 있었지만 기본틀을 바꾸는 데까지는 이르지 못하였다.

디지털 예산회계 시스템 구축사업은 디지털 예산회계 기획단에 의해 추진되었으며, 이 기구는 3년간의 시스템 구축 이후에도 운용 및 고도화 사업을 위해 계속 존속하고 있다. 필자는 2004년에 설치된 디지털 예산회계 기획단 자문위원장으로 3년간 활동한 바 있다. 자문위원장으로 참여했던 시기는 필자의 전공분야를 살려 우리나라 예산회계제도 개혁에 일조했던 귀중한 경험이었다. 여기서는 자문위원장으로서 경험했던 개혁과정의 참여관찰을 정리해보고자 한다. 다만 자문위원장의 참여관찰에는 한계가 있으며 결국 필자가 직접 관련된 부분은 에피소드 중심의 얘기일 수밖에 없다.

Ⅱ. 노무현 정부의 '3+1' 예산회계제도 개혁

노무현 정부(참여정부)는 출범 후 정부혁신지방분권위원회를 통해 각 분야별 개혁과제들의 추진방향과 일정을 담은 로드맵을 단계적으로 발표하였다. 동 위원회는 2003년 7월에 재정 · 세제개혁 로드맵을 발표하였다. 이 때 발표된 로드맵을 보면 우리나라 재정운영 시스템의 문제점을 3가지로 정리하고 이를 토대로 예산제도 개혁과제 3가지를 제시하였다.

동 위원회는 재정운영 시스템의 문제점으로 첫째, 재정이 투입단계에 대한 통제위주로 운영되고 있다, 둘째, 재정지출성과에 대한 관리가 미약하다, 셋째, 예산편성과정에서 각 부처의 자율과 책임이 미약한 문제점을 안고 있다고 지적한다. 이러한 진단을 토대로 동 위원회는 성과중심 재정시스템 구축, 사전배분방식의 도입, 국가재정운용계획의 수립이라는 예산제도 개혁과제 3가지를 제시하였다(정부혁신지방분권위원회, 정부혁신지방분권로드맵, 2003). 로드맵에 따라 국가재정운용계획(mid-term fiscal planning), 예산총액배분 자율편성(top-down) 제도, 성과관리제도 등 3개의 예산제도 개혁과제는 곧바로 시행되었다.1)

이후 2004년 3월 정부혁신지방분권위원회는 "디지털예산회계시스템의 구축방안"을 의결하면서 예산회계제도 개혁을 위한 새로운 과제를 추가하였다. 동 위원회는 ① 예산구조와 체계의 전면 개편, ② 회계제도의 개혁(복식부기제도 도입), ③ 정보능력 있는 디지털 시스템 구축을 혁신과제로 추가하였다. 그리고 이를 추진하기 위한 전담기구로서 '디지털예산회계시스템추진기획단'을 설치 · 운영할 것을 결정하였다.2)

정부혁신지방분권위원회는 디지털 예산회계기획단을 통해 추가적인 예산회계제도 개혁과제를 추진하고자 했던 3가지 이유를 다음과

1) 성과관리제도는 이미 김대중 정부 때부터 시범운용 중에 있었던 성과예산제도를 계승 발전시킨 것이다.

2) 디지털 예산회계 시스템 구축의 아이디어를 처음 제기한 사람은 윤성식 교수였다. 당시 정부혁신지방분권위원회 위원으로 활동하던 윤 교수는 기획예산처를 직접 찾아가 이러한 생각에 대해 의견을 구한 뒤 대통령에게 필요성을 설명하였다. 부기와 회계에 대해 전문가 이상의 이해를 가지고 있던 대통령은 예산회계제도 혁신은 물론 정보의 분석 · 가공 · 활용이 가능한 통합재정정보시스템 구축을 반드시 수행해야 할 과제로 받아들였다. 대통령의 적극적인 수용으로 이 구상은 2004년도 3월 국정과제회의 안건으로 상정되었으며, 관련부처 장관과 전문가의 토의를 거쳐 참여정부에서 추진할 정책과제로 결정되었다(기획예산처 면담자료).

같이 정리하였다(디지털 예산회계기획단, 2004). 첫째, 정부회계제도의 개혁(복식부기의 도입) 추진과정에서 이와 연계된 예산제도 개혁의 필요성, 둘째, 정부기능 연계 시스템의 개발 추진에 따라 예산과목구조 개편도 연계하여 추진할 필요성, 셋째, 예산의 예산총액배분 자율편성(top-down방식), 성과관리제도 등 새로운 재정운영 시스템을 위한 인프라 구축의 필요성 등을 제시하였다.

이렇게 기존의 3대 개혁과제인 국가재정운용계획, 예산총액배분 자율편성, 성과주의 예산제도에 디지털 예산회계시스템 구축을 추가하여 소위 "3 + 1" 개혁이라고 부른다. 그런데 디지털 예산회계시스템 구축에는 예산 분야에 재정범위의 재설정, 프로그램예산제도 도입, 회계 분야에 복식부기 · 발생주의회계제도 도입, 정보 분야에 통합재정정보시스템 구축이라는 4개의 과제가 포함되어 있다. 이들 혁신과제는 당초 로드맵에 선정된 혁신 과제의 완전성을 기하기 위한 보완적인 성격의 것으로 평가될 수 있다.

결국 재정 · 세제개혁 로드맵과 추가적 혁신과제로 디지털 예산회계시스템 구축이 결정됨으로써 참여정부의 예산회계제도 개혁과제는 다음의 7가지인 셈이다.

① 국가재정운용계획

② 예산총액배분 자율편성제도

③ 성과주의 예산제도

④ 재정범위의 재설정

⑤ 프로그램예산제도

⑥ 복식부기 · 발생주의회계제도

⑦ 통합재정정보시스템(디지털 예산회계 시스템)

그리고 이들 제도개혁을 추진하면서 제도적 인프라 구축을 위한 국가재정법을 제정한 것은 노무현 정부의 큰 성과라고 볼 수 있다. 건국 이래 정부예산에 대한 기본법으로 운용되어 오던 예산회계법과 기금관리기본법을 폐지하고 새로운 재정환경 및 재정제도에 맞는 국가재정법을 제정한 것이다. 국가재정법은 2006년도에 국회에서 의결되고 2007년 1월 1일부터 발효되었다.

Ⅲ. 개혁 추진주체: 디지털 예산회계 기획단, 자문위원회, 용역수행기관

1. 디지털 예산회계 기획단의 구성

2004년 5월 기획예산처 산하에 디지털 예산회계 기획단(Budget & Accounting Reinvention Office: 이하 디지털 기획단)이 설립되었다.[3] 디지털 기획단은 대통령 주재 하의 국정과제회의(2004. 3. 4)에서 보고되고, 대통령훈령(2004. 5. 3 공포)[4]에 의해 설립되었다. 설치 목적은 공공부문 재정운영의 성과관리를 위한 예산·회계제도 개혁과 이를 지원하는 통합재정정보시스템을 구축하는 데에 있다.

디지털 기획단은 기획예산처, 재정경제부, 행정자치부, 감사원에서 파견된 13명의 공무원과 CPA·IT전문가 등 외부전문가 3명 등

3) 공식 명칭은 디지털예산회계시스템추진기획단이다. 그런데 영문표기가 처음엔 Budget & Accounting Renovation Office(BARO) 였는데 자문위원의 건의에 의해 Renovation을 Reinvention으로 변경하였다. Reinvention 개념이 디지털 예산회계시스템의 개혁내용을 함축한다고 볼 수 있다.

4) 디지털예산회계시스템추진기획단구성및운영에관한규정(대통령훈령 제 118호, 2004. 5. 3 공포)

으로 구성되었다. 이러한 조직구성은 예산, 회계, 지방재정, 감사 등을 총괄하여 다루어야 될 필요성을 반영한 조직구성이다. 이렇게 재정관련 기관이 범정부적으로 기획단을 구성하여 예산·회계제도 개혁을 추진한 것은 역사적으로 처음 있는 일이다. 범정부적 기획단이 구성됨으로써 예산 및 회계제도의 통합, 지방재정과의 연계, 그리고 통합재정정보시스템을 구축할 수 있는 여건을 만들게 되었다.

디지털 기획단의 내부조직 구성은 기획총괄팀, 재정제도팀, 지방재정팀으로 이루어졌다. 기획총괄팀은 예산체계 개편, 통합재정정보시스템 구축, 재정제도팀은 회계체계 개편, 발생주의·복식부기회계 도입, 지방재정팀은 지방정부의 예산·회계제도 개편을 담당하였다.

기획단장은 기획예산처 2급 공무원으로 보임되었다. 3년간의 시스템 구축기간에 기획단장은 3명이 거쳐갔다. 기획단장이 고위직이라서 승진 기회가 빨리 돌아오기 때문에 자주 바뀔 수밖에 없는 점은 이해되지만 부임 이후 업무흐름과 진척정도를 파악하는 데에 시간이 걸리고 일하는 스타일이 다른 데에서 오는 문제가 있어보였다. 다만 디지털 기획단의 직원들은 임무가 완수될 때까지는 끝까지 일하겠다는 각오가 되어 있었다. 실제로 대부분 시스템이 완성될 때까지 근무하였다. 이러한 직원들의 안정적 근무는 시스템 구축을 차질없이 완수하는 데에 기여한 것으로 평가할 수 있다. 당시 정부혁신지방분권위원장은 이들에 대한 인사상의 배려를 강조했고 자문위원장인 필자도 기획예산처 장관 등을 만날 때 이 부분을 주장한 바 있다.

그런데 기획단장을 기획예산처 공무원이 맡고 직원들도 기획예산처 공무원들이 다수를 차지한 사실이 부처간 협업을 통합 업무추진에 영향을 미친 것으로 생각되었다. 특히 기획예산처와 라이벌 의식이 강한 재정경제부의 파견 공무원이 적고 주도적 입장을 갖지 못한 사실이 (절대적 요인은 아니지만) 회계제도 개혁 지연 요인으로 작용하였다고 생각한다. 그 결과 복식부기·발생주의회계제도가 2008년에 중앙정부에 공식 도입될 예정이었으나 준비 미흡으로 일년 지연되어 2009년 도입예정으로 변경되었다. 좀더 회계제도 개혁에 여력을 집중했다면 예정대로 추진되었을 것으로 판단한다.[5] 그리고 지방재정정보시스템과의 통일 및 연계 작업은 초기에 추진방식과 관련하여 행정자치부 측의 문제제기가 있었으나 전체적인 조율이 이루어진 가운데 추진되었다. 다만 시스템 구축 후반으로 갈수록 디지털 기획단의 지방재정정보시스템 구축에 대한 관심이 떨어져간 감이 있다. 이는 지방재정정보시스템 구축을 행자부가 독자적으로 추진하면서 자연스럽게 생기는 현상이라고 본다.

그림 1 디지털 예산회계 기획단의 조직

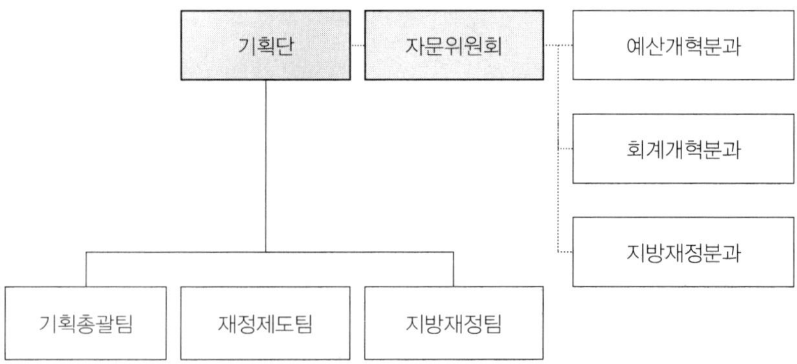

5) 그런데 2007년 국가회계법이 통과됨으로써 중앙정부의 복식부기·발생주의 회계제도의 도입은 큰 차질없이 진행될 것으로 본다.

2. 디지털 예산회계 기획단 자문위원회의 구성

디지털 기획단의 추진업무에 자문을 해 줄 자문위원회가 디지털 예산회계시스템추진기획단규정(제5조)에 근거하여 2004년 5월에 설치되었다. 자문위원회는 재무행정학자, 회계학자, 경제학자, 지방재정 전문가, 전산 전문가 등 13명으로 구성되었다. 자문위원회는 예산개혁 분과, 회계개혁 분과, 지방재정 분과의 3개 분과로 나뉘어 활동하였으며, 각 분과에는 간사가 한명씩 있었다. 2005년에는 3명의 자문위원이 추가로 위촉되어 16명이 되었다. 추가 위촉된 자문위원의 전공분야를 보면 재무행정, 경제학, 전산학 분야 각 한명씩이다.

표 1 디지털 예산회계 기획단 자문위원회의 구성

구 분	인 원	전문 분야
자문위원장	1	재무행정
예산개혁 분과	4(+2)	경제학(1+1), 재무행정(2), 전산학(1+1)
회계개혁 분과	4	회계학/경영학(3), 경제학(1)
지방재정 분과	4(+1)	지방재정(2+1), 경제학(2)
총 계	13(16)	

주: ( )에 +된 숫자는 추가로 위촉된 자문위원 숫자임.

자문위원의 임기는 1년이고 연임할 수 있도록 되어 있었으며 2006년 6월말까지 존속하였다. 그러나 임기가 끝났음에도 불구하고 디지털 예산회계 시스템이 완성된 이후 프리젠테이션할 때와 시험운영을 할 때 자문위원회가 열리기도 하였다.[6] 이것은 굳이 형식적

임명절차를 거치지 않더라도 실질적인 자문을 지속적으로 받기 위함이었다.

자문위원회 운영규정(제4조)에 의하면 자문위원회의 역할은 세 가지이다. 첫째, 디지털 예산회계 시스템 추진과 관련된 제반사항에 대한 자문, 기획단에서 요청한 특정분야에 대한 전문 연구용역, 기타 기획단에서 요청한 사항에 대한 연구 및 조사 등이다. 자문위원회의 회의는 월 1회 정기적으로 개최하게 되어 있으며 필요한 경우 분과위원회를 수시로 개최할 수 있다. 실제로 정기회의는 전체회의 형태로 진행되며 진행상황에 대한 보고와 주요 쟁점 중심으로 논의를 하였다. 분과위원회는 심층적 논의가 필요한 쟁점에 대해 논의를 하기 위해 필요할 때 회의를 개최하였다. 그리고 개인적으로 자문위원의 전문영역에 대해서 자문을 하는 방식을 취하였다. 특히 전산영역과 정부회계 분야의 경우 개인적 자문이 이루어졌다. 자문위원 중의 한 분은 상시적으로 근무하면서 자문을 하기도 하였다. 또한 자문위원들에게 소용역 과제를 부여하여 연구 및 조사보고서를 작성하게 하는 방식도 병행되었다.

자문위원회의 운영과 관련하여 일반적으로 볼 수 있는 현상이 디지털 기획단 자문위원회의 경우에도 볼 수 있었다. 자문위원으로 위촉이 되었지만 회의에 거의 참석을 못한 사례이다. 이런 경우 실질적 자문을 못할 뿐만 아니라 오랜만에 참석할 때 진행상황 및 논의구조를 제대로 숙지하지 못함으로써 자문활동에 거의 기여를 못한다. 실제로 재정범위 설정과 관련하여 기획예산처와 중앙일보 간

6) 자문위원 위촉기간이 2006년 6월 29일부로 만료되었음에도 불구하고 재위촉 절차를 밟지 않은 것은 당시 기획단 조직을 시스템 운영단으로의 전환을 추진 중이었기에 조직변동시 다시 위촉절차를 밟아야 하는 절차상의 문제가 있었던 것도 한 요인이었다.

에 논쟁이 있었는데 중앙일보의 자문교수 중에 디지털 기획단 자문위원이 중요 역할을 한 것으로 알려졌다. 그 자문위원은 자문위원회 회의에는 거의 참석을 하지 않음으로써 그동안 충분히 논의해왔던 재정범위에 관한 시각의 차이를 보여준 바 있다.

3. 용역수행 기관

디지털 기획단이 추진한 예산회계제도 개혁 및 시스템 구축 과정은 크게 4단계로 구분된다. 첫째, 시스템 구축기반 마련 단계(2004), 둘째, 시스템 구축 준비 단계(2005), 셋째, 시스템 구축 단계(2006), 넷째, 시스템 운영 및 안정화 단계(2007~)이다. 이러한 단계별 일정은 노무현 정부의 임기 중 시스템 개통이라는 목표와도 관련이 있다. 노무현 정부의 임기가 2008년 2월에 종료한다는 점을 감안하여 임기 중 시스템 가동단계에 들어가기 위해서는 2007회계년도 예산의 편성과 집행에 활용되어야 한다는 원칙이 수립되었다. 이에 따라 시스템 개통시기를 2007년 1월 1일로 먼저 정해 놓고, 이를 달성하기 위한 세부 일정계획을 역산하여 마련한 셈이다. 그런데 각 단계별로 용역수행기관이 선정되어 실질적인 업무를 수행하였다.

첫해(2004)인 시스템 구축기반 마련 단계에서는 민간 컨설팅 업체인 베어링 포인트(Bearing Point)가 용역 수행기관으로 선정되어 업무전략계획(BSP)을 수립하였다. 업무전략계획(BSP)에는 디지털 예산회계 시스템 구축을 위한 마스터 플랜과 제도개혁을 위한 과제, 개혁 추진일정 등이 담겼다. 베어링 포인트가 업무전략계획을 수립하는 기간은 2004. 9월~2004. 11월까지 3개월이었다. 공공부문 개혁 관련 용역을 수행한 경험이 많다고 해도 베어링 포인트로서 예산회계제도

그림 2 디지털 예산회계 기획단의 업무추진 일정

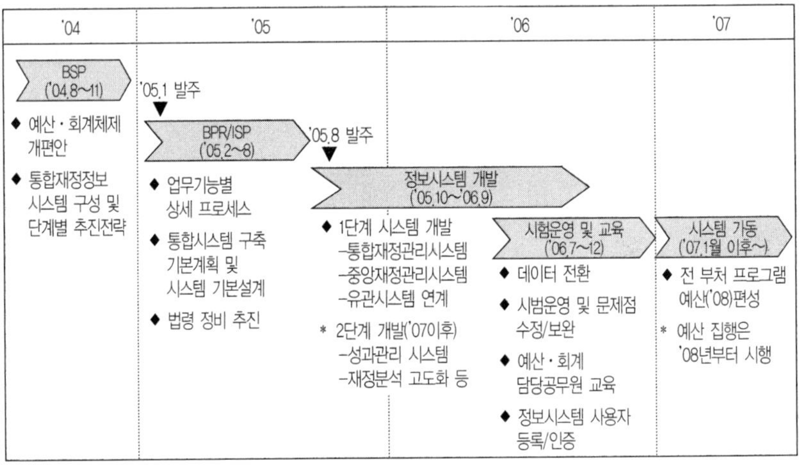

개혁의 그림을 그리는 데에는 많은 어려움을 갖는 것으로 보였다.

BSP 수립과정을 보면 추진방향 설정 및 주요 이슈에 대한 공론화와 정책결정은 디지털 기획단이 주도적으로 결정하였으며, 자문위원들의 자문을 받는 방식으로 진행하였다. 더욱이 용역수행기간이 짧아 밤늦게까지 일을 하는 모습을 볼 수 있었다. 또한 디지털 기획단장이 필요한 과제를 기간 내에 수행해주도록 요구하는 경우가 많아 업무수행에 대한 심리적 압박을 받은 것으로 보였다. 실제로 베어링 포인트 용역 책임자가 농담으로 다음엔 정부 용역하고 싶지 않다는 얘길한 적이 있다. 그러나 이러한 노력의 결과로 업무전략계획의 결과물이 2004. 11. 30에 발간되었다.

시스템 구축 준비 단계에서는 2005년 3월~10월 동안 가립 회계법인이 중심이 된 컨소시엄 형태의 용역팀이 업무재설계(BPR, Business

Process Reengineering)와 정보화전략계획(ISP, Information Strategy Planning) 수립 작업을 하였다. 이 용역팀은 시스템을 구축하기 위한 구체적 계획과 설계방안을 마련하였다. 즉, BSP 결과를 구체화하고 4대 핵심과제 추진과 관련하여 국가 재정업무 전반에 대한 업무재설계 및 표준화(BPR)를 추진하였다. 또한 업무 재설계를 통해 제시된 모델과 최신 정보기술을 적용하여 통합재정정보시스템을 구축하기 위한 정보화전략계획(ISP)을 수립하였다. 이 용역팀의 프로젝트 범위는 재정범위 재설정, 예산제도와 회계제도 혁신업무를 수행하고, 이러한 재정제도 혁신결과가 지속적으로 관리될 수 있도록 사업관리기능 구현 및 통합재정정보시스템 설계 업무를 수행하는 것이다. 이 단계에서 재정범위의 재설정, 프로그램예산제도의 설계, 발생주의 · 복식부기 회계제도의 정착, 통합재정정보시스템을 위한 전략계획이 수립되었다. 이 단계에서의 자문활동은 중간보고 및 최종보고서 마무리 시점에 자문회의를 개최하는 방식으로 이루어졌으며 1박 형식의 워크샵을 통해 집중 논의하였다. 그리고 자문위원 개별적 또는 분과위원회 형태의 자문활동도 지속적으로 이루어졌다.

시스템 구축 단계(2006)에서는 시스템 통합(SI) 업체인 삼성 SDS를 중심으로 한 컨소시엄 형태의 용역업체가 시스템을 구축하는 작업을 수행하였다. 시스템 구축과 관련하여 시스템 내에 사업관리시스템을 독자적으로 구축하여 세부사업 단위를 중심으로 사업의 전 라이프 사이클을 관리하는 방식을 취한 것은 좋은 아이디어였다고 생각한다. 시스템 구축과정에서 자문위원을 상대로 한두 차례의 시연회가 있었다. 시스템의 편의성, 접근성, 정보입력 및 관리방법 등의 다양한 분야에 대한 질의와 자문이 있었다.

2006년 10월 말경 디지털 예산회계 시스템이 최종 완성되자 5주간('06. 11. 6~12. 8)에 걸친 시험운용이 있었다. 시험운용에서 가장 중요한 작업은 시스템이 버그나 오류없이 순조롭게 작동되느냐에 초점이 모아졌다. 한편으로 시스템에 접근하기 위해서는 사용자 등록을 하여야 한다. 그런데 디지털 예산회계 시스템 사용자는 61개 중앙관서의 예산·회계 담당자인 약 8만명에 이르렀다. 이들이 사용자 등록을 하도록 유도하기 위해 등록한 사용자를 대상으로 추첨을 통해 경품을 주는 아이디어를 내기도 하였다. 그 결과 2006. 12. 8. 기준으로 예상 사용자(약 5만 명)의 25% 수준인 12,535명이 사용자 등록을 마쳤다.

시험운영 방식은 먼저 4개 선도기관(법무부, 해양수산부, 기획예산처, 산림청)을 우선 시험운용한 후(11.6~17, 2주간) 전 중앙관서로 시험운영(11.20~12.8, 3주간)을 확대하는 방식으로 이루어졌다. 시험운영의 주요내용은 예산의 경우 2007년 예산안 편성작업을 신규 시스템으로 재현하고, 회계의 경우 2006년 상반기 중 실제 재정집행 내용의 일부를 사용자가 신규 시스템으로 처리하는 것이었다.

그리고 2006년 11월 중 2주간 시스템 사용자 교육을 실시하였다. 청사별(세종로, 과천, 대전), 지역별(12개), 부처별 등 예산·사업관리 1,810명, 회계 5,896명으로 총 7,706명을 대상으로 교육을 실시하였다. 또한 53개 부처/기관을 현장 방문하여 재교육을 시행하였다. 이렇게 2007년 시스템의 공식 가동을 앞두고 많은 준비를 하였음에도 불구하고 2007년 가동 초기에는 여러 가지 불만과 문제점이 제기된 바 있다. 이러한 문제점과 불만들은 시스템 통합업체의 즉각적인 보완작업과 콜센터 운용을 통해 해결해나갔다. 이러한 사실을 볼 때 하나의 시스템이 정착하는 데에는 얼마나 많은 어려움이 있는지를 실감할 수 있다.

4. 세계은행과 Allen Schick 교수

디지털 예산회계 시스템 구축을 위한 업무추진 과정에서 세계은행(World Bank)과 연계하여 협력하는 방식으로 추진한 점이 또 하나의 특이사항이었다. 디지털 기획단은 2004년 7월부터 세계은행과 공동으로 '한국에서 프로그램예산제도의 성공적 도입 방법(Path toward successful introduction of program budgeting in Korea)'에 대한 공동연구를 수행하였다. 벤치마킹 대상국가를 선정하고 재정개혁 및 운용실태를 파악하는 작업에 대해 세계은행과 협의하였으며, 이후 2004년 8월에는 공동 워크숍, 11월에는 국제 컨퍼런스를 개최하였다. 세계은행과의 협업이 이루어질 수 있었던 것은 기획예산처 공무원이 세계은행에 파견 나가 있었던 것이 계기가 되었다고 볼 수 있다.

이 과정에서 Allen Schick 교수의 자문을 받았다. Schick 교수는 예산 분야의 세계적인 전문가로서 뉴질랜드 등 많은 나라의 자문을 한 경험을 갖고 있었다. Schick 교수는 한국에 두 번 방문하였으며, 특히 프로그램 예산제도 도입과정에 유익한 자문을 많이 해주었다. 그는 새로운 예산체계는 거시적 전략적 재원배분과 성과관리를 강화하는 방향으로 구축되어야 한다고 하면서, 이를 위해서는 예산의 구조적 측면과 운영 측면을 동시에 고려할 것을 주문하였다. 구조적 측면으로서는 중장기 계획 및 단년도 예산을 연계해야 하며, 상의하달식 재원배분에 적합한 사업구조·성과관리 단위와 서로 연계 가능한 구조, 모든 원가를 예산에 반영할 수 있는 예산구조가 되어야 함을 주장하였다. 운영 측면에서는 성과향상을 위해 각 부처의 자율성이 폭 넓게 부여되어야 하고, 자율성에 상응하는 책임을 강화하는 한편, 전략적 자원배분 및 성과관리를 강화할 수 있는 예산과정을 정립하여야 한다고 주장하였다.

Schick 교수의 자문은 공무원들에게는 상당한 영향력을 발휘한 것으로 판단된다. 특히 프로그램 구조를 설정할 때 Schick 교수의 조언은 많은 영향을 미쳤다. 다만 Schick 교수는 복식부기 · 발생주의회계제도의 도입에 대해서는 별로 탐탁치 않게 생각하는 의견을 보였다. 그 이유는 Schick 교수가 정부회계 전문가가 아니고 우리나

표 2 한국의 예산제도 개혁에 관한 권고(by Allen Schick)

예산 과정	주요 내용
거시적 관점의 예산예측 (macro-economic forecasting)	• 예산증액을 유발하는 단기관점의 예산편성 지양 • 품목별 통제 지양, 정책에 초점 • 재정위기에 대한 early warning system 구축
재정관리계획 수립 (fiscal management Plan)	• 중장기 계획－단기계획－top down의 구분 • 예산편성과 성과계획 절차의 구분 • 분야/부문을 중심으로 정책을 반영하여 계획 수립
상의하달식 예산편성 (top-down budgeting)	• 정책관점에서 기 승인된 예산을 base line으로 ceiling 결정 • 지출한도(ceiling)는 프로그램 단위로 설정
성과관리시스템 (performance management system)	• 프로그램 단위의 예산배분 및 성과측정 • 성과측정측면에서 모든 프로그램을 포괄
단년도 예산 (annual budgeting)	• 예산은 기확정된 정책을 실현하는 수단 • 과도한 품목분류는 지양 필요 • 예산편성과 통제의 일치된 단위설정

자료: 디지털예산회계시스템추진기획단(2004).

라의 추진경위 및 맥락을 잘 모르거나 과소평가한 것에서 비롯된 것으로 생각한다.

Ⅳ. 디지털 예산회계시스템 구축 내용

1. 4대 개혁 추진과제

디지털 기획단의 최종 목적은 통합재정정보시스템을 구축하는 일이었으나 시스템의 기반이 되는 소프트웨어로서의 제도개혁이 주요 업무에 포함되었다. 그런데 예산회계제도의 개혁과제를 무엇으로 선정할 것인가의 문제는 가장 중요한 논의 주제였다. 회계제도의 경우 이미 복식부기·발생주의회계제도 도입이 국정과제회의에서 결정난 사안이므로 그 외 예산제도 개혁과제를 무엇으로 하느냐가 중요한 논의사항이었다.

업무전략계획(BSP)에서는 예산회계제도 개혁과제로서 프로그램예산제도 도입, 발생주의·복식부기 회계제도 도입, 재정범위 재설정, 통합재정정보시스템 구축, 성과감사제도 도입이 제시되었다. 이후 논의를 거쳐 성과감사제도 도입을 제외한 4개의 개혁과제가 도출되었다. 이 중에서 프로그램예산제도의 도입은 기존 투입 중심의 예산제도를 프로그램 중심으로 바꾸는 제도로서 예산과목체계가 크게 변경되고 다른 제도의 기반이 되는 점에서 시스템 구축기반의 핵심과제가 되었다.

이러한 디지털 기획단의 4대 개혁추진과제는 소위 노무현 정부

그림 3 디지털 기획단의 4대 개혁추진과제

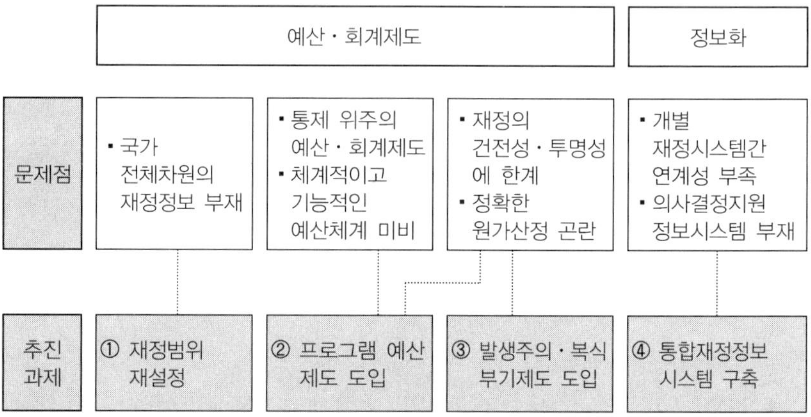

의 '3+1'이라는 예산회계제도 개혁을 완성하는 결정판이라고 볼 수 있다. 기존의 국가재정운용계획, 예산총액배분 자율편성제도, 성과예산제도와 새로운 제도개혁 추진과제는 예산회계제도 개혁을 총체적으로 완결하는 의미를 갖고 있었다. 아무리 정보기술을 응용한 시스템을 구축하더라도 디지털 정보화와 네트워크에 의한 통합재정정보시스템을 뒷받침해 줄 제도가 구축되지 못한다면 시스템 운용의 한계를 보여줄 수밖에 없다. 이런 점에서 소프트웨어적 제도개혁이 선행되고 이를 통합재정정보시스템으로 구축한 것은 예산회계제도 개혁의 완결판이라고 해도 크게 지나치지 않을 과업이었다.

디지털 예산회계 시스템 구축의 키워드는 통합(integration)이며, 여러 갈래 재정개혁 흐름의 풀(pool)로서의 성격을 갖는다. 먼저 통합 개념에 의한 재정혁신은 ① 예산과 회계의 통합, ② 중앙정부/지방정부/교육재정의 통합, ③ 통합재정정보시스템과 재정 관련 다른 시스템과의 연계 등을 포함한다. 그 중에서도 특히 소프트웨어적 제도 개혁과 하드웨어(ICT)의 결합은 디지털 예산회계 시스템 구축의 가장 큰 의미를 갖는 부분이다.

그리고 디지털 기획단이 추진한 디지털 예산회계 시스템 구축은 재정개혁 흐름의 풀(pool)로서의 역할을 했다. 디지털 예산회계 시스템은 디지털 기획단이 출범한 2004년을 기준으로 볼 때 재정개혁의 경로와 맥락에서 풀(pool) 역할을 하였다. 경로적 개혁 흐름의 관점에서 보면 여러 가지 재정관련 제도개혁이 기획예산처, 재정경제부, 행정자치부 등 다양한 주체에 의해 다양한 시기에 추진되어 왔다. 또한 제도개혁 수준도 다른 경우가 많았다. 어떤 제도는 시범운용 중인가 하면 어떤 제도는 미흡한 상태로 시행 중인 경우도 있었다. 이들을 디지털 예산회계 시스템에서 아우르는 성격을 갖게 되었다. 맥락적 흐름의 관점에서도 성과관리제도, 복식부기·발생주의회계제도, 국가재정운용계획, 예산총액배분 자율편성제도 등이 각각 독립적으로 추진되었다. 그리고 재정정보시스템도 중앙정부의 경우 재정경제부의 국가재정정보시스템(Nafis), 기획예산처의 예산정보시스템(Fimsys)이 운용되었으며, 지방정부의 경우 지방복식부기시스템(Ladi)과 지방재정정보시스템(Lfis)이 운용되었다. 따라서 경로적 측면이든 맥락적 측면이든 새롭게 추진된 재정관련 다양한 제도들이 디지털 예산회계 시스템이라는 하나의 풀(pool)에 모여 총괄적으로 추진되게 된 것이다.

디지털 기획단은 재정혁신의 추진주체로서 여러 분야의 재정혁신을 총괄하고 조율하는 조정자 역할을 했다. 그런데 재정혁신을 총괄하고 조율하는 조정자 역할 면에서 디지털 기획단 자문위원들의 역할은 매우 컸다고 생각된다. 예산과 회계의 연계 및 통합은 예산

전문가와 회계 전문가의 지속적인 토론과 논의과정이 크게 기여하였다. 또한 중앙재정과 지방재정의 연계를 위해서도 자문위원회의 역할은 매우 컸다.

2. 재정범위의 재설정

디지털 기획단 4대 개혁과제 중에 재정범위의 재설정이 포함되었다. 이 과제가 포함된 것은 재정의 범위가 국제기준에 비해 협소할 뿐만 아니라 국제기준과 일치하지 않고, 재경부와 한은 등 여러 기관 통계 사이의 내적 일관성이 부족한 것 등이 원인이 되었다. 또한 디지털 예산회계 시스템에 포함될 재정 또는 공공부문의 범위가 명확히 확정되어야 재정관리를 효율적으로 할 수 있기 때문이다.

그런데 디지털 예산회계 시스템이 구축되고 공식 가동 중인데도 아직 국제기준에 부합한 재정범위를 명확하게 공식화하지 못한 것은 자문위원장으로서 역할을 했던 필자로서 안타까운 부분이다. 2007년 4월부터 공공기관운영법이 적용되면서 공공기관의 범위가 법적으로 공식 지정되었기 때문에 새로운 재정범위 설정을 시도하고 이를 공식화해야 할 것이다.

재정범위 재설정과 관련하여 2006년에 있었던 중앙일보와 기획예산처 간의 재정규모 논쟁은 전문가 및 일반시민들에게 재정범위에 관한 새로운 인식을 심어주는 계기가 되었다. 중앙일보는 2006년 4월 5일부터 보도되는 탐사기획 '대한민국 정부 큰 정부? 작은 정부?', '작은 정부론 무색' 특집기사에서 우리 재정규모는 공기업·산하기관을 포함한 국제기준에 맞춰보면 OECD 평균 수준까지 올라가며 그동안 재정당국이 발표한 것과 같이 작은 정부가 아니라고 보도했다. 이에 대해 기획예산처는 '국가 기본질서 왜곡', '통계 조작'이라고 반발하면서 재정규모에 관한 논쟁이 시작되었으며 이후 약간 감정적 수준으로까지 이어진 바 있다. 중앙일보의 문제제기는 기존 재정범위가 협소하다는 점을 일깨운 점에서는 의미가 있으나 추계방법 면에서는 문제점을 갖고 있었다.

표 3 명목 GDP 대비 일반정부 총지출 비율 비교 (2004년 기준) (단위: %)

구 분	한 국	미 국	영 국	일 본	프랑스	스웨덴	덴마크	OECD 평균
OECD (2005.12)	28.11	36.4	43.9	37.5	53.5	57.3	55.1	40.8
중앙일보	37.9	36.4	43.7	37.5	54.4	57.3	55.0	—

주: 1) 2006. 3.22일 발표한 2004년 확정치.
자료: 『Economic Outlook』, OECD.

〈표 3〉에서 보듯이 OECD에서 발표한 우리나라의 공식적 재정규모는 28.1%인데, 중앙일보는 자체 자문단의 자문을 받아 계산한 결과 37.9%로서 미국(36.4%)과 일본(37.5%)보다 재정규모가 크다고 발표하였다. 중앙일보는 KBS, 주택공사, 중소기업은행, 서울대병원 등 61개 기관의 지출 등을 추가했고, 그 결과 정부공식 통계와 큰 차이가 나게 된 것이다. 여기서 논점이 되는 부분은 개념 및 분류와 추계기준의 문제이다. 이 부분에 대해서는 디지털 기획단 및 자문위원회에서 꾸준히 논의해왔다.

OECD는 IMF GFS 기준을 사용하여 국제간 재정규모를 비교하여 발표한다. IMF GFS 기준은 UN SNA('93)을 원용하여 1985년 제정된 이후 2001년 개정지침이 마련되었다. 이 지침에 의하면 공공부문(public sector)에는 일반정부(general government) 부문과 공기업(public corporation) 부문이 있으며, 국제간 비교대상이 되는 재정범위는 일반정부 부문 총지출을 지칭한다. 중앙일보의 추계방법은 공기업을 재정범위에 포함시킨 오류를 범했다고 볼 수 있다. 물론 이후 논쟁과정을 보면 개념적으로 재정범위에 공기업 부문을 제외한다는 점에 대해서는 중앙일보측도 동의한 것으로 보인다. 다만 KBS, 주택공사, 중소기업은행 등을 공기업으로 분류할 것인지 아니면 비영리공공기관으로 분류할 것인지의 문제가 논쟁의 중심이다.

그림 4 공공부문(재정)의 범위 및 분류

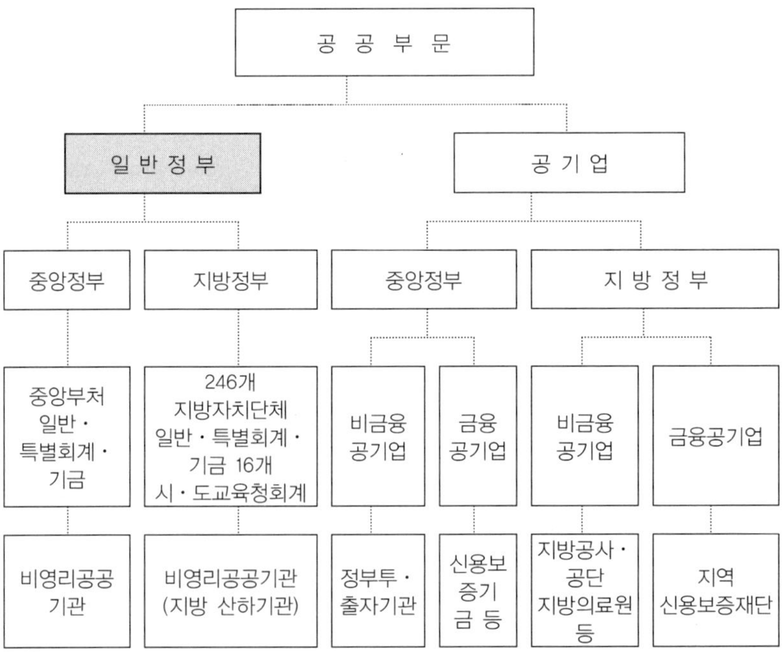

디지털 기획단에서는 IMF GFS 기준을 원용하여 재정통계 작성 범위의 기준으로 ① 제도단위, ② 통제가능성, ③ 공공성, ④ 중요성, ⑤ 시장성 기준을 적용하였다. 여기서 공기업과 비영리공공기관의 구분 기준은 시장성 기준이다. IMF GFS 기준을 보면 비영리공공기관과 공기업을 구분하는 본질적 요소는 그 기관 산출물의 가격이 경제적 의미가 있는가에 대한 판단이다. 그리고 경제적 의미가 있는 가격이 원가를 모두 회수할 만큼 높은 수준은 아니라고 밝히고 있으며 구체적 기준을 제시하고 있지는 않다. 시장성 개념에 근거해서 실제 많이 활용되고 있는 기준이 유럽 ESA95(European System of National and Regional Accounts)의 '50% rule'이다. 이는 매출액이 생산비용의 50% 이상을 보전하면 공기업으로 분류하는 기준이다.

그런데 중앙일보가 일반정부 부문에 포함되는 산하기관으로 분류한 기준은 ① 정부가 기관장 임면권을 갖고 사실상 통제, ② 파산 때 정부가 경영에 대해 책임, ③ 공적 성격 강함, ④ 자산 70억원 이상, 지출 100억원 이상 등 4가지이다. 중앙일보의 기준은 비영리공공기관(산하기관)과 공기업으로 구분하는 기준으로서는 적합하지 않다. ①②③의 기준이 사실상 공기업에도 모두 적용되기 때문에 공기업과 산하기관의 구분이 불분명해지는 문제가 있다. 그 결과 중앙일보측은 디지털 기획단의 분류와는 달리 KBS, 주택공사, 중소기업은행, 서울대병원 등을 공기업이 아닌 비영리공공기관으로 분류하게 된 것이다.

재정통계 작성 범위를 결정하기 위해 정부는 2005년 6월 한시적 조직으로 「공공부문분류위원회」를 구성한 바 있다. 공공부문분류위원회는 기획예산처 재정전략실장을 위원장으로 하고 디지털 기획단장, 재경부 국고국장, 행자부 지방재정기획관, 통계청 통계기획국장,

감사원 감사기획심의관, 국회 예산정책처 예산분석심의관, 한국은행 경제통계국장, 그 외 4명의 민간전문가 등 12명으로 구성되었다. 이 중에 4명의 민간전문가는 모두 디지털 기획단 자문위원이 위촉되었다. 재정통계 작성범위 기준의 제시와 개별적인 기관들의 포함 여부에 대한 자료는 BPR 작업을 수행하는 용역팀이 제시하고 이에 대한 검토를 「공공부문분류위원회」가 수행하였다. 용역팀이 동 위원회에 제출할 잠정안을 마련하는 과정에 디지털 기획단 자문위원회의 자문을 거쳤다. 「공공부문분류위원회」에서는 비영리공공기관과 공기업을 구분하는 기준으로서 ESA95 기준을 원용해서 시장성 기준으로 원가보상률(사업수입/사업지출) 기준을 사용하였다. 「공공부문분류위원회」에서 마련된 잠정안은 공청회를 거쳐 최종안이 마련된 바 있다.

이런 합의를 바탕으로 디지털 기획단에서 255개 기관과 OECD 통계에 포함되지 않는 신용보증기금 등 9개 금융성 기금까지 포함해서 정부규모(중앙+지방정부)와 산하기관을 합산한 재정규모를 시뮬레이션해 본 결과 잠정 규모가 245.3조원으로 계산되었다. 이 규모는 GDP 대비 31.5%로서 기존 28.1%보다는 높지만 중앙일보측이 추계한 규모보다는 훨씬 낮은 수준이다. 즉, 일본과 미국보다는 낮은 작은 재정규모에 속한 것이다.

이 부분에 대하여 자문을 한 필자로서 느낀 점은 학자들은 가치판단이 다를 수 있음은 인정하되, 사실판단에 대해서는 좀더 진솔하고 과학적이어야 한다는 것이다. 가장 안타깝게 생각하는 것은 중앙일보에서 공개한 중앙일보 자문단 멤버에 디지털 기획단 자문위원이 두 명이나 있었다는 점이다. 두 분은 디지털 기획단 자문위원회 회의에는 별로 참석하지 않은 분들이다. 그 결과 디지털 기획단에서 논의해 온 사실에 대해 제대로 숙지하지 못한 것이 그러한 논쟁으로까지 전개된 원인이 된 것으로 생각된다.

3. 프로그램 예산제도

프로그램 예산제도는 기존 투입 중심의 예산운용을 사업(프로그램) 또는 성과 중심의 예산운용으로 전환하는 패러다임 전환의 의미가 있다. 이 제도의 핵심작업은 프로그램 구조를 설정하여 예산체계에 접목하는 것이다. 프로그램 구조 및 예산체계에 대해 수차례의 논의를 거쳐 설계의 원칙을 정하였다. 프로그램－단위사업－세부사업으로 이루어진 프로그램 구조의 설계원칙은 다음과 같다.

① 조직 중심의 프로그램 구조: 중앙정부－실·국 단위, 지방정부－과 단위

② 기능과 〈프로그램-단위사업〉의 연계

③ 모든 재정자원(일반회계, 특별회계, 기금)이 포괄되도록 설계

④ 조직의 성과목표, 성과평가 등을 구현할 수 있도록 설계

⑤ 기능별 분류체계의 통일 등이다.

이러한 설계원칙에 근거하여 정립된 프로그램 예산구조는 〈표 4〉와 같다.

표 4 프로그램 예산의 구조

<table>
<tr><th>분야</th><th>부문</th><th>(실·국/과)</th><th>프로그램</th><th>(회계/기금)</th><th>단위사업</th><th>(세부사업)</th><th>편성비목</th><th>통계비목</th></tr>
<tr><td colspan="2">기능</td><td>조직</td><td></td><td>회계분류</td><td></td><td></td><td colspan="2">품목</td></tr>
</table>

이러한 프로그램 구조의 설정은 예산과목체계를 개편하는 의미를 갖는다. 프로그램 예산제도의 도입은 복잡했던 예산과목 체계를 단순화하고 체계화한 의미를 갖는다. 프로그램 예산제도에 근거하여 개편된 예산과목 체계는 〈표 5〉와 같다.

표 5 예산과목체계의 개편 내용

종 전			현 행 (2007)		
①	26장 (예·기 공통 20, 기금별도 6)	대기능	①	16 분야	대기능
②	79관 (예·기 공통 66, 기금별도 13)	중기능	②	68 부문	중기능
③	977개 항 (예산 558, 기금 419)	소기능	③	프로그램 (771)	실국별 프로그램
④	2,337개 세항 (예산 1,424, 기금 913)	대부분: 실·국 일 부: 사업			
⑤	7,918개 세세항 (예산 6,356, 기금 1,562)	세부사업	④	단위사업 (3,431)	프로그램의 세부사업
⑥	5,665개 세사업 (예산 5,665, 기금 0)	세부사업 (세세항의 지역별 분류 등)			세부사업 (8,831)
⑦	49개 목	예산편성비목	⑤	편성비목 (23개)	예산편성시 판단비목
⑧	101개 세목	예산심의 및 집행비목	⑥	통계비목 (90개)	예산통계 및 심의참고비목

그런데 예산과목체계를 구성하면서 대두한 이슈 하나는 분야, 부문의 기능별 분류를 전체적으로 통일하는 것이다. 먼저 중앙재정과 지방재정의 기능별 분류(분야-부문)를 통일하였다. 다만 중앙재정에는 있는데 지방재정에는 없는 기능, 예컨대 보훈, 공적연금 등의 기능(부문)은 지방재정에는 제외한다. 제외된 기능 외에는 중앙재정과 지방재정의 기능별 분류가 통일되었다. 이러한 통일된 분류를 통해 동일한 기능에 중앙재정과 지방재정이 각각 얼마씩 예산배분이 되었는가에 대한 정보를 쉽게 얻을 수 있게 되었다. 예컨대 취약계층 지원(부문)에는 중앙재정과 지방재정이 각각 얼마의 예산배분을 했는지를 곧바로 파악할 수 있는 것이다. 종전에는 중앙재정과 지방재정의 기능별 분류양식이 달라 중앙과 지방의 배분내용을 파악하기 위해서는 통계를 재조정해야만 가능하였으며 그 작업이 쉽지 않았다.

다음에는 국가재정운용계획과 예산의 기능별 분류가 서로 달라 재정운용의 효율성이 떨어졌는데 두 분야의 분류를 통일시켰다. 또한 지방재정의 경우에도 중기지방재정계획과 예산의 기능별 분류를 통일시켰다.

그런데 정부혁신지방분권위원회에서 기왕 정부기능의 분류를 하는 기회에 정부기능연계모델(BRM)과 국가기록물 보존, 그리고 성과관리제도에서의 분류까지도 통일시키자는 의견이 제시되었다. 발상은 좋다는 생각이 들었다. 그런데 정부혁신지방분권위원회 측은 통일시키는 범위를 '분야-부문'뿐만 아니라 '프로그램-단위사업'까지도 포함하자는 의견을 제안하였다. 그러나 필자의 생각으로는 프로그램까지는 가능할지 모르지만 단위사업 수준으로까지 확대하여 통일하는 것이 가능할지 의문이 갔다. 또한 통일시키더라도 추후 변경될 가능성이 높은 점을 감안하면 오히려 혼란스러울 수 있다는 생각이 들었다. 하지만 미리 예단하여 결정하지 말고 실무적으로 검토하는 가운데 결정할 것을 제의하였다. 그 후 기능 분류를 위한 T/F 팀이 구성되었고 결국 프로그램 수준까지 통일되었다.

4. 통합재정정보시스템 구축

디지털 기획단의 개혁 추진과제 중 마무리 작업은 통합재정정보시스템을 구축하는 것이다. 그런데 기존 중앙재정과 지방재정 관련 재정정보시스템이 여러 가지 구축되어 있었다. 예산편성 시스템으로서 기획예산처의 FimSys가 있으며, 2003년에 구축된 통합재정정보시스템인 재정경제부의 NAFIS가 있었다. 또한 지방재정의 경우에도 복식부기・발생주의회계 시스템으로서 LADI가 개발되어 운용되다가 DAIS로 변경되어 운용되었으며, 지방정부 통합재정정보시스템으

표 6 기존 운영 중인 재정정보시스템

	운영주체	시스템명	기능
중앙정부	기획예산처	FimSys	예산편성시스템
	재정경제부	NAFIS	통합재정정보시스템(회계중심)
	국방부, 정보통신부 등	독자적 정보시스템	업무(자원)관리시스템
지방정부	행정자치부	LADI → DAIS	복식부기・발생주의회계시스템
	행정자치부	Lofin	지방정부 통합재정정보시스템
	일부 지방정부	독자적 정보시스템	재정정보시스템

로서 Lofin이 있었다. 그 외에도 국방부, 정보통신부, 교육인적자원부 등은 별도의 정보시스템을 구축하여 운용하고 있으며, 지방정부의 경우에도 서울, 경기도 등의 몇몇 자치단체들은 독자적 재정정보시스템을 운용하고 있다.

디지털 기획단에서 통합재정정보시스템 구축과 관련하여 두 가지 중요한 쟁점이 대두하였다. 하나는 이미 구축되어 있는 기존 재정정보시스템을 대체하고 새로운 시스템을 구축할 것인가의 문제이다. 특히 재경부의 NAFIS는 2003년에 구축되어 이제 안정화 단계에 접어들었는데 새로운 시스템을 개발한다는 것은 예산낭비가 아니냐 하는 문제제기가 있었다. 그러나 디지털 기획단이 지향하는 개혁의 목표는 통합에 있었기 때문에 기존 시스템을 버리고 새로운 시스템을 구축해야 한다는 것에 대해서는 큰 이견없이 합의되었다. 예산과 회계의 통합, 중앙재정과 지방재정의 통합, 관련 정보시스템과의 연계 등을 위해서는 새로운 시스템을 구축하는 것이 타당한 것으로 판단하였다.

다른 하나의 쟁점은 통합재정정보시스템을 중앙정부에만 적용할 시스템으로 구축할 것인지 아니면 지방정부도 함께 적용할 시스템으로 구축할 것인지의 문제이다. 디지털 기획단의 입장은 중앙과 지방 모두 적용할 시스템을 만들자는 견해를 갖고 있었다. 그러나 자문위원장인 필자는 중앙정부와 지방정부가 독자적으로 개발하여 구축하되 연계하는 방식을 취하자는 입장을 취하였다. 세계은행에 의하면 재정정보시스템 구축과 관련하여 연계(linkage)도 통합(integration) 개념으로 보고 있다. 필자가 중앙과 지방이 별개로 독자적 시스템을 구축하자고 주장한 논거는 다음과 같다. 지방의 경우 이미 행정자치부가 주도하여 재정정보화 사업을 추진해 온 경로가 있다는 점과 지방정부는 중앙정부와 다른 특성을 가지고 있다는 점, 또한 246개 자치단체가 모두 동일한 시스템을 사용하기에는 커스터마이즈를 하더라도 많은 문제가 있을 수 있다는 점 등이었다. 그러나 디지털 기획단장은 중앙정부와 지방정부에 동시에 적용할 단일 시스템을 구축하자는 입장을 워낙 완고하게 주장하였다. 이 부분을 조율하기 위해 디지털 기획단장과 필자가 별도로 개인적으로 만나 식사와 반주를 나누며 장시간 논쟁을 했던 경험은 이제 추억이 되었다. 이후 필자의 견해대로 중앙정부와 지방정부가 독자적으로 시스템을 구축하되 연계되도록 한다는 쪽으로 입장이 정리되었다. 필자는 지방정부의 재정정보화 사업에 참여하고 있던 자문교수들을 디지털 기획단장을 비롯한 단원들에게 소개하여 서로 논의하는 장을 마련하기도 하였다. 결국 중앙과 지방이 각각 별도의 트랙으로 추진하되 디지털 기획단이 총괄적으로 선도하는 방식으로 추진되었다.

V. 시사점과 교훈

디지털 예산회계 시스템 구축이라는 예산회계제도 개혁과정에 자문위원장으로 참여한 사람으로서 이 사업에 대한 평가를 한다면 통합 시스템이라는 개념도와 기본틀은 잘 구성되었다고 본다. 물론 제3자적 관점에서의 평가는 다를 수 있다. 그러나 지금까지 이만큼 총체적이고 혁신적인 예산회계제도 개혁은 찾기 쉽지 않다고 여겨진다. 여기서는 시스템 구축과 관련된 긍정적 평가의 근거를 제시하고 문제점을 지적하고자 한다.

첫째, 디지털 예산회계 시스템이 통합 시스템으로서의 기본틀은 성공적이라고 평가하는데 이러한 평가는 경로적 측면과 맥락적 측면에서 재정혁신 흐름의 풀(pool) 역할을 했기 때문이다. 경로적 측면에서는 그동안 여러 부처에서 추진되어 시범운용 중이거나 새롭게 시행된 제도들이 서로 연계될 수 있는 성숙(maturation) 단계에 진입하여 하나의 풀에 들어올 수 있게 되었다. 맥락적 측면에서도 성과주의 예산제도, 복식부기·발생주의회계제도 등 다양한 예산회계 제도 개혁의 흐름이 디지털 예산회계 시스템에서 아우러지는 의미가 있었다. 그동안의 재정정보시스템 구축 경험도 소프트웨어와 하드웨어의 결합을 용이하게 해주는 의미가 있었다. 디지털 예산회계 시스템 구축업무가 개혁의 적시성을 확보한 점이 크게 긍정적으로 작용한 셈이다.

둘째, 디지털 예산회계 시스템 구축과정에서 정책 공동체의 형성 및 활용이 성공적으로 작용하였다. 정책공동체(policy community)란 정책분야의 전문가들로 구성된 일종의 공동체를 말한다. 정책공동체는 정책대안의 창출이나 정책대안의 비교·평가, 그리고 정책집행 후의 평가를 담당한다. 디지털 예산회계 시스템 구축과정에는 크게 디지털 기획단, 자문위원, 용역팀의 세 주체의 정책 공동체가 형성되어 정책형성에 참여하였다.

디지털 기획단은 재정관련 기관이 범정부적으로 기획단을 구성한 것이며, 이러한 방식의 예산·회계제도 개혁 추진은 역사적으로 처음 있는 일이다. 실무 공무원으로 구성된 디지털 기획단은 개혁의 방향을 정립하고 실무에 적용할 수 있는 대안을 모색하는 특성을 보여주었다. 특히 제도개혁의 구체적 설계는 용역팀이 수행하고 자문위원들은 이들에 대한 전문적 지식과 정보를 제공하는 방식으로 추진된 점도 긍정적으로 평가할 수 있다.

셋째, 어떠한 개혁을 추진하든 성공적 개혁이 되기 위해서는 개혁 중추로서의 리더십이 매우 중요하다. 초기에 디지털 기획단장의 추진력이 매우 중요한 역할을 했다고 개인적으로 생각하고 있다. 그리고 디지털 기획단 공무원들과 자문위원들 간에 식사 등 빈번한 사적 모임을 통해 친밀도를 높인 것도 개혁 추진에 긍정적 영향을 미친 것으로 판단한다. 또한 디지털 예산회계 시스템 구축과정에서 정부혁신지방분권위원회에서 계속 관심을 갖고 지원을 해준 것도 크게 긍정적으로 작용하였다. 또한 대통령의 관심과 긍정적 평가도 개혁추진에 기여했다고 볼 수 있다.

자문위원회에 참여하면서 관찰된 몇 가지 문제점을 지적한다면 다음과 같다.

첫째, 디지털 예산회계 시스템 구축에 3년의 기간이 소요되었지만 통합 시스템을 새롭게 구축하는 작업으로서는 기간이 결코 긴 시간이 아니었다. 시스템 개발 완료 시한을 한 달 정도 남겨두고 정기 감리결과가 나왔는데 긍정적인 내용이 아니었다. 시스템간 인터페이스 및 자동분개 준비상황 등 시스템 통합적인 측면에서 지속적인 보완이 필요할 뿐만 아니라, 이 상태로는 2006년 내 개발도 어려운 실정이라는 것이 감리팀의 평가였다. 평가내용과는 상관없이 원래의 일정대로 추진하기 위해서는 디지털 기획단 공무원과 용역팀의 일손이 바빠졌으며 업무량의 과부하가 생기게 되었다. 업무의 과부하는 개혁추진에 부정적으로 작용할 수 있다는 점에서 바람직한 것으로 보이지 않았다.

둘째, 실무 책임자인 디지털 기획단장이 기획예산처 공무원이고 단원도 기획예산처 출신이 많다보니 특히 재정경제부와의 협조가 잘 이루어지지 않았다. 디지털 예산회계 시스템 개발에는 재정경제부의 업무와 관련된 부분이 상당히 많은 부분을 차지하고 있었는데 재정경제부의 참여는 매우 소극적이었다. 이러한 재정경제부의 소극적 태도는 시스템 개발에 많은 어려움과 촉박한 시간을 더욱 지연시키는 결과를 가져왔다. 이렇게 재정경제부가 시스템 개발에 대하여 소극적이었던 원인은 디지털 예산회계 시스템의 주관부처에 대한 불만이었다. 시스템 구축이 완료되고 기획단이 운영단으로 전환되면서 운영의 주관부처가 누가 되느냐를 놓고 갈등이 벌어졌다. 결국 청와대까지 관여하는 단계로 갔는데 개혁 추진에서 부처간 협조가 얼마나 중요한가를 실감케하는 사건이었다.

셋째, 디지털 예산회계 시스템이 구축되어 2007년부터 공식 가동되고 있는데 아직 활용도가 높지 않다는 점을 지적하지 않을 수 없다. 물론 시스템 내에 과거의 자료와 분석자료 등 컨텐츠가 부족한 점도 이유가 되지만 공무원들이 통합 시스템으로서의 특성을 잘 이해하지 못하고 있는 것도 중요한 이유라고 생각한다. 시스템 구축에 자문을 했던 사람으로서 통합시스템이 갖는 시너지 효과를 충분히 활용하지 못하고 있는 것이 안타까운 생각이 든다. 시스템 고도화 사업이 완결되면 활용도를 높이기 위한 다양한 노력이 이루어져야 할 것이다.

9 전자정부를 통한 정부혁신
-7년간의 참여관찰-

송 희 준*

Ⅰ. 머 리 말

정부가 '전자정부'라는 이름으로 범정부적인 정보화를 추진한 것은 김대중정부에서 2001년 2월 전자정부특별위원회를 설치 운영하면서부터이다. 그리고 노무현정부는 2003년 5월 정부혁신지방분권위원회에 전자정부전문위원회를 설치하여 31대 전자정부 로드맵 과제를 발굴하여 2007년 말까지 추진하였다. 이 글에서는 편의상 김대중정부를 제1차, 노무현정부를 제2차 전자정부로 부른다.

필자는 제1차에서는 전자정부특위 위원, 그리고 제2차에서는 전자정부전문위 위원으로 시작하여 전자정부특위로 개편된 이후 위원장으로 참여하였다. 그리고 「전자정부백서(2003)」, 「참여정부의 전자정부(2005)」 두 권의 백서 편찬과정에서 편집위원장 역할을 하였다. 따라서 2001년부터 2007년까지 대통령의제로 추진된 전자정부사업에 직·간접적으로 참여한 셈이다.

---

* 이화여자대학교 행정학과 교수.

Ⅱ. 제1차 전자정부

1. 배 경

1997년 IMF 경제위기와 수평적 정권교체를 통하여 집권한 김대중정부는 1998년부터 2년여 동안 정부의 조직과 인력의 감축, 민영화 등 하드웨어적인 개혁을 추진하였다. 그러나 최초로 경험하는 감축 지향적 구조조정에 국민이 적응하지 못하고, 이해 당사자도 강하게 저항하면서 사회 전반에 개혁 피로감이 증가하였다. 그런 상황에서 제시된 탈출구가 전자정부라는 소프트웨어적 접근이었다. 구조조정을 하지 않고도, 고객 친화적인 행정 서비스를 할 수 있다고 보기 때문이다.

때마침 2000년 전후로 엘빈 토플러, 빌 게이츠, 손정의 등 국제적인 정보화 전도사들이 번갈아 방문하여 한국을 정보화의 성공모델로 치켜세우면서 분위기를 띄웠다. 그런데 전자정부 사업의 초기 단계에서 이러한 내용을 정확하게 이해하는 사람은 그리 많지 않았다. 2001년 전자정부특위가 발족하여 첫 회의가 열렸을 때 물론 겸양의 뜻도 포함되어 있었겠지만, 당연직으로 참석한 정부부처 차관들도 대부분 전자정부를 잘 모르니 민간위원들이 잘 이끌어 달라고 부탁할 정도였다.

2. 추진체계와 주요활동

김대중대통령은 대통령자문 정부혁신추진위원회(약칭 혁신위)[1]를 2000년 8월, 그 산하에 전자정부특별위원회(약칭 전자정부특위)를 2001년 1월에 설치하였다. 혁신위 산하에 전자정부특위를 설치한 것은 의미가 크다. 첫째, 제도적으로 처음으로 전자정부가 정보기술의 행정에의 활용인 국가정보화가 아닌 정부혁신 관점으로 연계되었고, 둘째, 전자정부가 단일부처 수준에서 대통령의제로 격상되어 다부처 관련 사업을 추진하게 되었다. 다부처 사업의 추진에 필요한 부처간 조정과 협조를 도출하는데 대통령의 리더십이 요구되었던 것이다.

전자정부특위는 교수, 국책기관장 등 6명의 민간위원과 과제 수행부처 차관, 대통령비서실 비서관으로 구성되고, 실무위원회는 민간위원과 정보통신부, 행정자치부, 기획예산처 및 사업 참여 부처의 실·국장으로 구성되었다.

전자정부특위는 2001년 2월부터 시작하여 2002년 11월 청와대에서 사업 완료보고를 마치고, 2003년 1월까지 2년 동안 대통령보고 3회, 본회의 7회, 실무회의 51회를 개최하였다.

거의 매주 목요일 조찬회의를 개최하면서 사업의제를 발굴하고, 집행과정을 점검 및 평가하는데 위원과 각 부처 실·국장들이 참여하였다. 첫 회의에서 안문석 특위위원장이 목표와 임무 지향적인 게릴라 정신으로 전자정부사업을 하자고 독려하였다. 한 번은 청와대

---

1) 김대중정부는 출범 직후인 1998년에 공공부문 구조조정을 위하여 기획예산위원회를 설치하고 기획예산위원회 위원장(장관) 자문기구로 행정개혁위원회를 운영하다가 2000년 대통령자문으로 격상한 정부혁신추진위원회를 설치하여 임기 말까지 운영하였다.

별관에서 개최된 전자정부특위 본회의에 차관 대신 참석한 모 부처 차관보가 업무 프로세스 혁신이 전자정부에 선행되어야 한다는 취지의 발언을 하였다. 아주 맞는 말이다. 그런데 안문석 위원장은 차관 대신 참석자가 불필요한 발언을 한다면서 대신 참석하려면 아예 회의에 참석하지 말라고 호통을 쳤다. 회의 후담으로 그렇게 하지 않으면 참석률이 저조해 사업이 어렵기 때문에 의도적으로 그렇게 하였다는 것이다. 그 뒤 위원회 회의에 각 부처 차관들은 정말 특별한 상황이 아니면 꼭 출석하였다.

대통령은 특위위원장의 직접 보고나 정책기획수석을 통하여 진행상황을 주기적으로 보고받았고, 각 위원들은 한 두 개의 사업을 주관하면서 진행상황을 점검하고 문제점과 해결방안을 도출하였다. 김대중 대통령은 전자정부의 기술적 측면에 대한 이해도는 높지 않았으나, 정치적 고난을 받던 시기인 1970~80년대에 토플러의 제3의 물결 등 정보화 서적을 많이 탐독하였다고 알려졌다.

대통령의 관심이 높은 만큼 인적·물적 자원을 동원하고, 부처간 조정 및 협조를 도출하는 일도 비교적 용이하였다. 다부처 관련 사업인데도 비교적 성공한 것은 이러한 조정 및 협조체계가 원활히 작동하였기 때문이다. 전자특위 사무국에는 정보통신부, 행정자치부, 기획예산처, 한국전산원[2]의 직원이 파견되어 상시적으로 업무 협조와 지원을 담당하였다.

또 다른 특징은 탄력적인 사업예산 조달방법이다. 당시 전자정부 사업에는 정보화촉진기금이 동원되었다. 기금제도는 일부 문제가 있었으나 전체적으로 사업추진에 효과적인 재원조달 방법이었다.

이와 같이 김대중정부의 전자정부는 추진체계에서 거버넌스적

2) 한국전산원은 2006년 한국정보사회진흥원으로 명칭을 변경함.

조직구조와 유연한 재원조달, 임무지향적인 사업수행 등 사업 지향적인 추진체계를 도입함으로써 짧은 기간임에도 불구하고 비교적 성공적인 결과를 가져왔다.

3. 사업 구조

김대중정부는 21세기 세계 일류국가 도약을 전자정부 비전으로, 최고 수준의 대민 서비스 제공, 생산성과 투명성의 극대화, 최적의 기업 활동 제공, 그리고 정보인프라의 안전성과 신뢰성을 사업 목표로 설정하였다. 전자정부는 하드웨어적 개혁의 부작용을 최소화하면서 행정 효율성을 제고하고 대민 원스톱 서비스를 향상시키고, 행정 투명성을 제고하며 부정부패를 방지하여 행정개혁 혜택을 국민과

표 1 제1차 전자정부사업

구분	사업	주관기관
프론트 오피스 (G2B, G2C)	단일창구를 통한 민원업무 혁신(G4C) 인터넷을 통한 종합국세서비스(HTS) 4대 사회보험 정보연계시스템(SIIS) 국가종합전자조달시스템(GePS)	행자부, 정통부, 예산처 국세청 보건복지부, 노동부 기획예산처, 조달청
백 오피스 (G2G)	국가재정정보시스템(NAFIS) 전자인사관리시스템(PPSS) 전국단위 교육행정 정보시스템(NEIS) 시 · 군 · 구 행정종합정보화(LGINS)	재정경제부, 기획예산처 중앙인사위원회 교육인적자원부 행정자치부, 서울특별시
인프라	전자결재 및 전자문서유통 전자관인 및 전자서명시스템 범정부 통합전산환경 구축	행정자치부 정보통신부, 행정자치부 행자부, 정통부, 예산처

자료: 전자정부특별위원회(2003), 전자정부백서, 105면.

기업이 피부로 체감하게 할 수 있다.[3] 이것은 경제위기와 수평적 정권교체로 집권한 김대중정부의 국정 비전인 경제발전과 민주주의의 병행발전을 전자정부를 통하여 구체화한 것이다.

제1차 전자정부는 4개 프론트 오피스 서비스(대민 창구 민원 서비스), 4개 백 오피스 관리(내부 업무 관리), 3개 전자정부 인프라 구축 등 11개 사업으로 구성되어 있다. 백오피스 관리도 대부분 대민 서비스를 위한 하위 시스템을 포함하고 있으며, G4C 등 많은 사업이 다부처 사업이다.

4. 주요사업 소개

1) G4C사업

G4C(Government for Citizen)는 범정부 단일 전자 창구(single e-window)를 구축하여 인터넷을 통한 민원안내, 민원신청 및 처리, 문서열람 및 발급, 기관간 행정정보 공동 이용하는 것이다. 인터넷을 통하여 4,000여종의 민원안내, 400여종의 민원처리, 20여종의 행정정보의 기관간 공유를 추진하였다. 현재 안방이나 직장에서 주민등록초본 등 민원서류의 전자적 발급은 바로 G4C 시스템을 통하여 이루어진다. 그러나 민원인이 각종 증빙용 민원서류를 제출할 필요를 없애주는 행정정보 공유를 확대한 이후 민원서류를 발급받을 필요가 거의 없어짐에 따라 G4C의 용도도 상대적으로 위축되었다. 또한 2005년 국정감사에서는 인터넷을 통한 민원서류 발급과정에서 위·변조 가능성이 제기되어 보완작업이 이루어지기도 하였다.

---

3) 전자정부특별위원회, 앞의 책, 49, 55면.

부처간 협업 경험이 없던 상황에서 G4C사업은 부처간 이해대립을 극복하고 비교적 성공적으로 완료됨으로써 다부처 관련 사업의 추진에 많은 학습과 교훈을 제공한 바 있다. 그리고 제2차 전자정부 사업에서 행정정보공동이용확대사업과 자연스럽게 연계되어 부처간 정보공유를 활성화하는 방향으로 발전할 수 있는 토대를 제공하게 된다.

2) 홈 텍스 서비스 사업

HTS(Home Tax Service)는 납세자가 세무대리인(intermediary)을 경유하지 않고 인터넷을 통하여 직접 전자신고, 전자고지, 전자납부 및 전자민원을 처리하는 서비스이다. 세목도 부가가치세부터 원천세, 특별소비세, 주세 등 간접세 5개로 점차 확대되어 추진되었다. 그리고 현재 종합소득세 신고 및 납부를 인터넷으로 하게 된 것도 바로 HTS의 고도화사업의 결과이다. 매년 5월이면 직접 또는 세무사 상담을 통한 종합소득세 신고 및 납부를 인터넷으로 할 수 있게 되어 세무행정의 효율성, 정확성과 투명성, 국민의 편의성과 시간절약 등의 효과를 거두고 있다.

3) 교육정보화사업

전자정부사업 중 가장 큰 사회적 쟁점은 전국단위 교육행정정보화사업(NEIS, National Education Information System)에서 발생하였다. 이 사업은 찬성하는 쪽은 NEIS를 좋다는 뜻의 나이스(nice)로, 반대하는 쪽은 네이스(반대라는 단어 nay의 복수 nays)로 서로 다르게 부를 정도로 찬반 논쟁이 치열하게 전개되었던 사업이다.

사실 이 사업의 출발은 사회의 큰 부담인 대학입시관리를 효율적으로 처리하고자 하는 것이다. 1990년대 이후 고등학교 성적을 대학입시에 반영하는 입시제도 도입으로 학생생활기록부의 작성(고등학교)과 전달 및 반영(대학교) 과정 전반을 수작업에서 전자화로 전환하여 정확성과 기밀성, 효율성 등을 도모하고자 한 것이다.

그러나 이 사업은 학생 인권과 개인정보를 침해한다는 전교조와 일부 시민단체들의 반대에 봉착하였다. 때마침 출범한 노무현정부의 교육인적자원부장관 내정자가 반대세력에 동조하는 듯한 발언을 한 것이 일파만파로 영향을 미쳤다. 국가인권위원회와 헌법재판소의 관여에 의하여, 원래의 27개 시스템 중 프라이버시 침해 가능성이 높은 교무・학사, 입・진학, 보건 등 3개 시스템을 대폭 보완한 새로운 시스템을 개발하여 2006년부터 전면 운영에 들어갔다.

결과적으로 NEIS는 현재 많은 성과를 내면서 성공적으로 가동되고 있는 것으로 평가되고 있다. 연구결과에 따르면, NEIS의 예상투자수익율(ROI)은 투자액에 비하여 3배에서 7배에 이르는 것으로 나타났고, NEIS 논쟁을 통하여 인권과 개인정보의 중요성에 대한 사회적 인식을 제고시키는 데 기여하였다.[4)]

4) 김준한(외)(2005), NEIS 시스템이 교육행정에 미치는 영향성 평가연구, 한국교육학술연구원, 송희준(외)(2007), 교육정보화 성과분석, 정보통신정책연구원.

Ⅲ. 제2차 전자정부

1. 배 경

전자정부사업이 한창 진행되던 2002년 월드컵과 붉은 악마의 거리응원, 주한미군 장갑차에 의한 여중생 치사사건과 일부 세력의 반미 촛불집회 등 사회집단운동이 인터넷과 휴대전화 등 정보기술 매체와 결합되면서 엄청난 사회 변화를 촉발하였다. 그러한 사회분위기에 힘입어 노무현대통령이 제17대 대통령으로 당선되었다.

노무현정부는 전자정부를 정부혁신지방분권의 핵심사업분야의 하나로 선정하였다. 이에 전자정부는 '세계 최고의 열린 전자정부 구축'을 비전으로 설정하고, 서비스 전달 혁신을 통한 네트워크 정부 구축, 행정의 효율성과 투명성 향상을 통한 지식정부 구축, 진정한 국민주권을 실현하는 참여정부 구축을 목표로 제시하였다.

주요 추진전략으로는 정보화와 정부혁신의 연계, 수요자 중심의 사업추진, 성과목표 설정 및 단계별 성과관리, IT산업 육성에의 활용이다.[5] 이러한 추진전략은 과거의 경험과 당시 당면한 사회적 상황 등을 적절히 반영한 결과이다.

2. 추진체계와 주요활동

노무현정부가 출범한 2003년 4월 대통령자문 정부혁신지방분권위

---

5) 정부혁신지방분권위원회(2005), 참여정부의 전자정부, 13-29면.

원회(이하 혁신분권위) 산하에 행정개혁, 인사개혁, 재정·세제개혁, 지방분권과 더불어 전자정부전문위원회(이하 전자정부전문위)가 설치되었다. 전자정부전문위는 김대중정부 모형을 따른 것이지만, 다른 4개 전문위와 병렬적으로 설치되어 위상이 상대적으로 낮아졌다. 전자정부전문위는 과거 전자정부특위에서 일한 경험이 있는 위원들과 새로운 전문가를 포함시켜 구성되었다. 혁신분권위의 전자정부간사로 1987년부터 국가정보화사업에 참여한 고 서삼영 한국전산원장이 임명되었다.

전자정부전문위는 2003년 5월부터 7월까지 3개월 동안 31대 로드맵 과제를 발굴하여 8월에 대통령에게 보고하였다. 전자정부 로드맵 과제 발굴 및 확정은 전문성과 부처간 중립성 차원에서 전자정부전문위원들이 주도하였지만, 이후 사업 집행은 책임성과 기술성 차원에서 행정자치부의 총괄 하에 부처별로 시행하였다. 제1차 사업에서는 과제 발굴에서 종료까지 전자정부특위가 관여하였으나, 제2차 사업에서는 과제 발굴은 전자정부전문위가, 집행은 행정자치부가 총괄하고 및 각 부처가 진행하는 형태로 분담하였다.

2005년 상반기에 2기 혁신위가 출범하면서 5개 전문위원회를 혁신기획과 혁신평가 등 2개 전문위로 통·폐합하였다. 이에 전자정부특위의 부활논리를 개발하여 대통령 정책실장을 적극적으로 설득하여 전자정부특위를 설치하는 데 성공하였다. 그런데 비슷한 시기에 대통령비서실도 혁신관리수석실을 신설하여 외견상 전자정부와 정부혁신을 지원하는 체계를 구축하였다.

그러나 내면은 혁신분권위, 혁신관리수석실, 대통령정책실, 행자부 정부혁신본부 등 혁신담당 기관이 많아져서 기관간 주도권 쟁탈전이 발생하는 결과를 초래하였다. 정부혁신 기능을 담당하는 기관이 많다보니 이들 사이에 업무 조율을 위한 혁신관계장관회의를 설치 운영하는 진풍경이 나타났다. 돌이켜보면 혁신관리수석실을 설치하여 행정자치부를 동반자로 혁신을 주도할 계획이었다면, 혁신분권위는 해체하였어야 했다. 그런데 혁신분권위를 존치한 상황에서 혁신수석실을 만드니 혁신분권위를 견제하려고 설치하였다는 지적과 비판이 제기되기도 하였다. 이미 언론으로부터 대통령자문 위원회가 많다는 비판이 제기되는 상황에서, 대통령으로부터 거리가 멀어진 혁신분권위 위원장은 임기 도중에 사직하였다. 대선캠프 출신 집권층 내부의 분열로 해석될 수 있는 사건의 한 가지 사례라고 할 수 있다.

전자정부특위도 출발부터 임파워먼트가 이루어지지 못하였다. 첫 번째 본회의에는 혁신관리수석, 행정자치부와 정보통신부차관 등 차관급 위원들이 참여하였으나, 기획예산처 차관은 참석하지 않았으며, 제2차 본회의부터는 혁신관리수석도 참석하지 않았다. 김대중정부와는 달리 특위가 제대로 작동하지 않은 셈이다.

전자정부특위는 2005년 7월부터 12월까지 행정정보공유 확대사업과 통합형사사법체계구축사업 등을 대통령에게 보고하는 등 나름대로 활발하게 활동하였다. 그러나 범정부통합전산센터 추진주체 결정 문제와 정부혁신홍보관 사업 추진 여부를 둘러싸고 전자정부특위와 행정자치부가 이견이 발생하였다. 이에 2006년 1월 대통령정책실은 전자정부특위는 순수한 자문기능을 수행하고, 행정자치부가 모든 전자정부 기능을 수행하도록 조정하였다. 즉, 대통령정책실장, 혁신관리수석, 행정자치부장관, 정보통신부장관 등이 참석한 전자정부 관계장관회의를 통하여 순수한 대통령 자문기능을 수행하는 기구로 약화되었다. 이후 순수한 자문기구로 재정립된 전자정부특위는 사실상

유명무실하게 되었다. 대선캠프 출신 유력자도 국정운영의 핵심축에서 밀려나는 상황에서, 그러한 배경조차 없는 전문가 몇 사람이 힘을 발휘하기는 원천적으로 불가능한 구조였다.

청와대 내부에 전자정부 전문가가 없었다. 기록관리비서관은 있으나, 전자정부비서관은 없어서 전자정부전문위로서는 청와대 내의 접촉점이 모호하였다. 전자정부특위 관점에서 수많은 과제의 하나일 뿐인 기록물관리사업을 전담하는 비서관은 있는데, 전자정부를 총괄하는 비서관이 없다는 것은 이해하기 어려웠다. 그렇다고 정보과학기술보좌관실에서 정부혁신과 묶여있는 전자정부사업에 관여할 수도 없는 구조였다. 정부혁신을 총괄하는 혁신관리수석은 신설 이후 내내 일반직 관료출신들로 채워졌다. 따라서 개방성과 전문성이 특징인 전자정부를 잘 관리하는 전문가가 청와대에는 없었던 셈이다.

2003년 5월부터 2005년 4월까지 2년 동안 전자전문위는 총 69회의 본회의를 개최하였고, 2005년 6월 재출범한 전자특위는 같은 해 12월까지 5회의 본회의를 개최하였다. 2003년 5월부터 2005년 12월까지 전자정부와 관련된 국정과제회의 및 대통령보고는 총 13차례

표 2 전자정부 예산배정 방식

연도	예산배정방식	주관부처	주요사업
1987-1992	선투자, 후정산제도	체신부	국가기간전산망사업
1993-2004	정보화촉진기금	정보통신부	정보화촉진기금 사업예산을 제1차 전자정부사업에 투입
2005-2007	정보통신진흥기금	정보통신부	정보통신기술 연구개발에만 투입
	전자정부예산	기획예산처	정부의 일반예산 배정

에 걸쳐 이루어졌다.

전자정부 예산은 제1차 사업에서는 정보화촉진기금의 정보화사업

표 3 전자정부 추진체계의 변화

구분	김대중정부	노무현정부	
기구명	전자정부특별위원회	전자정부전문위원회	전자정부특별위원회
활동기간	2001.1 ~ 2003.1	2003.5 ~ 2005.5	2005.6 ~ 2007.12
소속	정부혁신추진위원회	정부혁신지방분권위원회	정부혁신지방분권위원회
조직의 특성	혁신위 소속의 유일한 준독립적 특별위원회	혁신분권위의 5개 전문위 중 하나로 병치	기획, 평가전문위와 특위로 병치
근거법령	정부혁신추진위원회규정(대통령령)	정부혁신지방분권위원회규정(대통령령)	
혁신지원	기획예산처 정부개혁실	행정자치부 정부혁신본부(전자정부본부)	
위원장	전자정부특위 위원장	전자정부전문위 간사	전자정부특위 위원장
위원	민간(7인), 정부(정책조정비서관, 행자 · 정통 · 예산 및 과제부처차관 10인)	민간(15인), 정부(행자 · 정통 · 예산 · 국회 실국장, 혁신위 운영실장 등 5인)	민간(13인), 정부(행자 · 정통 · 예산 · 국회 차관급, 혁신위 운영실장 등 5인)
위원임기	2년 단임	1년 연임	2년 연임
주요업무	사업개발과 추진상황 점검 및 평가	과제 개발과 추진 및 점검	05.6-05.12: 과제 추진 06.1-07.12: 순수 자문
집행	정통(기금 · IT), 행자(지방), 예산(혁신 · 예산) 부처의 협력 및 부처별 집행	행자(혁신), 정통(기금 · IT), 예산(예산) 부처의 협력 및 부처별 집행	행자부 단독지원 및 부처별 집행
기술지원	한국전산원	한국전산원	한국정보사회진흥원

예산을 배정받았으나, 제2차 사업은 관련 법령 개정으로 2005년부터 정부의 일반예산을 배정받았다. 그 결과 전자정부예산 운영의 탄력성은 크게 떨어지게 되었다.

〈표 3〉은 2001년부터 2007년까지 김대중 및 노무현정부의 전자정부사업을 추진하는 행정체계를 요약한 것이다.

3. 사업 구조

전자정부 로드맵은 4개 분야에 10대 의제, 31대 사업, 45개 세부 추진사업으로 구성되어 있다. 31개는 위원회의 핵심추진과제 13개, 중점관리과제 18개로 구성되었고, 나머지 일반과제는 부처별로 자율적으로 발굴 추진하도록 하였다.[6]

과제 수가 과거보다 상대적으로 많아진 이유는 각 기관들이 능동적으로 참여하였기 때문이다. 특히 과거에 기관장들이 정보화에 관심이 없어서 항상 후순위로 밀려나던 정보화사업을 전산직 등 기술직들이 대통령의 관심도를 빌어 부처 우선사업으로 격상시키도록 노력한 결과이기도 하다. 일부에서는 31개가 지나치게 많다는 지적도 있었고, 실제 추진 과정에서 핵심 사업에 선택과 집중이 필요하다는 주장도 있었다. 그러나 김대중정부 2년 동안 추진한 11개에 비해, 노무현정부 5년 동안 추진한 31개 사업은 특별히 많은 것은 아니라는 반론도 있었다.

전자정부 로드맵은 다음 같은 특성을 지니고 있다.[7] 첫째, 김대중정부의 다 부처 연계사업은 노무현 정부에 와서 범정부적 통합

---

6) 정부혁신지방분권위원회(2005), 참여정부의 전자정부, 55면.

7) 앞의 책(2005), 50-52면.

및 연계로 확대되었다. 즉 수평적으로는 전자국회, 통합형사사법체계, 전자감사 등 정부와 국회, 감사원, 법원, 검찰 등으로 연계되고, 수직적으로는 대통령비서실 – 중앙부처 – 지방자치단체 – 공기업 및 산하기관으로 통합되는 모습을 보여준다.

둘째, 거버넌스 관점에서 고객과 이해 당사자, 시민단체, 일반국민의 국가정책과정에의 참여를 촉진하는 내용이 다수 포함되어 있다. 사업 대부분이 쌍방향적 웹 사이트 구축(Q&A, FAQ), 민원처리단계의 공개 및 통지, 전자 이의신청 및 고충, 전자거래 같은 정보공개 및 쌍방향적 접근을 보장하는 장치를 포함하고 있었다.

셋째, 로드맵은 정부기능과 업무, 정보자원 등 핵심요소를 범정부적으로 적용하는 선진 통합설계모형을 포함하고 있다. 이러한 사업들은 전자정부가 범정부 통합 및 연계를 지향하는 차원에서 매듭

표 4 제2차 전자정부사업

분야	어젠다	과제
일하는 방식 혁신	1. 전자적 업무 처리 정착	9
	2. 행정정보 공동이용 확대	1
	3. 서비스 중심 업무재설계	1
대국민 서비스 혁신	4. 대국민 서비스 고도화	8
	5. 대기업 서비스 고도화	5
	6. 전자적 국민참여	1
정보자원관리 혁신	7. 정보자원 통합・표준화	3
	8. 정보보호체계 강화	1
	9. 정보화인력・조직 전문화	1
법제 정비	10.전자정부 법제정비	1
4개 분야	10대 어젠다	31개 과제

표 5 제2차 전자정부사업

구분	프론트 오피스	백오피스	인프라 구축	합계
제1차(2001~2002)	4(36.4)	4(36.4)	3(27.3)	11(100.0%)
제2차(2003~2007)	9(29.0)	13(41.9)	9(29.0)	31(100.0%)

자료: 제1차는 전자정부특별위원회(2003), 105면; 제2차는 정부혁신지방분권위원회(2005), 61-63면을 참고하여 분류함.

지을 과제이다.

마지막으로, 과거의 전자정부가 주로 정부부처 내부의 업무전산화와 대민 서비스에 초점을 두었다면, 로드맵은 기업의 시장경쟁력을 강화하는데 필요한 기업지원 단일창구, 국가물류 종합정보화, 전자무역, 외국인 종합지원, 전자정부사업 해외진출 지원 등의 대기업 관련 사업(G2B)을 비교적 활발하게 추진하였다는 것이다.

〈표 5〉에서 알 수 있듯이, 제1차에 비하여 제2차에서 백오피스와 인프라 구축사업이 더 많은 비율을 차지한다. 그 이유는 1차에서 다부처 프론트 오피스 사업을 추진한 경험을 통하여, 정부내부업무, 즉 백오피스가 정비되지 않으면 프론트 오피스도 제대로 할 수 없다는 것을 인식한 결과이다.

4. 주요 사업 소개

1) 범정부 통합전산센터

범정부 통합전산센터 구축사업은 부처별로 분산 관리되는 하드웨어, 소프트웨어, 정보시스템, 네트워크 및 인력 등 정보자원를 통합 관리하여 효율성을 제고하고, 보안 및 재난재해 등 위험요소를 국가적으로 대응하는 백업 시스템을 구축하는 것이다. 정보자원의 분산관리보다 통합관리를 통한 규모의 경제와 더불어 정보자원관리의 안전성 측면을 고려하여 추진된 것이다.

이 사업은 이미 김대중정부에서 업무재설계(BPR)사업을 추진한 바 있으며, 노무현정부에서는 초기 정보화전략계획(ISP)은 행자부가 수립하였고, 이후 본 사업은 정보통신부의 주관하에 48개 부처청이 관리하는 전산자원을 지방의 두 곳에으로 이전하고 이를 통합 연계 관리하도록 한 사업이다. 이 사업을 추진함에 있어서 5년간 총 1조원 정도인 노무현정부의 전자정부사업예산의 1/3 정도인 3,500억원 정도가 투입되었으며, 예산규모와 사업의 규모측면에서는 가장 큰 방대한 사업이라고 할 수 있다.

그러나 이 사업은 추진과정에서 부처간 갈등이 심각하게 발생하여 전자정부전문위도 많은 어려움을 겪었다. 앞서 밝힌 바와 같이 이 사업은 김대중정부에서 시작하였으나 부처간 이견으로 업무재설계(BPR)를 마무리하는 수준에서 머무를 수 밖에 없었던 사업이다. 노무현정부 출범 이후 전자정부 로드맵 과제로 다시 선정되었으나 정보화전략기획(ISP)을 수행하는 주관부처를 결정하는 과정에서부터 부처간 갈등으로 인하여 전자정부전문위의 직접 관리과제로 하고, 정보통신부와 행정자치부 공동주관으로 수행하였다. 그러나 2004년 4월 행정자치부가 전자정부 총괄부처로 정리되면서 기타 과제와 더불어 행자부 주관으로 ISP를 추진하였다.

통합전산센터와 관련하여 행정자치부와 정보통신부 사이의 갈등이 지속되자, 2004년 10월 25일 국정과제회의에서 주관부처 문제를 다시 조정하였고, 결국 노무현대통령은 두 부처가 센터의 기능, 추진방안에 관하여 동일한 양식과 분량으로 보고서를 제출하게 하였다. 그리고 2004년 11월 9일 정책실장 주재로 행자부 전자정부국장, 정통부 정보화기획실장, 전자전문위 간사, 정부혁신위원장, 관계 비서관 등이 참석한 회의를 거쳐 대통령은 정보통신부를 주관부처로 최종 확정하였다.

그러나 이 사업의 주관부처와 업무내용을 결정하면서 전자정부 위원들은 적지 않은 오해를 받았다. 순수하게는 자기부처 입장을 대변해 주라는 온정주의적 호소로부터 편파적이라는 비판까지 받았다. 그러나 위원들은 정보자원의 통합관리라는 본래 목표와 기대효과 실현이라는 대승적 관점에서 판단하였다. 전산자원 통합관리를 통한 규모의 경제에 필요한 기능과 업무, 조직과 인력소요에 대한 전문가적 주장을 견지한 것이다. 이러한 주장이 관료조직에 그대로 수용되지 못하는 현실에 비애감을 느끼는 위원들도 많았다.

이명박정부가 출범하여 정부조직이 개편되면서 통합전산센터는 행정안전부(구 행정자치부)로 이관되었으므로, 지난 7년간의 갈등과 분쟁은 부질없는 수고였던 셈이 되었다.

범정부 통합전산센터는 세계적인 전자정부 분야의 선도적 사업이라는 점에서 정보자원 이전, 공통 서비스 개발 및 정보자원 공동 활용을 더욱 확대하여야 하며, 그렇게 되면 전자정부 서비스의 안전성과 질적인 고도화는 물론 정부혁신의 성과도 더욱 제고될 수 있을 것으로 기대된다.

2) 행정정보공유 확대사업

행정정보공유 확대사업은 민원인이 행정기관에 제출하는 각종

구비 및 첨부서류의 대부분이 다른 행정기관에서 발급받은 것이므로, 행정기관간 정보공유를 통하여 국민의 기관 방문 횟수를 줄이고 관련 서류의 중복 제출을 축소하려는 것이다. 민원인의 손을 거치지 않으므로 서류 위·변조도 방지하는 이점도 있다.

이 사업은 2002년에 가동된 G4C 시스템에서 부분적으로 시행하였으나, 민원발급서류 현황분석을 통하여 빈도가 높고 대민 서비스 혁신 효과가 큰 74종으로 공유의 범위를 대폭 확대하는 사업이다. 전자정부특위는 2005년 7월 국정과제회의 보고를 계기로 더욱 강도 높고 비중 있는 사업으로 본 사업을 추진할 수 있는 계기를 만들었으며, 결국 정부 부처는 2006년 말까지, 공공기관과 금융기관은 2007년 말까지 정보공유를 확대하는 성과를 거둘 수 있게 되었고, 현재까지 그 성과는 매우 긍정적으로 평가되고 있다.

하지만, 행정정보공유는 개인정보 보호 강화의 필요성, 정보 오남용으로 인한 책임성, 증적관리 등 기술적 문제, 부처간 정보독점 욕구 등으로 인한 이해관계가 첨예하게 나타나는 과제로서 여러 가지 특성을 가지고 있고, 많은 어려움이 있을 것으로 예상된다. 그러나 성공적으로 마무리되면 대민 서비스 혁신효과는 더욱 크게 나타날 것이므로 좀더 합리적인 접근 방법 모색과 아울러 범국민적인 합의의 도출이 요구되고 있다.

3) 정부업무관리시스템: e-지원시스템과 온나라 시스템

정부업무관리시스템은 31대 로드맵 과제 중 국정과제 실시간 관리 사업이 발전적으로 확대 개편되면서 노무현대통령이 청와대의 업무처리를 위하여 많은 애착을 가지고 주도적으로 구축한 e-지원시스템을 범정부 업무관리 시스템으로 확장한 과제로서, 행정자치부의 통합행정혁신시스템(HAMONI, Harmonized Mo del of New Innovation)을 거쳐 2007년에는 전 부처가 활용할 수 있도록 확대 구축되었다. 현재는 온나라시스템(On Nara System)이라는 이름으로 정착되었다.

e-지원시스템은 21세기 전진 디지털 청와대 구현이라는 비전 달성과 정책 이력(policy event history)을 빠짐없이 기록하고 관리하여 행정의 투명성과 책임성을 확보한다는 대통령의 사상과 의지가 담겨있다.[8] 청와대 업무를 정부 각 부처 업무와 연계하기 위하여 e-지원시스템을 정부업무관리시스템으로 확장하였고, 그 과정에서 국정과제관리, 문서관리, 전자결재, 성과평가관리, 홍보관리, 기록관리, 디지털예산회계시스템 등 수 많은 업무가 추가 연계되는 방대한 시스템으로 개발되었다. 따라서 이것은 수직적으로 청와대와 각 부처가 연계되고, 수평적으로 많은 업무가 통합되는 종횡으로 마디 없는 통합시스템이 된 셈이다.

이 사업은 출발단계에서부터 많은 진통을 겪었다. e-지원시스템을 확장하여 전 부처에 확산하는 과정에서 11대 전자정부사업의 하나로 추진된 기존의 전자결재 및 전자문서유통 시스템과 중복문제가 제기되었던 것이다. 이에 대한 가장 큰 우려는 이미 중앙부처와 지방자치단체 등에서 많은 예산을 들여 시스템을 도입하여 사용하고 있는 전자결재와 전자적 문서유통 시스템이 매몰비용으로 전락하고, 단기간에 정책과제의 계획수립에서 성과평가에 이르는 정책이력을 종합 관리하는 시스템을 개발하기에는 너무 위험하다는 판단 때문이었다. 이 때문에 전자정부전문위원들은 전반적으로 반대하였고, 당시 행정자치부도 소극적인 입장을 가지고 있었다.

8) 정부혁신지방분권위원회(2005), 앞의 글, 186면.

그러나 대통령이 직접 주재하는 국정과제회의에서 추진 방침이 결정되고, 정부혁신에 관심을 가진 행정자치부 장관이 부임하면서 행정자치부 주도로 급속히 추진되었다. 그 결과 2004년 11월에 청와대 e-지원시스템을 개발한 이후 2005년 7월 행정자치부 HAMONI 개발 및 2006년 5개 부처 시범적용 사업을 거쳐 2007년 1월 전 부처에 확산되었다. 이 사업은 정부업무에 대한 종합관리 시스템을 확장하자는 주장이 제기됨에 따라 출발단계의 과제관리로부터 문서관리, 성과평가관리, 정책홍보관리, 전자결재, 기록관리 등 선단식 복합시스템으로 자리잡았다. 향후 e-지원 시스템의 성공 여부는 차기대통령의 관심과 사용 의지에 따라 크게 좌우될 것이다.

정보시스템의 특성상 최고책임자가 시스템을 활용하지 않으면, 당해 시스템은 사장될 뿐만 아니라 그것과 연동되어 있는 상당수의 정부업무관련 시스템들도 활용도가 급격히 저하될 수 있기 때문이다.

특히, 새로운 정부의 조직개편과 운영방향의 변화에 따라 시스템의 주요 구성요소인 성과관리, 홍보관리, 기록관리 등 정부기능의 변화도 불가피한 현상이다. 예를 들면, 공무원의 언론 오보 대응 노력과 성과를 주요내용으로 포함된 홍보관리시스템은 국정홍보처 폐지 등 새로운 대 언론정책에 따라 근본적인 수술이 불가피 할 것으로 예상된다. 이미 상당한 예산이 투입된 온나라시스템은 새로운 정부 환경에서도 적절하고 합리적인 차원에서 발전적 개편을 통하여 활용을 증대시켜 나갈 필요가 있을 것이다.

Ⅳ. 교훈과 시사점

한국의 전자정부 사업은 2001년부터 2007년까지 대통령의제로 격상하여 대통령자문기구를 중심으로 지속적으로 추진한 결과, 현재 한국은 이 분야에 있어서 거의 세계 최고 수준에 도달하였다. 규제, 투명성, 청렴도 등 정부의 경쟁력을 구성하는 각종 요소들 중 이렇게 탁월한 성과를 내는 분야가 있을까? 2007년 UN 경제사회국(UNDESA)의 전자정부 준비도(EGRI)는 세계 6위, 전자참여도(EPI)는 2위, 국제전기통신연합(ITU)의 디지털기회지수(DOI)는 1위였다. 그럼에도 한국의 전자정부는 몇 가지 쟁점을 가지고 있다.

첫째, 현재의 전자정부에 대한 국민들의 체감도는 그리 높지 않다는 것이다. 그 이유는 바로 낮은 활용도 때문이다. 행정자치부가 2007년에 자체 조사한 활용도도 50%에 미달한 것으로 알려졌다. 따라서 새 사업을 개발하는 것보다, 이미 개발된 시스템을 더 많이 활용할 수 있도록 하는 것이 우선적인 과제이다. 과거에 개발된 정보시스템들의 활용도가 낮은 것은 고객의 만족과 편의보다는 공급자를 우선 고려한 측면이 많다. 따라서 고객의 선택성, 접근성, 활용성, 편의성을 높이는 방향으로 전자정부 서비스를 관리하여야 한다.

둘째, 전자정부의 성과관리이다. 신공공관리론에서는 비용효과성과 파산 개념이 없는 정부실패를 언급하지만, 실제로 전자정부 추진과정에서 정부관료제는 역시 시장보다 투입비용에 관대하다는 점을 느꼈다. 원론적으로 전자정부는 효율성과 생산성, 투명성과 책임성을 높이고, 참여를 향상시킨다. 그러나 많은 재정이 투입되는 전자정부는 반드시 그 성과와 연계되어야 한다.

셋째, 사업의 목적과 우선순위에 대한 고려이다. 과거 전자정부는 일반직보다는 전산직 등 기술직이 부서내 업무의 자동화 차원에서 추진되었다. 일반직 중심의 순환보직을 통한 승진이 중요한 공직인사 관행 하에서 전문성이 요구되는 전자정부에 대한 일반직들의 관심이 높을 수가 없다. 실제로 전자정부에서도 고위직의 빈번한 인사이동이 사업추진에 장애요인으로 작용한 상당한 사례가 있었다. 국세청의 홈텍스 서비스사업(HTS)이 진행되는 2년 동안 4명의 국장이 바뀌었고, 디지털예산시스템 구축과정에서도 비슷한 현상은 반복적으로 나타났다. 실무자들은 국장이 바뀔 때마다 새로 부임하는 국장에게 매번 사업목적과 범위, 진행상황을 설명하였을 것이다. 전자정부는 다년간 진화적으로 발전하는 사업의 특성을 가지고 있기 때문에 업무의 연속성과 일관성은 매우 중요하게 다루어져야 한다.

넷째, 부처간 이해대립이다. 행정학도로서 전자정부 정책과 관련된 참여과정에서 가장 인상 깊게 느낀 것은 부처간 이해관계에 공무원들이 자유롭지 못하다는 점이다. 부처간 이해관계 조정을 위한 시간이 회의시간의 대부분을 차지할 정도로 매우 어려운 과제였다. 각 부처의 주장은 듣기에 따라서는 나름대로 합리성과 정당성을 가지고 있다. 만약 틀린 논리를 전개하면, 외부 전문가들에 의하여 금방 제압당하기 때문이다. 부처간 대립이 갖는 문제점은 우선 국민적 입장이나 국가운영 전반의 측면을 제대로 고려하지 않기 때문에 더욱 많이 나타나는 점이다. 각 부처는 국민과 고객의 입장에서 얘기하지만, 진정으로 그들이 국민이나 국가전반의 이익을 대변하는가에 대해서는 회의적인 경우가 많았다.

또 다른 한 가지는 이러한 과정에서 특히 장기적 관점이 고려되지 않는다는 것이다. 5년 후, 10년 후의 국가와 정부의 미래보다는 오늘의 이해관계에 민감한 경우를 빈번히 보았다. 이러한 점을 개선하기 위해서는 실적관리에 있어서 단기주의에서 좀더 장기주의로 전환하는 것이 바람직할 것이다.

제 6 편

시민사회 참여

10 행정학자의 시민단체 참여를 통한 행정개혁
-행정개혁시민연합의 활동-

남 궁 근*

Ⅰ. 머 리 말

1987년 민주화 항쟁 이후 우리나라에서 시민단체의 활동이 본격적인 궤도에 오르면서 일부 행정학자들이 시민단체 참여를 통한 행정개혁을 추진하고자 노력하였다.[1)] 우리나라에서는 강력한 권위주의 체제가 유지된 1980년대까지 시민사회 영역과 시민단체의 역할은 크게 제약되어 있었다. 당시 시민사회를 대변하였던 민주화운동 단체들은 권위주의적 정권을 타도와 투쟁의 대상으로 설정하고 대화와 협력의 가능성을 배제하였다. 한편 정부는 이들 단체를 혹독하게 탄압하였다. 시민사회와 정부 사이의 이러한 관계는 87년 6월 항쟁을 계기로 크게 변화되었다.[2)] 1989년 7월 경실련이 출범하면서 우리나라에서도 본격적으로 시민단체가 등장하였다. 김영삼 정부가 등장

---

* 서울산업대학교 행정학과 교수.

1) 이 글은 남궁근, 2007. "행정학자의 시민단체 참여활동 성과와 한계: 경실련, 참여연대, 함께 하는 시민행동, 행개련을 중심으로," 한국행정학보, 41권 4호에 실린 글 중 행개련의 활동을 중심으로 발췌한 것임.

2) 남궁근, 2003. 한국시민참여의 과거와 현재, 「시민사회」, 중앙일보 시민사회 연구소.

하면서 시민단체의 숫자도 크게 증가하였고, 그 역할도 한층 강화되었다. 시민단체의 폭발적 증가추세는 김대중 정부와 노무현 정부에서도 계속되었다. 우리나라 시민단체 활동에서 서구국가와는 다른 특징을 찾을 수 있다. 즉 기능과 역할 면에서 창도형 단체의 비중이 서비스 단체의 비중보다 압도적으로 크다는 것이다. 특히 경실련, 환경운동연합, 참여연대, 함께하는 시민행동, YMCA 등 진보적 성향의 창도형 단체들이 시민단체 활동을 주도해 왔는데 이러한 현상은 우리나라 시민단체가 민주화운동의 연장선상에서 활동해 왔기 때문에 나타난 것이다. 최근 바른사회시민회의, 한반도선진화재단 등 뉴라이트 계열의 시민운동단체들이 등장하여 창도형 시민단체들의 이념적 스펙트럼이 분화되었다.

행정학자들이 시민단체에 참여하려면 자신의 참여를 논리적으로 정당화할 수 있어야 하며, 또한 실천적인 측면에서도 행정현실의 개선에 기여한다는 확신이 있어야 한다. 정당성의 논리와 확신이 없을 경우 상당한 시간을 투입하고 경제적 손실을 감수하면서 시민단체에 자발적으로 참여하기는 어렵기 때문이다. 최근에 대두된 시장실패와 정부실패의 보완논리, 그리고 참여거버넌스론이 그러한 활동에 대한 정당성의 논리를 제공한다고 볼 수 있다.

행정학자들이 참여한 시민단체로는 경실련, 참여연대, 함께하는 시민행동, 행개련 등이 있다. 이들 네 단체 모두 창도형 단체로서 권력감시와 정책대안 제시를 위주로 하는 단체이다. 그러나 경실련, 참여연대, 함께하는 시민행동 등 3개 단체와 행정개혁시민연합(이하 행개련)은 그 성격에 상당한 차이가 있다. 앞의 세 단체는 다양한 활동을 수행하는 소위 종합형 단체로 우리나라 시민단체 사이의 협의와 연대라는 연결망에서 중심적인 위치를 차지하고 있는 진보적인 단체인 반면 행개련은 연대활동보다는 독자적으로 활동하는 중립적 단체이다.[3] 또한 앞의 세 단체는 여러 기구들이 느슨하게 연합되어 있는 소위 연합형 시민단체[4]인 반면 행개련은 단독형 시민단체이다. 필자는 행정학자들이 이들 네 개 시민단체 참여를 통하여 추구한 행정개혁 활동과 그 성과에 관하여 살펴 본 바 있다[5].

이 글에서는 필자가 참여한 행개련의 경험을 토대로 행정학자들이 행정개혁에서 어떠한 역할을 수행했는지 살펴보고자 한다. 행개련의 활동에 관하여 살펴보게 될 내용은 행정학자들이 행개련의 형성단계에서 어떠한 역할을 수행했는지, 행개련의 거버넌스(의사결정)에는 어느 정도 참여하고 있는지, 그리고 어느 분야의 정책 활동에 참여하고 있는지 등 세 가지로 구분하기로 한다.[6] 어떠한 시민단체이든지 출범단계에는 항상 주도적인 역할을 담당한 인사들이 존재한다. 같은 맥락에서 현재 시민단체의 대표와 주요의사결정기구의 참여자도 중요하다. 그 이유는 형성기의 참여자와 현재 의사결정기구의 구성원들이 누구이며 어떠한 성향을 가지고 있는가에 따라 그

---

3) 서울대 사회학과 장덕진 교수와 '시민의 신문'이 전국 221개 시민단체를 대상으로 조사한 '시민단체 연결망 분석' 결과에 따르면 시민단체의 20%는 다른 단체와 네트워킹이 없는 독립된 활동을 하는 것으로 분류됐다. 나머지 80%는 느슨한 형태로 연계돼 있는데, 참여연대, 경실련, 환경운동연합, 함께하는 시민행동, YMCA 등이 연결망의 허브역할을 하고 있다. 경향신문 2006.01.12 45판 09면 756자 사회 뉴스.

4) 예를 들면 경실련은 경실련 내에 경제정의연구소, 도시개혁센터, 정농생활협동조합 등 여러 기구가 느슨하게 연결되어 있다.

5) 남궁근, 2007. "행정학자의 시민단체 참여활동 성과와 한계: 경실련, 참여연대, 함께 하는 시민행동, 행개련을 중심으로," 한국행정학보, 41권 4호

6) 학술논문에서 학자들의 이름은 원칙적으로 참고문헌을 소개할 경우에 제시된다. 그런데 이 글에서는 행정개혁시민연합에 참여하여 활동한 행정학자들의 실명을 거론하기로 하였다. 실제로 개별 학자들의 참여와 활동수준은 명목상 참여에서 실질적인 참여에 이르기까지 상당히 다르겠지만 그 활동상황을 일일이 확인하기는 어렵다.

조직의 활동내용과 활동방법이 결정되기 때문이다. 한편 시민단체의 정책창도활동은 정책위원회를 중심으로 이루어진다. 행정학자들이 어느 분야의 정책위원회에 참여하는지 살펴보면 중점을 두고 추진하였던 정책창도 활동을 보다 정확하게 파악할 수 있을 것이다.

Ⅱ. 행정개혁시민연합(행개련)과 행정학자의 참여

1. 출범단계에서의 참여

행개련은 행정학자들의 입장에서는 매우 괄목할만한 시민단체이다. 행개련은 1997년 12월 9일 김영삼 정부의 행정쇄신위원회에 관여한 인사들이 주축이 되어 '더 나은 정부를 만들기 위한 시민의 모임'으로 창립하였다.[7] 행개련에는 설립초기부터 현재까지 원로행정학자들이 대표와 고문으로 참여하고 있다. 출범당시 공동대표단(조석준, 박종규)과 고문(박동서, 최동섭)에 원로 행정학자가 참여했을 뿐 아니라 상임집행위원회에도 서삼영(위원장, 한국전산원), 안문석(고려대), 정용덕(서울대), 황성돈(외국어대), 이종범(고려대) 등 중견 행정학자가 참여하였다. 한편 출범초기인 1999년 3월 행개련은 병설기구로 정부개혁연구소를 설치하였는데 박동서(서울대)가 초대 이사장 겸 소장을 맡아 활동하였다.

---

7) 행개련에 관한 자료는 홈페이지 http://www.ccbg.or.kr/ 2007년 11월 25일 접근, 그리고 필자의 경험을 토대로 한 것이다.

2. 거버넌스 참여

행개련은 출범 당시부터 오늘에 이르기까지 행정학자가 조직의 사결정에 매우 중요한 영향을 미치고 있다. 초대 공동대표 조석준 교수에 이어 백완기(고려대) 교수가 공동대표를 맡아 오다가 2008년부터 안문석(고려대) 교수가 공동대표 있으며 행정학계 원로 조석준(서울대) 교수와 백완기 교수가 고문을 맡고 있다. 상임집행위원 29명 중 압도적 다수인 17명이 행정학자이다.[8] 병설 정부개혁 연구소 역시 이사장(한인숙, 이화여대), 소장(목진휴, 국민대), 부소장(강제상, 경희대) 등이 행정학자이다. 한편 사무처의 사무처장과 정책국장, 그리고 간사도 행정학을 전공한 인사들로 구성되어 행정학 전공자가 지나치게 많다고 할 수 있다.

행정학자들이 조직의 주요의사결정에 참여하는 행개련은 지나치게 진보적인 활동은 자제하여 왔다. 참여연대와 같은 진보적 단체들은 정책 활동의 방법으로 권력감시와 관련한 긴급하고 중요한 사안에 대해서는 실행위원과 간사, 그리고 일반회원들이 시위라는 급진적 방법도 채택한다. 그러나 행개련은 처음부터 그러한 과격한 수단은 채택하지 않았다. 대표단과 고문단 및 주요 구성원들이 그러한 방식은 바람직하다고 생각하지 않았기 때문이다. 또한 낙선낙천운동과 같은 비합법적인 운동,에도 참여하지 않기로 결정한 바 있다. 이러한 방향설정은 행정학자들이 학문특성상 지나치게 개혁적인 성향

---

8) 김동욱(서울대), 김복규(계명대), 김상묵(서울산업대), 남궁근(서울산업대), 목진휴(국민대), 서원석(한국행정연구원), 안문석(고려대), 오성호(상명대), 오재일(전남대), 원한식(전주대), 이승종(서울대), 이종범(고려대), 이창원(한성대), 정용덕(서울대), 하태권(서울산업대), 한인숙(이화여대), 황성돈(한국외국어대).

을 보이기 어려운 특성을 반영한 것으로 볼 수 있다.

3. 정책활동 참여

행개련의 활동은 정책위원회를 중심으로 전개된 정책활동, 시민회원 중심의 권리구제와 행정개혁제안운동, 시민교육운동으로 구분할 수 있다. 행정학자들은 주로 정책위원회에 소속되어 활동하였다. 정책위원회의 활동은 위원회 산하에 각 분과위원회를 두고 있던 제1기(1999~2003: 위원장 남궁 근, 서울산업대), 그리고 분야별 독립적인 정책위원회를 두고 그 대표들로 정책협의회를 구성하여 활동하는 제2기(2003~현재)로 구분할 수 있다. 2007년 현재 정책협의회에는 재정개혁위원회(위원장 박종구, 광운대), 규제개혁위원회, 건설교통도시위원회, 과학기술위원회(공동위원장 장지호, 외국어대), 인사제도위원회(공동위원장 서원석, 한국행정연구원 · 오성호, 상명대), 정보통신위원회(위원장 김동욱, 서울대), 정부조직 · 관료제도위원회(공동위원장 이창원, 한성대 · 김동욱, 서울대), 지방자치위원회(공동위원장 이승종, 서울대 · 하혜수, 상주대), 안전관리위원회, 교육문화위원회, 복지 · 노동위원회(공동위원장 김영민, 인하대), 여성정책위원회(공동위원장 김미경, 상명대), 입법제도개혁위원회, 평가제도위원회(위원장 유금록, 군산대), 공공디자인위원회 등이 활동하고 있으며 이들 위원회에 행정학자들이 다수 참여하고 있다.

정책위원회의 활동 중 가장 두드러진 것은 월례정책토론회이다. 토론회의 주제는 주로 제도개선이 필요한 문제를 선택하며, 정책위원회에서 활동하는 학자가 발제하고, 관련부처의 국장 또는 과장급 공무원, 관련단체, 국회 또는 정당측 인사들이 토론자로 참여하여 의견을 교환하는 형식이다. 토론회 장소는 주로 초창기에는 정부종합청사에서 가까운 세종문화회관 컨퍼런스 홀 또는 소회의실을 이용하였고, 그 후에도 광화문 정부종합청사 인근에서 개최하여 관심을 가진 공직자들이 많이 참여하였다.

제1차 정책토론회는 1999년 2월 '행정정보공개 제도의 현황과 개선방향'에 관한 주제로 개최되었으며 2002년 12월까지 36차에 걸쳐 정책토론회가 개최되었다.[9] 5년간 개최된 정책토론회의 주제는 정책분야별 개혁과제가 주류를 이루었다. 특히 대통령 선거를 앞둔 2002년도에는 인사, 조직, 재정 · 세제, 전자정부, 지방자치 등의 분야별로 차기정부의 정책과제를 제시하였다.

2003년에는 6차, 2004년에는 4차, 2005년에는 2차, 2006년에는 1

9) 1999년 '행정정보공개제도'(2월), '국민고충처리제도'(3월), '기관평가제도'(4월), '행정절차법'(5월), '행정기관에 대한 고객만족도 조사'(6월), '재택행정서비스 구현'(7월), '국정감사제도 개혁'(9월), '지방자치 활성화'(10월), '개방형 임용제도'(11월) 등 10차에 걸쳐 정책토론회를 개최하였다. 2000년에도 10차례 정책토론회가 개최되었는데, 그 주제는 '김대중 정부행정개혁 2년 평가 및 향후과제'(2월), '제16대 총선과 주요 개혁정책 과제'(3월), '각 정당의 제16대 총선공약에 대한 정책 비교'(4월), '비영리민간단체에 대한 정부지원의 체계화를 위한 정책방향'(5월), '정부규제개혁의 성과와 방향'(7월), '정책결정의 민주화와 행정 절차법의 개정'(8월), '개방형 직위제의 임용실태와 개선방안'(9월), '지방자치법 개정, 어떻게 할 것인가?'(10월), 공기업 구조조정, 이대로 좋은가'?(11월), '검찰의 중립화 방안'(12월) 등이었다. 2001년에는 7차에 걸친 정책토론회가 개최되었다. 그 주제는 '각 정당 총선공약 이행 모니터'(1월), '공무원 성과상여금 제도의 개선방안'(4월), '공무원 연금제도의 개선방안'(5월), '공교육 정책체계의 개혁방안'(7월), '지역사회와 지방행정개혁'(8월, 광주전남시민사회단체연대회의와 공동 개최), '사법행정 개혁의 과제와 방안"(10월), '지방자치 관련법의 개정 방향'(11월) 등이었다. 2002년도에는 8차에 걸친 정책토론회가 개최되었는데 대통령선거를 앞에 두고 차기정부의 과제와 개혁과제 시리즈로 구성되었다. 구체적인 주제는 '차기정부의 과제와 개혁의 방향'(3월), '지방선거에 즈음한 지방행정과 과제와 대책'(4월), '차기 정부 개혁의 과제와 방안 2-인사 · 세정 부문'(5월), '전자정부를 통한 부패통제방안'(7월), '차기 정부 개혁의 과제와 방안 3-차기 정부 구조개혁의 중점과제'(8월), '차기 정부 개혁의 과제와 방안 4-예산 · 재정 부문'(9월), '차기 정부 개혁의 과제와 방안 5-과학기술 · 정보화 부문'(10월), '차기 정부 개혁의 과제와 방안 6-보건 · 복지 부문'(12월), '대통령 당선자의 100일 과제'(12월) 등이었다.

차에 걸쳐 정책토론회를 개최하였다.[10] 이같이 2003년 이후 토론회 개최빈도가 급격하게 감소한 것은 대부분의 개혁과제가 노무현 정부의 국정과제로 채택되어 정책투입의 의미가 감소되었기 때문이다. 한편 대통령선거를 앞둔 2007년에는 '노무현 정부 4년 평가'(1월)에 이어 차기정부 개혁과제 시리즈로 정책토론회를 계속 진행하였다. 그 주제는 '차기정부 개혁과제 1－개혁의 기본방향과 과제'(7월), '차기정부 개혁과제 2－최고정책결정, 총괄지원 부문과 조직개편 방법론'(9월), '차기정부 개혁과제 3－외교안보 사회질서 부문'(10월), '차기정부 개혁과제 4－사회·문화·복지 부문'(10월) 등인데 차기정부에서 정책으로 반영할 것을 기대한 것이다. 2007년 1월 23일 개최된 '차기정부 개혁과제－사회·문화·복지 부문'에 관한 토론회는 53차 정책토론회였다.

행개련 병설 정부개혁연구소에서는 전문적인 연구자인 학자들이 참여하여 연구한 정책대안을 정책에 반영시킬 목적으로 보고서와 단행본의 형태로 발간하였다. 정부개혁연구소에서는 그간 '개방형 임용제도 발전방안'[11], '책임운영기관 발전방안', '지식기반사회구현을 위한 규제개혁 과제: 금융부문', '개방형 직위제도 운영실태 조사 평가' 등에 관한 연구보고서 발간을 통해 정책 대안을 제시하였다. 개

10) 2003년도 토론회 주제는 다음과 같다. '중앙인사기관의 발전 방향'(3월), '대통령기록물 관련법제 개선에 관한 토론회'(6월), '행정수도 건설 문제, 어찌 할 것인가?(10월), 공무원 전문성 강화를 위한 보직관리 개선방안'(11월), '지상파 DTV 전송방식 문제, 어찌 할 것인가?'(12월), '기술사 관련제도의 개선방안'(12월) 등이다. 2004년에는 '노무현정부 1년 평가'(2월), '복식부기추진사업의 평가와 향후 방안'(3월), '노무현정부의 인사개혁 방향'(5월), '서울시 반부패지수 조사의 문제와 개선방향'(9월) 등의 토론회를 개최하였다. 2005년에는 '노무현정부 2년 평가' '참여정부 조직운영, 이대로 좋은가?'(6월) 등 두 차례의 토론회를 개최하였다. 2006년에는 '노무현정부 3년 평가'(2월) 한차례 토론회를 개최하였다.

11) 남궁근 외, 「개방형임용제도의 발전방안」, 1999. 12. 행개련 병설 정부개혁연구소.

방형 임용제도는 김대중 2차 정부 조직개편에 관련하여 경영진단조정위원회가 운영시스템 혁신방안의 하나로 건의한 사항이다[12]. 개방형 임용제도를 제도화하는 과정에서 중앙인사위원회가 주도한 결정과정에 행개련의 의견이 많이 투입되었다.[13] 그 배경에는 당시 박동서 정부개혁연구소 이사장 겸 소장의 의지도 크게 작용하였다. 개방형 임용제도 도입, 직위선정, 외부임용 확대 등은 관료사회의 저항이 큰 과제라서 공직사회와 행개련이 상당기간 갈등관계를 유지하기도 하였다. 한편 정부개혁연구소에서는 월례 정책토론회와 차별화되는 형태의 큰 주제에 관련된 시민토론회를 개최하였는데 첫 번째 토론회는 정부개혁연구소 창립 1주년 기념으로 개최한 '개헌문제, 어떻게 할 것인가?'(2000년 6월 9일, 전경련회관)였다. 이 토론회는 4년 중임개헌문제를 공식 제기한 첫 번째 토론회로 상당한 관심을 끌었다. 2001년에는 창립 2주년 기념으로 '정책결정 및 조정 체계의 개혁방안'(2001년 6월 1일, 세종문화회관 컨퍼런스홀)에 관한 시민토론회를 개최하였고, 2003년에는 3주년 기념 세미나, '위원회형 부처조직의 독립성 확보방안'(6월 11일, 세종문화회관 컨퍼런스 홀)에 관한 시민토론회를 개최하였다. 이러한 토론회는 주제도 매우 중요할 뿐 아니라 발제자와 토론자도 학계, 정부, 정치권의 비중있는 인사들이 참여하도록 하여 그 영향을 극대화시키고자 노력하였다.

행개련에서는 정책위원회의 월례정책토론회와 정부개혁연구소의 시민토론회에서 발표되고 토론한 내용을 주제별 분야별로 묶어 두 권의 총서, 「시민과 정부개혁」, 「정부개혁평가와 공약모니터링」으로

---

12) 오석홍, "「국민의 정부」 제2차 정부조직개편: 경영진단조정위원회 활동."행정논총, 37:1, 1999, pp. 73-92.

13) 남궁근, "개방형 직위제도 시행의 중간평가", 행정논총(서울대학교 해정대학원), 제387권 제2호, 2000, pp. 253-272.

발간하였다.[14)]

행개련의 정책토론회에서 제시되었고, 총서에 포함된 과제들은 거의 대부분 2003년 출범한 노무현 정부의 분야별 정부혁신지방분권 로드맵에 수용되어 노무현 정부의 정책의제로 채택되었다. 그 이유를 두 가지라고 생각될 수 있겠다. 하나는 이들 과제들이 행개련 뿐 아니라 진보적인 단체와 학자들이 공감하고 있는 과제들이라서 정부에서도 무리없이 받아들일 수 있었다는 것이다. 다른 하나는 행개련을 포함한 시민단체에서 활동했던 행정학자들이 상당수 노무현 정부의 정부혁신지방분권위원회에 참여했다는 것이다. 초대 위원장인 김병준(국민대)은 경실련과 행개련에서 활동한 경험이 있었고, 혁신분권위원회의 제1기(2003~2005)의 5개 분과위원회 중 조세전문가가 간사위원을 맡았던 재정 · 세제분과위원회를 제외한 네 개 분과, 즉 행정개혁(위원장 정용덕), 인사개혁(위원장 남궁근), 전자정부(위원장 서삼영), 지방분권(위원장 오재일)은 모두 행정학자이면서 행개련에서 활동적으로 참여한 경험이 있다. 분과위원회의 경우 많은 위원들이 행정학자이면서 시민단체 참여경험이 있는 인사들이었다.

14) 박동서·조석준·인명진·남궁근 엮음.「시민과 정부개혁」, 한울아카데미, 2002. 박동서·조석준·인명진·남궁근 엮음,「정부개혁 평가와 공약모니터링」, 한울아카데미, 2002.

Ⅲ. 행정학자 시민단체 정책참여 활동의 특징

1. 활동시기

행개련 뿐 아니라 행정학자가 참여한 시민단체의 활동에서 나타나는 행정학자의 활동시기를 살펴보면 1990년대 초반까지는 극히 소수의 학자들만 참여하다가 90년대 후반부터 상당수가 참여하게 된다. 1990년대 초반까지는 시민단체와 정부가 저항과 탄압의 관계로 설정되었고, 시민단체에 참여한 학자들 대다수가 비교적 급격한 방법을 선호하는 시민운동권 출신으로 정치학, 사회학, 경제학, 법학 전공교수들이 주류를 이루던 시기였다. 따라서 공공부문을 연구하는 행정학자가 이념적으로 정부와 적대적 대립적인 관계를 설정하는 시민단체에 참여하기 어려웠던 것으로 보인다. 90년대 이후 시민단체와 정부의 협력적 거버넌스가 시작되면서 행정학자들이 참여하기 시작하였다. 한편 이 시기에 정부개혁위원회, 지방자치위원회, 예산감시위원회, 부패방지 또는 부패추방본부와 같이 행정학자들이 전문성을 발휘할 수 있는 활동공간이 만들어 지면서 2000년 이후에 행정학자의 참여가 상당히 증가하였다.

2. 활동방법

시민단체의 전문가로 참여하면서 공통적인 활동방법은 토론회, 시위, 성명서, 법안형태의 대안제시, 보고서 발간 등이다. 토론회는 주요 이슈 또는 긴급한 이슈에 대하여 신속하게 토론회를 개최하여 여론을 형성하는 데 활용된다. 행정학자들은 토론회의 발제자 또는 토론자로 참여하는 경우가 많았다. 학술토론과는 달리 다른 전공 학자들과 변호사, 국회의원, 공직자, 언론인 등 다양한 분야의 전문가들을 함께 토론에 참여한다. 시위라는 방법은 긴급하고 중요한 사안에 대하여 단체의 실무간사, 일반회원, 그리고 외부전문가들이 종종 사용하는 방법이다. 법안형태의 대안제시란 단순한 문제제기의 수준을 넘어서 대안을 제시하는 것으로 주로 법령 제정 및 개정을 통하여 대안이 제시된다. 보고서 및 단행본 발간은 문제와 관련한 보고서를 연구보고서, 백서, 또는 단행본의 형태로 발간하여 공개하는 방법이다.

행정학자들의 시민단체 참여활동은 주로, 토론회, 대안제시, 보고서 발간, 성명서 발표 등 온건한 방법이 주류를 이루고 있으며, 과격한 방법이라고 할 수 있는 시위는 거의 활용하지 않았다. 반부패시민연대 공동위원장으로 활동했던 일부 사례를 제외하고는 행정학자들이 시위라는 극단적 방법에 참여하는 일은 거의 없었던 것으로 보인다.

3. 정책과정별 참여의 특징

행정학자들의 시민단체 활동참여는 정책과정의 단계에 따라 의제설정, 정책형성, 정책집행, 정책평가 단계에서의 참여로 구분할 수 있다. J. W. Kingdon은 의제설정단계와 정책형성단계는 구분되는 단계이며 주요 참여자도 다르다고 보았다.[15] 즉 의제설정단계에서는

15) Kingdon, J.W., *Agendas, Alternatives, and Public Policies*, 2nd edition New York:

대통령과 정무직 공무원, 중진의원, 미디어, 그리고 선거와 관련된 정당과 같은 정치적 참여자(visible participants)의 영향력이 크다는 것이다. 한편 정책형성단계에서는 학계의 전문가, 직업관료, 의원보좌관과 같은 전문적 참여자(hidden participants)가 영향을 미친다. 이러한 맥락에서 보면 행정학자들이 의제설정에 영향을 미치는 경우는 국회의원으로 진출하거나 정무직 공무원으로 정치집행부에 진입한 학자들에 의하여 이루어지는데 그 숫자는 많지 않다. 그런데 한국적 현실에서 특이한 현상은 시민사회단체에 참여한 행정학자들이 의제설정에 큰 영향을 미쳤다는 것이다. 많은 행정학자들이 투명사회와 반부패입법운동, 인사개혁, 예산감시, 지방자치운동 등을 주도하면서 이러한 영역에서의 의제설정에 상당히 영향을 미쳤다.

Kingdon이 지적한 바와 같이 행정학자들은 학계의 전문가로서 정책형성단계의 대안 구체화 단계에서 영향을 미친다. 이 단계에서는 정책결정직위에 참여한 행정학자들과 위원회에 참여한 위원들이 보다 큰 역할을 수행하였다. 노무현 정부에서는 정부혁신지방분권위원회 등 국정과제 위원회들을 중심으로 정책형성 단계에서 행정학자들의 참여가 두드러지게 나타나고 있다. 그런데 이들 중 상당수가 시민단체에 관여하거나 시민단체의 추천으로 위원회에 참여하였으므로 시민단체 참여를 통하여 영향을 미친 것으로 보아야 할 것이다.

정책집행단계는 관료제가 담당하고 있다. 행정학자들은 개방형으로 임용된 실국장급 등 극히 일부에서만 관여하고 있는데[16], 이들의 경우에도 시민단체의 추천이라기 보다는 행정학자들의 전문성을 기반으로 진출한 것으로 보아야 할 것이다. 정책평가단계에서도 정부

Longman, 1995.

16) 남궁근, "정부참여 및 용역연구", 「한국행정학 50년, 1956-2006」. 한국해정학회, 2006, pp. 663-678.

기관 평가, 자치단체 평가, 공기업평가, 정보화평가, 산하기관 평가 등에서 행정학자들이 평가위원장과 평가위원으로 활동하면서 평가지표를 구성하는 등 활발한 활동이 이루어지고 있다. 그러나 이 경우에도 시민단체를 통한 참여라고 보기는 어렵다.

Ⅳ. 행정학자들의 시민단체 참여의 성과와 한계

1. 시민단체 참여의 성과

행정학자들이 시민단체에 참여하여 활동하면서 어떠한 성과가 있었다고 볼 수 있는가? 행정학자들은 반부패개혁, 인사개혁, 예산개혁과 감시, 지방자치, 정치와 행정의 민주화 등 정부개혁을 추진하는데 있어서, 아마추어 시민운동가들과는 달리 전문성을 살려 정책문제에 관련된 아이디어 제공뿐 아니라 구체적인 정책대안을 제시하고 채택하게 할 수 있었다.

김영삼 정부 출범 초에 강력하게 추진된 반부패정책, 즉 공직자윤리법 개정을 통한 공무원 재산등록 및 공개의 의무화, 금융실명제의 전격실시(1993. 8. 13, 대통령긴급재정경제명령 제16호)와 부동산실명제 실시(1995. 3. 30), 공직선거 및 선거부정방지법 개정을 통한 정치부패 억제시도에 대하여는 시민단체들이 적극 지원하였다. 그런데 이러한 문제를 의제화하고 구체적인 대안을 제시하는 데 있어서는 시민단체에 참여한 행정학자들의 전문성이 상당히 기여할 수 있었다.

김대중 정부에서는 시민단체를 중심으로 국감모니터 및 낙천 ·

낙선운동, 부패방지법 제정운동, 소액주주운동 등 그 활동영역이 확대되었다. 낙천·낙선운동이 부패정치인에 대한 인적청산을 목적으로 한 것인데 비하여 부패방지입법시민연대는 부패방지를 위한 제도 개혁을 성취하기 위하여 결성되었으며 중견행정학자가 공동대표로 활약하였다. 참여연대와 경실련이 주도한 부패방지입법 시민연대에 참여한 시민단체들의 끈질긴 요청으로 2001년 6월 국회를 통과한 부패방지법은 반부패제도 개선에 있어서 정책적 전환점으로 평가된다. 김대중 정부와 노무현 정부에서도 인사, 예산, 지방자치 등의 분야에서 시민단체가 제안한 개혁조치들이 다수 정책대안으로 채택되었다. 인사개혁 분야에서는 개방형 임용제도 도입(1999), 순환보직 방지를 위한 전보제한제도와 보직경로제도, 고위공무원단 도입(2006년) 등 공직사회에서 반대하는 개혁조치들이 다수 도입되었다. 이러한 제도 도입에는 행개련과 같은 전문성을 가진 시민단체의 역할이 매우 큰 것으로 평가된다. 기관장 판공비 공개, 복식부기제도 도입, 디지털 예산회계 제도 도입과 같은 예산분야의 개혁에 있어서도 재정 및 예산전공 행정학자들이 참여하는 경실련, 함께 하는 시민행동 등 시민단체의 역할이 절대적이었다. 지방자치제도 활성화, 주민소환제도 도입 등 지방자치 영역에서도 시민단체에 참여하는 행정학자들의 역할이 상당히 컸다. 한편 노무현 정부에서는 시민단체에서 활동했던 행정학자들이 정부혁신지방분권위원회와 같은 국정과제위원회의 활동에 참여하면서 국정개혁 아젠다를 제안하고 종합하는데 크게 기여하였다.

그렇다면 시민단체에 참여하는 행정학자들은 어떠한 장점을 가지고 있는가? 일반적으로 학자들은 본인의 전공분야에 대하여 평소에도 지속적으로 관심을 가지고 있고 전문지식을 갖추고 있다. 행정학자들은 자신의 전공분야에서 전문성을 가지고 있을 뿐 아니라 간사 등 시민단체 활동가나 변호사 등이 보지 못하는 행정내부의 구조와 특성 등을 상대적으로 잘 알고 있기 때문에, 구체적인 대안의 제시 영역에 있어서 전문성을 제공할 수 있다. 특히 정책대안을 제시함에 있어서 외국의 법과 제도에 대한 전문성을 갖고 있기 때문에, 대안을 논의함에 있어서 외국의 사례들을 적절하게 소개하는 역할도 하게 된다. 그러므로 행정학자들은 단순한 비판에 그치거나 혹은 이상적인 대안의 제시를 하는 것이 아니라, 상당히 현실가능성이 있는 대안을 제시하려고 노력하며, 시민단체의 최종대안이 마련될 때 이와 같은 특성들이 반영된다. 한편 행정학자의 입장에서는 동일한 대안을 학자로서 주장하는 것보다 시민단체의 입장에서 주장하는 것이 정부개혁에 대한 영향력의 측면에서 더욱 유리하다고 볼 수 있다.

2. 행정학자 시민단체 참여의 한계

시민단체는 기본적으로 비영리민간단체이며 회원들의 회비와 자발적 참여를 기초로 운영된다. 일반회원은 물론 전문가로 참여하는 행정학자들도 상당한 시간, 경비와 노력을 자발적으로 시민단체에 투입하여야 한다. 시민단체 상근활동가들은 열악한 보수와 근무환경에서도 전일제로 근무하지만 연구와 교육에 상당한 시간을 보내는 행정학자들이 시민단체 활동에 적극적, 지속적으로 투입할 수 있는 시간적 여유는 그리 많지 않다. 시민단체 활동에 참여하는 행정학자들에게 정부 현안이나 사회적 이슈에 따라 수시로 시민단체의 입장을 정리해주도록 요구받는 경우가 비교적 자주 발생한다. 이러한 경우 시민단체에 참여하는 전문가가 많지 않고 논의할 수 있는 시간적인 여유도 없어 견해의 대표성 측면에서 부담스러울 때가 많다고 한다. 그러므로 시민단체에 참여하는 행정학자들도 시간적 제약 등으로 지속적으로 참여하기 어렵다는 한계를 가지고 있다.

그러나 더욱 어려운 갈등상황은 대체로 진보적인 시민단체의 견해와 상대적으로 보수적인 행정학자의 견해가 일치하지 않을 때 발생할 수 있다. 시민단체에서 활동하는 상근활동가나 운동권 출신의 다른 학문분야 학자들과 비교하면 행정학자들은 대체로 보수적인 것으로 알려져 있다. 특히 행정학자들은 낙천·낙선운동과 같은 과격한 대안, 그리고 시위와 같은 과격한 활동방법을 선택하는 데 매우 소극적이다. 그러므로 시민단체에 참여하는 행정학자들은 온건한 개혁주의자로 알려져 있다. 가장 진보적인 단체인 참여연대에서 활동하는 행정학자의 수가 법학교수(변호사), 경제학자, 사회학자, 정치학보다 가장 적은 것도 바로 이러한 이유 때문인 것으로 보인다.

한편 시민단체에 참여하는 행정학자들의 의견이 서로 다를 경우, 그 영향력이 발휘되기 어렵다. 그 대표적인 사례가 정부조직의 개편방안에 관한 것이다. 2002년 대선을 앞두고 경실련 등의 단체가 정부조직개편안을 제안하였고, 2007년도에도 행개련을 포함한 시민단체에서 정부조직개편에 관한 논의가 활발하게 이루어졌다. 이러한 논의에서 분야별 행정부처의 통폐합, 정부규모의 문제, 정책조정기능의 문제 등 국정운영에 매우 중요한 이슈가 다루어지고 있다. 그러나 논의의 성격상 학자들과 상근활동가들 사이에 합의를 이끌어 낼 수 있는 대안을 마련하기 어렵고, 그만큼 정치권과 정부에 시민단체가 제시한 대안 채택을 요구하기 어렵다.

V. 요약 및 결론

행정학자들은 행개련과 같은 시민단체의 정책위원회와 같은 위원회에서 정책활동에 참여하면서 반부패개혁, 인사개혁, 예산개혁과 감시, 지방자치, 정치와 행정의 민주화 등 정부개혁을 추진하는데 기여하였다. 행정학자들은 아마추어 시민운동가들과는 달리 국내외 행정문제에 전문성을 가지고 있고, 다른 분야를 전공하는 학자들과는 달리 행정부 내부 운영에 관하여 상대적으로 잘 알고 있으므로 이들 분야에 관련된 아이디어를 제공하여 의제설정에 영향을 미쳤을 뿐 아니라 구체적인 정책대안을 제시하고 채택하게 할 수 있었다. 예를 들면, 부패방지법 제정, 개방형 임용제도 도입, 전보제한제도와 보직경로제도, 고위공무원단 도입, 기관장 판공비 공개, 복식부기제도 도입, 디지털 예산회계 제도 도입, 지방자치제도 활성화, 주민소환제도 도입 등에 있어서 시민단체에 참여하는 행정학자들의 역할이 상당히 컸다. 이러한 성과는 학계 일반, 그리고 시민단체의 상근 활동가들과 공동노력의 결과라고 보아야 할 것이다. 한편 행정학자들은 시간적 제약 등으로 지속적으로 시민단체 활동에 참여하기 어렵다는 한계를 가지고 있으며, 과격한 개혁대안이나, 개혁방법을 선호하지 않는 경향을 보여 왔다. 또한 정부조직 개편 논의와 같이 시민단체에 참여하는 행정학자들의 견해가 일치되지 않을 경우 그 영향력이 발휘될 수 없었다.

끝으로 이 연구의 한계를 몇 가지 언급하고자 한다. 이 글은 행개련에 참여한 행정학자의 견해와 본인의 경험, 그리고 경실련, 참여연대, 함께하는 시민행동에 참여한 행정학자들의 활동을 토대로 한 것이다. 바른사회시민회의, 한반도선진화재단 등 최근 등장한 뉴라이트 계열의 시민단체에 일부 행정학자가 참여하고 있는데 이들의 견해는 포함되지 않았다. 또한 많은 행정학자들이 지방정부를 대상으로 활동하는 시민단체에 참여하고 있는데 이들 행정학자의 활동과 그 성과에 관한 논의가 이루어지지 못하여 아쉽게 생각한다. 한편 시민단체에 참여하지 않고 학술활동을 위주로 해 온 행정학자나 공직자들의 의견이 보완하지 못한 점도 한계로 남는다.

제 7 편

결 론

- 우리나라 행정개혁의 진로 -

결 론
- 우리나라 행정개혁의 진로 -

오 석 홍*

앞에서 여러 행정학자들이 행정개혁현장의 체험을 이야기하면서 개혁추진의 실책도 지적하고 개선방안도 제시하였다. 이 책을 마무리하는 결론의 장에서는 우리나라 행정개혁의 전체적인 진로와 개혁주진방법에 관한 논의를 집약해 보려 한다. 우리나라 행정개혁이 나아가야 할 방향의 대강을 논의할 때에는 행정체제 자체의 개혁과 국민을 위한 정책의 개혁이라는 두 가지 범주를 나누어 다루려 한다. 개혁방향 또는 개혁원리, 그리고 개혁방법 내지 전술을 처방하기에 앞서 행정개혁의 환경에 대해 간단히 언급해 두려 한다.

Ⅰ. 행정환경의 특성과 변화추세

앞으로 행정개혁을 구상하고 결정하는 데 참여하는 사람들은 고도산업화, 정보화, 사회적 다원화, 변동의 격동성, 민주화의 촉진과 지방자치의 발전, 행정수요의 분화 · 유동화 · 고급화, 가속되고 있는

* 서울대학교 행정대학원 명예교수.

세계화와 국제경쟁의 격화 등 일련의 여건 변화가 조성하는 행정개혁수요를 깊이 성찰해야 한다.

좌파적 정책편향의 실험에 대해 국민이 크게 실망하고 우파적 정책전환을 희망하게 되었으며 경제제일주의적 정부를 갈망하게 된 현실 또한 직시해야 한다.

우리 사회 전체는 지금 격동하고 있으며 그러한 격동성은 앞으로 더욱 높아질 것이다. 어떤 체제가 격동한다는 것은 복잡성이 높아지고 변동이 급속해진다는 뜻이다. 우리 사회체제의 분화·다양화는 현저히 촉진될 것이며, 분화된 요인들 사이의 상호 의존성·연계성은 더욱 높아져 복잡성을 증폭시킬 것이고, 복잡성의 양태는 급속히 변할 것이다. 정치적·사회적·경제적·기술적 변화는 많아지고, 그러한 변화의 연쇄성은 커질 것이다.

여러 방면에서 일어나는 이익표출은 더욱 다양하고 강렬해질 것이며 상반되는 이익 또는 요청들의 보다 첨예한 대립도 예상된다. 그러한 대립의 대표적인 예로 생산지향과 보존지향의 대립, 성장요청과 분배요청의 대립을 들 수 있다. 다양한 이익이 표출되고 격동하는 사회에서는 적응적 체제의 구축이 매우 중요시될 것이며, 의사결정의 분권화, 다기능적이고 다원화된 조직체제에 대한 요청이 한층 강해질 것이다.

기술변동의 선도에 따라 급속히 변동해 갈 우리의 미래사회에는 전통적 요소와 쇄신적 요소, 변동을 선도하는 부문과 변동에서 낙후된 부문 등이 함께 있어 복잡한 양상이 빚어질 것이지만, 아무래도 변동을 선도하는 새로운 물결이 가장 큰 도전으로 될 것이다. 따라서 우리 사회는 계속적 개혁사회, 계속적 과도사회라는 양상을 보이게 될 것이다.

앞으로의 사회 역시 모든 산업이 공존하는 복합사회일 것임이 분명하지만 선도산업 부문은 정보화의 영역일 것이다. 전자공업, 첨단통신기술, 생명공학의 발전이 앞장서서 고도산업화, 정보사회화를 촉진할 것이다. 정보사회화의 촉진은 사회의 모든 분야에서 인간적으로 유의미한 일을 창출하는 것, 정보기술에 대한 인간적 예속을 막는 것, 문화지체 등으로 인한 계층 간의 격차를 완화하는 것, 정보독재를 막는 것, 상충되는 이익을 조화시키는 것, 민간조직이나 정부조직의 적응성을 높이는 것 등을 중요한 국가적 현안으로 부각시킬 것이다.

우리나라의 경제발전은 계속될 것이며 국민총생산은 증대되어 갈 것이다. 그러나 산업화 초기의 고도성장 속도를 지속시킬 수는 없을 것이다. 경제성장의 정체나 둔화는 사회구성원들에게 상대적 박탈감이나 빈곤감과 같은 고통을 안겨줄 것이다. 국가사업 추진에도 여러 가지 제약을 가할 것이다. 빈부격차의 심화, 실업증가, 저출산·고령화에 결부된 문제들이 국가의 정책결정중추에 심한 압박을 가할 것이다.

Ⅱ. 행정체제의 개혁

우리나라 행정체제 자체의 개혁을 구상하는 사람들은 위에서 예시한 환경변화의 추세를 성찰해야 한다. 그리고 우리 행정의 오래된 병폐와 새시대의 요청에 어긋나는 전통관료제적 요인들을 또한 확인하고 분석해야 한다. 개혁문제를 야기하는 부정적 요인들은 거대

정부, 기능과 구조의 분립, 집권화, 고층구조화, 관리작용의 비통합성, 취약한 변동대응성, 부패 등 병리적 관료행태에 연관된 것들이다.

1. 개혁원리

우리나라에서 장차 행정을 개혁할 때 추구해야 할 기본적 지향노선 내지 목표상태 추구의 원리들을 다음과 같이 처방할 수 있다.

첫째, 행정민주화를 촉진해야 한다. 행정체제가 스스로 민주적 역량을 키우고 국민생활의 민주화에 기여할 수 있도록 개혁해야한다. 행정체제가 민주적 방법으로 역량을 강화해야 국민중심주의적 행정서비스를 충실화 할 수 있다. 다원화 되어가는 권력중추들과 행정체제의 파트너십 발전도 민주화의 과정을 통해야 한다. 정부가 수평적 권력관계의 확대에 대비하려면 그렇게 할 필요가 크다.

둘째, 행정체제의 통합성을 향상시켜야 한다. 사회와 행정의 분화·분립화가 심화되어가는 추세에 대응하여 통합화의 노력을 배가하여야 한다. 여기서 통합화란 행정조직의 모든 활동이 궁극적으로 조직의 목표와 국가의 목표에 귀일되게 하는 것을 말한다. 협력과정을 통해 통합조정능력을 향상시키고 구조적·행태적 경계 때문에 일의 흐름이 방해받지 않도록 해야 한다. 할거주의·기능분립주의의 해독을 막고 국민에게 이음매 없는 서비스를 할 수 있게 해야 한다.

셋째, 건강한 성과주의를 발전시켜야 한다. 성과주의를 실질적으로 구현하고 성과통제의 부작용을 시정해 나가야 한다. 선언보다는 실천, 절차나 수단보다는 목표를 중요시하고 형식주의를 배격하는 분위기를 조성해야 한다. 성과주의는 건강한 성과주의라야 한다. 과잉측정, 목표왜곡, 수량화에 따르는 오류, 측정피로 등 서투른 성과주의의 폐해는 막아야 한다.

넷째, 정보화를 촉진해야 한다. 행정은 스스로 그리고 국민이 정보기술발전의 혜택을 누릴 수 있도록 정보화에 앞장서야 한다. 행정개혁에서 추구하는 정보화는 인간적 정보화라야 한다. 인간의 필요에 충실해야 한다. 인간성에 해를 끼칠 재앙을 막는 데 주력해야 한다.

다섯째, 반부패주의를 강화해야 한다. 비부패사회·비부패행정을 구현하는 것은 행정개혁의 장기적인 과제이다. 과격한 대증적 반부패행동의 폐해에 대해서는 경각심을 가져야한다. 공무원의 인권은 안중에도 없는 반부패사업은 재고되어야 한다.

여섯째, 행정체제의 연성화를 촉진해야 한다. 인간생활 전체에 걸쳐 부드럽고 유연한 대응의 필요가 날이 갈수록 커지고 있다. 환경적 격동성이 높아지고 있기 때문이다. 격동하는 시대의 요청에 대응할 수 있게 하려면 행정체제의 연성화를 촉진해야 한다.

일곱째, 작은 정부를 지향하고 민간화를 촉진해야 한다. 규모가 비교적 작지만 꼭 해야 할 일은 잘하고 불필요한 일은 하지 않고 낭비하지 않는 정부를 구현하기 위해 노력해야 한다. 앞으로 상당기간 탈국가화의 요청과 작은 정부에 대한 요청은 수그러들지 않을 것이다. 그러한 요청에 대응하는 중심적인 수단은 민간화이다. 정부는 민간경영으로부터 배우고 민간에 필요한 정보를 제공해야 한다.

여덟째, 정치친화적 행정을 발전시켜야 한다. 정치화의 시대가 열리고 있다. 정치의 역할이 커지고 발전해야하는 시대가 되어가고 있다는 뜻이다. 정치와 행정이 일탈하던 시대, 정치·행정 냉전시대의 정치혐오감은 청산해야 한다. 행정개혁은 커져가는 정치의 역할을 받아들이고 그에 적응해야 한다. 거버넌스의 한 축으로서 행정부가 맡아야하는 정치적 역할은 재설정해야 한다. 선출직 공무원들에게 적용되는 정치활동금지조항은 전면적으로 바꾸어야 한다.

아홉째, 지방화를 지향해야 한다. 지방화시대의 전개를 전제한 위에서 행정개혁을 구상해야 한다. 행정의 지방부문이 확대·강화되면 중앙·지방의 파트너십은 더욱 강화해야 한다. 지방부문의 일탈행동을 감시하는 체제도 강화해야 한다.

열째, 세계화 대응능력을 향상시켜야 한다. 행정개혁은 날로 심화되는 세계화의 추세에 대응해야 한다. 국제적인 협력관계를 넓히고 국민적 경쟁력 강화를 지원하는 행정능력을 키워야 한다. 행정관리의 안목을 세계화해야하며 선진행정으로부터의 학습을 게을리 하지 말아야 한다.

2. 추진전략: 개혁행동준칙

위와 같은 일련의 원리들을 수용하는 행정개혁추진자들은 개념적 혼란 방지, 정부개입의 한계 인식, 비일관적이거나 자가당착적인 개혁정책의 방지, 조령모개적 변동의 방지, 난해한 문제에 대한 적응방안 탐색, 개혁에 수반하는 이익과 비용 배분의 적정화, 가치갈등의 적정한 조정, 급진적－점진적 개혁의 적정한 조화, 저항의 슬기로운 극복과 개혁정책 정착의 보장, 창의성과 넓은 시야의 확보 등 일반적 개혁행동준칙을 상시 유념해야 할 것이다.

첫째, 개혁현장의 개념적 혼란·언어혼란을 막아야 한다. 뜻이 분명한 언어를 정확하고 일관성 있게 사용하여야 한다. 개혁프로그램들의 주제어에는 통일적 의미를 부여해야 한다.

둘째, 정부능력·정부개입의 한계를 분명히 인식하고 극복하기 어려운 문제들에 대해서는 적응하는 지혜를 발휘해야 한다. 시간을 두고 해결의 여건이 무르익도록 하는 불공자파의 계책도 쓸 줄 알아야 한다. 이에 대해서는 뒤에 재론하려 한다.

셋째, 변동제일주의에 빠져 비일관적 개혁정책을 양산하고 조령모개적 변동을 일삼는 실책이 없도록 경계해야 한다.

개혁압력에 내몰린 관료들은 변동의 수로 개혁의 외양을 갖추려는 유혹을 뿌리치기 어렵다. 따라서 요긴하지 않은 제도의 도입, 낡은 제도의 모방, 과시주의적 변동 등 변동을 위한 변동, 비개혁적 변동을 저지르고 그로 인해 낭비와 불신을 초래할 위험이 크다. 이를 각별히 경계해야 하는 것이다.

넷째, 개혁에 수반하는 이익과 비용의 배분을 적정화해야 한다. 개혁이 야기하는 비용·이익배분의 정치에 보다 많은 관심을 가져야 한다.

다섯째, 경쟁·갈등하는 가치 또는 요청들의 절충·조화를 적정화하고 자가당착적 개혁조치들이 나오지 않게 해야 한다.

여섯째, 급진적 개혁과 점진적 개혁을 적정하게 조화시켜야 한다. 현시대는 급진주의의 시대라 할만큼 급진주의적 행정개혁모형에 힘이 실어져 있다. 그러나 무분별한 급진주의는 화를 자초할 수 있다. 급진주의와 점진주의는 많건 적건 언제나 절충되어야 한다. 급진주의적 이상의 점진적 실천이 바람직 할 때가 더 많다.

급진주의적·이상주의적·'교과서적' 개혁을 구상할 때는 "맑은 물에 고기가 못산다"는 교훈을 되새겨야 한다. 우리는 개혁추진자들이 명심해야 할 좋은 격언들을 많이 가지고 있다. 교각살우, 쥐잡다 독 깬다, 빈대잡다 초가삼간 태운다 등을 예로 들 수 있다.

시행착오적 개혁과 무결점주의적 개혁의 조합도 적정화해야 한다. 우선 저질러 놓고 보는 시행착오적 개혁에 너무 치우치면 안 된다.

일곱째, 저항의 원인을 깊이 성찰하고 저항을 근본적으로 해결해야 한다. 저항의 감정화를 막아야한다. 저항의 효과적 극복을 위해서는 개혁추진기구의 역량을 강화하고 지지세력을 결집해야 한다.

개혁에 의해 새로 도입한 제도의 정착에 보다 많은 관심을 가지고 추적관리를 강화해야 한다. 특히 개혁의 효과를 무효화하거나 뒤집는 관료적 환원 또는 관료적 역추진을 막는 데 많은 노력을 기울여야 한다.

여덟째, 개혁의 창의성을 높여야 한다. 선진체제로부터의 개혁이전도 중요하지만 내생적 개혁창출도 중요하다. 외국의 브랜드네임이 붙지 않은 '창의적' '이름 없는' 개혁이 늘어나야 한다.

아홉째, 개혁추진자들은 길고 넓은 시야를 유지해야 한다. 개혁입안은 장기적인 비전이 인도하는 틀 안에서 이루어져야 한다. 행정개혁의 마스터플랜은 거버넌스의 시야로부터 입안해야 한다.

3. 몇 가지 개혁 현안

해정체제 내부에 주의를 한정하더라도 개혁대상이 될 수 있는 문제영역은 대단히 광범하고 복잡하다. 국가 전체의 행정개혁 마스터플랜을 짜는 사람들은 개혁대상의 주요영역들을 포괄하도록 노력해야 한다. 앞서 개혁의 원리를 논할 때는 저자도 상당히 포괄적인 접근을 시도하였다.

여기서 오늘날 중요한 개혁현안을 논의할 때는 한정적 · 예시적 접근을 하려 한다. 저자가 최근 특별한 관심을 가지고 주시하는 개혁현안 몇 가지를 다음에 열거해 보려 한다.

첫째, 작은 정부 추진정책을 시행한 이후에 이를 지속적으로 정착시키는 문제를 개혁정책의제화해야 한다. 정권 초기에 과감하게 집행한 작은 정부 구현정책이 차츰 무효화 되거나 심지어는 역추진 되는 경우를 여러 차례 보아 왔다. 시간이 지나면 다시 규제가 늘고 공무원이 느는 것이 예사였다.

공직자의 물갈이, 세력교체, 엽관의 필요, 관료적 제국건설 등등의 세력이 정부재확장의 압력을 형성했을 것이다. 공직자의 물갈이, 세력교체, 그리고 엽관의 필요는 서로 얽혀 정부재확장의 동인이 될 수 있다. 새로운 집권세력이 구세력을 위축시키고 신세력 친화적 공직을 구축하기 위해서 우선 작은 정부구현을 내세울 수 있다. 작은 정부 구현을 명목으로 많은 공직자를 도태시킨 다음 마음에 드는 사람들을 새로 쓰고 그 수를 늘려나갈 수 있다. 그런 공작의 가장 매력적인 대상은 엽관적 임용이 가능한 공직이다. 집권기간이 길어질수록 조직의 규모를 키우려는 관료적 세력팽창 드라이브를 억제하는 힘이 떨어지는 것도 정부재확장의 중요한 원인이다.

정부규모의 정당한 신축(伸縮)사이클도 있을 것이다. 행정수요는 늘 변동하는 것이다. 새로운 행정수요가 정부규모의 부분적 확대를 불가피하게 할 수 있다. 따라서 작은 정부 추진시책이 감축일변도의 전략만을 고집할 수는 없다. 예컨대 정책역점의 변동에 따라 정부의 각종 위원회들이 대대적으로 폐지되고 새로운 위원회들이 다시 양산되는 것은 우리가 관대하게 보아 넘겨야 할 것이다. 위원회 폐지・신설에 드는 비용 또는 낭비는 민주주의의 별 수 없는 비용일 때가 있다. 그러나 정당성 없는 정부재확장은 막아야 한다. 이를 위한 제어장치를 발전시켜야 한다. 성과기준의 조직평가, 정부기능의 영기준평가, 일몰법방식 도입 등 여러 아이디어가 제안되고 있다. 앞으로 그 이상의 창안이 나와야 할 것이다.

둘째, 행정개혁의 구조적 접근방법은 가장 오래된 접근방법이며 개혁의 현장에서는 여전히 강력한 세력을 떨치고 있다. 정부조직개편은 대개 정권출범 초기에 특별한 개혁이슈로 부각되고 정부 내외의 이목이 거기에 집중된다. 그러나 정부조직 개편이 정권초기에만 있는 것은 물론 아니다. 그것은 지속적인 문제이며 과제이다. 여기서 말하는 정부조직 개편이란 행정기구의 구조개혁을 의미한다. 위에서 설명한 작은 정부 구현의 핵심전략도 조직개편이다.

앞으로 계속될 정부조직 개편에서는 국민에 대한 봉사의 질을 높이고 정부조직 전체의 효율성을 향상시킬 수 있도록 구조적 분화와 통합의 체제를 발전 시켜야 한다. 개별적인 직무의 설계에서는 직무의 완결도를 높이고 다기술화(多技術化)를 촉진해야 한다. 조직단위 간 또는 부처 간의 업무분화에서는 일의 흐름을 중시해야 한다. 일의 흐름을 기준으로 일개 단위의 서비스 또는 사업은 같은 부서에서 완결 될 수 있도록 일을 배정해야 한다. 정부에서는 '기능중심'의 조직개편이라는 용어를 사용하고 있는데 그 의미가 불분명하다. 동질적인 기능들끼리 묶어 조직단위를 형성해야 한다는 고전적 원리를 말하는 것이라면 잘못이다. 동질성의 원리에 따라 기능분립적·조직분열적 구조를 설계하는 전통적 방식은 수정되어야 한다. 기능중심의 조직개편이라는 말을 사업 또는 서비스중심의 조직개편이라는 말로 바꾸어야 한다. 조직활동 통합장치 개편에서는 협동적 조정체제의 역할을 강화해야 한다.

분권화와 저층구조화를 촉진해야 한다. 분권화와 저층구조화는 표리의 관계, 상호적인 원인－결과의 관계에 있다. 조직을 저층구조화하는 것은 분권화·자율화를 촉진하는 전제가 될 뿐만 아니라 경비를 절감하고 서비스를 개선하며 조직의 민주화와 적응성 제고에도 기여한다. 저층구조화의 효용 발휘를 뒷받침하려면 조직 내의 권력체제를 임무중심주의적인 것으로 재편해야 한다. 직제상의 계급이나 계층적 명령권에 집착하면 고층구조화라는 관료적 병폐를 악화시킨다. 계급주의의 폐단을 시정하기 위해서도 부총리제와 같은 옥상옥의 구조가 생겨나는 것은 막아야 하며 여러 행정기구의 계급을 하향조정해야 한다. 관리단위를 확대하여 대국(大局)대부처제를 구현하면 행정관리비용을 줄이고 분권화를 촉진할 수 있다. 그러나 거대조직의 관료화, 경직화, 대응성 저하가 우려된다.

관리단위 확대와 함께 구조설계의 다원화, 복수기준에 의해 설계된 복합구조의 운영, 조직에 내장된 문제인지장치의 강화, 경계관리구조의 민감성 제고 등 일련의 방책에 의해 조직을 연성화해야 한다. 그러지 않으면 관리단위 확대가 관료화의 폐단을 초래할 수 있다.

셋째, 오늘날 행정개혁에서 리더십과 집단은 분명한 주제어이다. 관료적 계서주의를 완화하자는 것이 현시대의 개혁사조이지만 실천세계에서 무계급체제를 당장 실현할 수는 없다. 따라서 적어도 멀지 않은 장래에는 관리자와 감독자의 리더십이 여전히 중요할 것이다. 격동하는 행정환경에서 리더십의 역할은 더욱 중요해질 수 있다. 행정환경의 격동성이 높아지고, 행정문제가 복잡해지고, 정보화 · 분권화가 촉진될수록 행정과정에서의 집단적 노력이 중요해진다.

그런데 탈관료화를 지향하는 여러 가지 개혁은 각급 관리자들의 리더십과 업무통제력을 약화시켜 놓았다. 성과측정의 객관화, 다면평가, 팀제 도입, 중앙인사기관의 인사개입, 분권화 등등은 관리자들의 조직장악력을 떨어뜨리는 부작용을 수반할 수 있다. 성과주의 · 경쟁주의의 강조는 협동과 집단적 노력을 어렵게 하고 있다.

개혁 물결의 와중에서 약화 또는 무력화의 위험에 처한 리더십과 집단적 협력을 살려내야 한다.

넷째, 행정의 일선부문(하급계층 : 길바닥 수준의 행정)을 개혁하는데 보다 높은 국책적 우선순위를 부여해야 한다. 국가의 법령과 정책은 공공서비스 전달체계인 일선행정이 체현한다. 행정소비자인 국민은 행정의 일선부문과 접촉하면서 행정의 품질수준을 체감한다.

지방자치행정에는 충분히 힘을 실어주어 일할 수 있게 해야 한다. 그러나 중앙－지방의 관계는 '느슨하면서도 조이는' 것이라야 한다. 지방자치행정에 대한 감찰강화방안을 개발해야 한다. 불법적 엽관행태나 자율을 틈탄 일탈을 막을 방도를 찾아야 한다.

민원행정을 보다 적극화하고 민원인의 입증책임을 경감해야 한다. 민원담당 공무원들의 민생관련 정책건의를 독려하고 건의통로를 제도화해야 한다. 민원인이 억울한 것을 잘 알지만 법령 등의 규정 때문에 별 수 없다고만 하지 말고 법령 등 제도를 고치기 위해 노력하도록 해야 한다. 법령 가운데는 엉터리도 있고 멍청한 것도 있다. 그것을 가장 잘 간파할 수 있는 사람은 민원담당 공무원들이다.

일선행정 · 일선공무원의 구시대적 결함과 병폐를 정확하게 진단하고 효과적인 시정책을 강구해야 한다. 아직도 치자－피치자에 관한 전통적 관념과 국민을 행정객체로 이해하는 관념에서 벗어나지 못하는 다수의 일선공무원들이 있다. 그런 낡은 관념은 그들의 잠재의식 속에 자리잡고 있다. 일선공무원과 토착세력의 유착, 습성화된 변태경리 등의 부패, 공무원의 능력부족과 변동에 대한 부적응, 책임의식 결여도 문제이다. 이와 같은 문제들을 해결하고 행정의 일선부문을 인간화 할 수 있는 획기적 방책을 찾아야 한다.

Ⅲ. 대국민 정책역점에 관한 몇 가지 제언

위에서는 행정체제 자체의 개혁에 초점을 맞춘 이야기를 하였다. 여기서는 행정이 국민을 위해 산출해 내는 대국민정책(對國民政策)의 역점에 관한 몇 가지 제언을 하려 한다. 대국민정책의 영역 역시 대단히 광범하고 정책의 종류는 헤아릴 수 없을 정도이다. 대국민정책의 개혁에 관련하여 현시점에서 저자가 특별히 강조하고 싶은 것들을 다음에 열거해 보려 한다.

첫째, 경제적 욕구라는 국민의 기초적 욕구에 보다 많은 정책적 관심을 보여야 한다. "먹는 것이 하늘이다"라는 말은 농경시대의 궁핍사회에서 만들어진 말이지만 그것이 전달하는 메시지의 저력은 지금도 강력하다. 국민에게 베푸는 것보다 국민으로부터 빼앗는 것이 더 많은 정부는 실패한다.

탈산업화시대로 접어 들어가는 과정에서 국민감성이 경제제일주의적인 것으로 돌아선 데에는 여러 가지 이유가 있을 것이다. 개발연대에 비해 둔화된 경제성장으로 인한 고통 때문일 수 있다. 거대한 사회변동의 물결이 휩쓸면서 산업구조 변동이 급속히 일어나고 흥하는 산업만큼이나 망하는 산업, 망하는 직업이 늘어나기 때문일 수 있다. 부의 불균형배분, 양극화로 인한 상대적 박탈감 때문일 수도 있다. 취업난 때문에 또는 과중해진 세금 때문에 그리 되었을 수 있다. 정부의 늘어난 지출수요를 위해서 뿐만 아니라 시장활동과 국민생활의 규제를 목적으로 '세금폭탄'을 남발한 정부정책은 국민이 경제타령을 하게 만들었다.

우리는 지금 집합적으로는 예전에 비해 현저히 향상된 경제적 풍요를 누리게 된 사회에서 살고 있다. 그리고 여러 분야에서 물질의 소비보다 생활의 질적 향상을 중시하는 경향이 나타나고 물질적 가치보다 정신적 가치를 소중하게 아는 이른바 탈물질화의 경향이 나타난다고 하는 사회에서 살고 있다. 그럼에도 불구하고 정권획득을 좌우하는 것은 경제문제라는 사실을 직시하고 위정자들은 경제문제의 원인을 정확히 파고드는 치유책을 찾아내야 한다.

둘째, 재분배정책은 간접적이어야 한다는 민주국가의 조건을 깊이 성찰해야 한다. 부자들로부터 직접 빼앗아 가난한 사람들에게 나누어 주려는 접근방법은 저항을 부르고 상처를 남긴다. 스스로 노력하여 부자의 반열에 진입하려는 가난한 사람들의 꿈을 좌절시킬 수도 있다. 정책결정자들은 부자들을 못살게 굴면 가난한 사람들도 함께 어려워지는 자본주의 사회의 한 구조적 단면을 직시해야 한다.

많이 먹는 자들을 덜먹게 만들려고 밥그릇을 직접 빼앗는 것은 최하책이며, 그런 정책은 민주국가에서 제대로 성과를 거두기도 어렵다. 재분배정책의 구상에서는 언제나 불공자파(不攻自破)의 교훈을 명심해야 한다.

장사 잘되는 곳, 많은 사람들이 살고 싶어하는 동네, 많은 사람들이 들어가고 싶어하는 학교 등등에 온갖 제약을 가하고 불이익을 주는 방식의 재분배정책은 적어도 완화해 나가야 한다. 우리가 여기서 관심을 갖는 재분배정책은 경제적인 것 뿐만 아니라 정치적·사회적·문화적 재분배에 관한 정책들을 포괄한다.

셋째, 자유와 평등을 잇는 연속선 위에서 정책적 역점이 자유 쪽으로 약간 이동해야 한다. 자유와 평등은 민주주의의 양대 축이지만 정책실천에서는 양자가 흔히 충돌하기 때문에 개혁추진자들은 양자의 조화점을 찾는 아슬아슬한 게임을 해야 한다.

자유 또는 평등에 대한 치우침은 시대마다 있다. 그러한 치우침은 시계추처럼 자유와 평등 사이를 오가며 역사를 발전시킨다. 노무현 정권에서 평등 쪽으로의 치우침이 갈등증폭, 효율성 저하, 역차별, 하향평준화 등의 부작용을 수반하였다면 이명박 정부에서는 어느 정도 자유 쪽으로의 치우침을 불러와야 할 것이다.

넷째, 정책결정자들은 정부능력의 제약 그리고 국민생활에 대한 개입의 한계를 확실하게 인식해야 한다. 어느 시대 어느 나라의 정부도 국민의 모든 문제를 해결해 줄 수는 없다. 민주주의 국가의 정부는 더욱 그러하다. 민주국가에서 정부능력·정부개입의 한계는 심각하다. 인류가 만들어 낸 최선의 이념과 질서가 민주주의이지만 그것은 어쩔 수 없이 약간의 지저분하고 구질구질한 흠절을 안고 있다. 정치적 타협으로 옳은 것이 패할 수도 있다. 인권문제 때문에 무질서가 방치될 수도 있다. 정부가 할 능력이 없는 일을 하도록 요구하는 국민들은 정부개입의 긁어부스럼을 만들고 화를 자초할 수도 있다. 적게 내고 많이 받으려는 국민들의 요구에 정치인들이 영합하여 선거에 승리하는 데에만 급급한다면, 그리고 그런 일을 되풀이 하여 후손들의 부담을 누적시킨다면 민주주의의 위기를 몰고 올 수도 있다. 우리의 후손들은 민주주의의 운영기제에 대해 염증을 느낄 수도 있다. 국민의 각성이 요망된다.

다섯째, 뿌리 깊은 문화적 전제에 묶여있는 문제나 이 시대의 거의 불가항력적인 문제에 대한 섣부른 또는 과시주의적 대응은 자제해야 한다. 고작해야 증세를 완화할 수 있을 뿐인 문제를 발본색원할 것처럼 떠들어 불신을 자초할 일은 아니다.

극복하려 노력할 뿐만 아니라 그에 적응해야 할 우리 시대의 난제들은 많다. 집값 상승, 취약한 농촌경제, 경제성장 둔화, 노사분규, 실업증가, 사교육비증가, 입시지옥, 재래시장의 피폐, 신용불량자의 양산, 저출산 · 고령화, 공해, 전통적 관료문화 등을 그 예로 들 수 있다. 이런 문제들은 세월의 흐름과 사회구성원들의 자율조정을 기다리는 참을성을 요구한다.

저자약력

김안제(金安濟)

서울대학교 문리과대학 물리학과(이학사)
서울대학교 행정대학교(행정학 석사)
미 신시내티 대학교 대학원(도시계획학 석사 및 지역경제학 박사)
서울대학교 환경대학원 원장
한국지방행정연구원 원장
대한국토도시계획학회 및 한국지방정치학회 회장
대통령 국가권한 지방이양추진위원회 위원장
대통령 신행정수도건설추진위원회 위원장
현재 서울대학교 명예교수, 세종대학교 재단이사, 한국자치발전연구원 원장, 한국지역발전연구원 상임 고문
<저 서>
환경과 국토, 지역개발과 지방자치행정, 지방자치론, 한국지방자치발전론, 한국지방자치발전론, 한 한국인의 삶과 발자취, 하늘의 뜻 인간의 삶, 인생백서 등

김영평(金榮坪)

고려대학교 법학과(법학사)
서울대학교 행정대학원(행정학 석사)
미국 Indiana University(정치학 박사)
한국행정연구원 원장
한국행정학회 회장
국무총리실 정책평가위원회 위원
현재 고려대학교 정경대학 행정학과 교수
<저 서>
불확실성과 정책의 정당성, 행정개혁의 신화와 논리(공편), 유교문화의 두 모습(공저), 행정규제의 역설(공저), 정책성공과 실패의 대위법(공저) 등

남궁 근(南宮 槿)

서울대학교 정치학과(정치학사)
서울대학교 행정대학원(행정학 석사)
미국 피츠버그대학교(행정학 박사)
한국행정학회 편집위원장, 연구위원장
한국행정학회 회장
서울산업대학교 IT정책대학원장
행정개혁시민연합 정책위원장
현재 서울산업대학교 행정학과 교수
<저 서>
정책학: 이론과 연구, 스칸디나비아국가의 거버넌스와 개혁(공저), 정책분석론(공역), 행정조사방법론, 시민과 정부개혁(공편), 전자정부를 통한 부패통제(공저), 고위공무원 개방형 임용제도(공저), 공공정책의 결정요인분석(공편), 정책집행론(공역) 등

박광국(朴光國)

서울대학교 영어과(문학사)
서울대학교 행정대학원(행정학 석사)
미국 조지아 대학교(행정학 박사)
서울행정학회 회장
현재 국무조정실 정부업무평가 본위원
현재 가톨릭대학교 행정대학원장
<저 서>
살아있는 정부조직 이야기(공저), 휴먼조직론(공저), 문화행정론(공저), 대한민국 시스템 UP(공저) 등

박정수(朴釘洙)

서울대학교 경제학과(경제학사)
서울대학교 행정대학원(행정학 석사)
미국 University of Pittsburgh(정책학 박사)
한국조세연구원 연구위원
서울시립대학교 교수
국회예산정책처 예산분석심의관
경실련 재정세제위원장
현재 이화여자대학교 행정학과 교수,
교육개혁포럼 회장
<저 서>
대한민국 교육개혁의 선진화 구상과 실천(공저), 세금경제학(공저), 현대재무행정이론(공저), 복지재정과 시민참여(공저), 한국교육 거듭나기, 선진경제진입과 법치원리확립(공저), 인적자원의 확충과 보호(공저), 부패방지전략의 새로운 패러다임: 한국행정부문(공저), Challenging Corruption in Asia - Case Studies and a Framework for Action(공저), Building Good Governance: Reforms in Seoul(공저) 등

송희준(宋熙俊)

서울대학교 국사학과(문학사)
서울대학교 행정대학원(행정학 석사)
미국 Unv. of Pennsylvania(정책학 박사)
이화여자대학교 기획처장, 정보전산원장
대통령자문 정부혁신추진위원회 실무위원,
전자정부특별위원회 위원
대통령자문 정부혁신지방분권위원회 위원,
전자정부특별위원회 위원장
정부산하기관경영평가단 단장
정부산하기관운영위원회 위원
현재 이화여자대학교 사회과학대학장,
정책과학대학원장, 정보과학대학원장
<저 서>
Building E-Governance through Reform, 통치이념은 어떻게 정책에 반영되는가(공저), 행정개혁의 신화와 논리(공저), 세계화와 국가경쟁력(공저) 등

안병영(安秉永)

연세대학교 정치외교학과
서울대학교 행정대학원(행정학 석사)
오스트리아 빈(Wien) 대학교(정치학 박사)
한국행정학회장
교육부장관
한국사회과학연구협의회(KOSSREC) 및
아시아사회과학연구협의회(ASSREC) 회장
부총리 겸 교육인적자원부 장관
현재 연세대학교 명예교수
<저 서>
현대공산주의연구: 역사적 상황・이데올로기・체제변동, 자유민주주의를 위한 변론, 자유와 평등의 변증법, 발전행정론(공저), 조직관리론(공저), 제3세계 연구 II(공저), 자본주의와 사회주의: 이론과 현실(공저), 한국정치론(공저), 세계화와 신자유주의: 이념·현실·대응(공편), 한국의 공공부문: 이론, 규모와 성격, 그리고 개혁 방향(공저) 등

오석홍(吳錫泓)

서울대학교 법과대학(법학사)
서울대학교 행정대학원(행정학 석사)
미국 University of Pittsburgh(행정학 박사)
서울대학교 행정대학원 교수
서울대학교 행정대학원 원장
서울대학교 교수윤리위원회 위원
한국행정학회 회장, 고문
한국인사행정학회 고문
조직학연구회 고문
한국조직학회 고문
한국거버넌스학회 고문
현재 서울대학교 행정대학원 명예교수

<저 서>

인사행정론, 조직이론, 행정개혁론, 한국의 행정, 행정학, 전환시대의 한국행정, 행정학의 주요이론(편저), 조직학의 주요이론(공편저), 정책학의 주요이론(공편저), 발전행정론(공저), 국가발전론(공저), 한국행정사(공저) 등

유훈(兪焄)

서울대학교 법과대학(법학사)
서울대학교 대학원(법학 석사)
미국 미네소타대학교 대학원(행정학 석사)
미국 미네소타대학교 대학원(정치학 박사)
고등고시 행정과 합격
서울대학교 행정대학원 원장
한국행정학회 회장
현재 서울대학교 행정대학원 명예교수

<저 서>

행정학원론, 재무행정론, 공기업론, 예산제도론, 정책학원론, 정책집행론, 행정권과 경제, 재정법, 지방재정론 등

윤영진(尹榮鎭)

서울대학교 경제학과(경제학사)
서울대학교 행정대학원(행정학 석사)
서울대학교 대학원(행정학 박사)
한국지방재정학회 회장
기획예산처 디지털예산회계기획단 자문위원장
현재 계명대학교 행정학과 교수, '함께하는 시민행동' 공동대표

<저 서>

복지재정과 시민참여(공저), 새재무행정학, 새행정학(공저), 새행정이론(공저), 새정부혁신의 전략과 과제(공저) 등

행정개혁실천론

2008년 6월 1일 초판 인쇄
2008년 6월 6일 초판 1쇄 발행

저 자 오 석 홍 외
발행인 배 효 선
발행처 도서출판 法 文 社
경기도 파주시 교하읍 문발리 526-3 ㊫ 413-756
등 록 1957년 12월 12일 / 제2-76호(윤)
전 화 031-955-6500~6, 팩 스 031-955-6525
e-mail(영업) : bms@bobmunsa.co.kr
(편집) : edit66@bobmunsa.co.kr
홈페이지 http ://www.bobmunsa.co.kr
조 판 광 암 문 화 사

정가 19,000원 ISBN 978-89-18-02296-3